Uwe Braehmer
**Projektmanagement
für kleine und
mittlere Unternehmen**

Uwe Braehmer

Projektmanagement für kleine und mittlere Unternehmen

Das Praxisbuch
für den Mittelstand

2. überarbeitete Auflage

HANSER

Bibliografische Information der Deutschen Nationalbibliothek
Die Deutsche Nationalbibliothek verzeichnet diese Publikation in der Deutschen Nationalbibliografie; detaillierte bibliografische Daten sind im Internet über http://dnb.d-nb.de abrufbar.

Dieses Werk ist urheberrechtlich geschützt.
Alle Rechte, auch die der Übersetzung, des Nachdrucks und der Vervielfältigung des Buches, oder Teilen daraus, sind vorbehalten. Kein Teil des Werkes darf ohne schriftliche Genehmigung des Verlages in irgendeiner Form (Fotokopie, Mikrofilm oder ein anderes Verfahren), auch nicht für Zwecke der Unterrichtsgestaltung, reproduziert oder unter Verwendung elektronischer Systeme verarbeitet, vervielfältigt oder verbreitet werden.

© 2009 Carl Hanser Verlag München
Internet: http://www.hanser.de
Lektorat: Lisa Hoffmann-Bäuml
Herstellung: Ursula Barche
Umschlaggestaltung: Büro plan.it, München, unter Verwendung eines Bildmotivs von ©rzdeb-i.stock.com
Gesamtherstellung: Kösel, Krugzell
Printed in Germany

ISBN 978-3-446-41912-4

Liebe Mittelständler – auf ein Wort!

Hat sich Ihr Unternehmen im Wettbewerb behauptet und steht nach einem Jahrzehnt das erste Jubiläum an? Oder rüsten Sie die Fertigung nun mit neuen CNC-Maschinen um? Werden Sie jetzt die Modernisierung Ihrer Lagerhalle in Angriff nehmen? Sitzt Ihnen die Zeit im Nacken, weil Sie einen Prototyp termingerecht modellieren wollen? Arbeiten Sie an einem gestaffelten Service-Bausteinkonzept? Planen Sie für Ihre nächste Branchenmesse einen ganz neuen Auftritt? Vertraut Ihnen ein Kunde seine IT zur Serverumstellung an? Kommt gerade ein Auftrag über den modularen Innenausbau eines Verkaufsmarktes ins Haus? Wenn Sie so eine Frage mit „Ja" beantworten, haben Sie ein Projekt vor der Brust und müssen es stemmen. Lesen Sie bitte, wie das professionell geht!

Projektmanagement gilt als Domäne von Großunternehmen. Nur die verfügen über genügend Finanzmittel und geschulte Mitarbeiter, um sie in Projekten einzusetzen. Experten aus diversen Fachabteilungen werden abgestellt, externe angeheuert. Arbeitsräume, Labors und Testanlagen sind extra ausgestattet. Computerbasierte Planungsinstrumente stehen bereit. Das Controlling ist perfektioniert. Aber solch eine Projektorganisation bedeutet oft auch neue Hierarchien und Reibungsverluste. Kernteams und viele Subteams entstehen. Deren zusammengewürfelte Mitglieder wissen oft gar nicht, was sie eigentlich tun sollen. In langen Sitzungsrunden müssen sie erst mühsam zum Thema und zueinander finden. Viel Zeit geht ins Land, Meilensteine rücken in weite Ferne. Nicht selten laufen die Kosten davon. Schon wieder stehen Zwischenpräsentationen vor dem Lenkungsausschuss an, in dem sich die festgefahrenen Fraktionen des Vorstands gegenseitig blockieren und das Projekt zerreden. Das Ziel verschwimmt vor den Augen. Perspektiven für die Teilnehmer werden ungewiss. Der Frust steigt. Da hilft selbst gruppendynamisches Verhaltenstraining nur begrenzt. Die gängige Theorie, dass Projektmanagement starre und verkrustete Strukturen aufbricht, frischen Wind in große Unternehmen bringt und dort quasi perfekt funktioniert, entpuppt sich in der Praxis oft als Irrtum.

Wer die pragmatische Führung, die Übersichtlichkeit und den bisweilen familiären Charakter des Umgangs in kleinen bis mittelgroßen Unternehmen kennt, der weiß: Gerade Mittelständler profitieren von typischen Projektinstrumenten und haben mit engagierter Teamarbeit weniger Probleme. Allerdings nur, wenn sie die wesentlichen Vorteile, die familiäre Betriebskultur, die recht kurzen Wege und klareren Chefentscheidungen kleinerer und mittlerer Betriebsgrößen aktiv nutzen. Denn erschwerend ist die Tatsache, dass kaum Mitarbeiter ausschließlich für Projekte freigestellt werden können. Meist wird einer zum Projektleiter gekürt und muss das Ganze unter Einbindung der normalen Abteilungen schaffen. Auch die Projektfinanzen sind oft knapp, egal, ob es sich um ein Eigenprojekt oder um ein Auftragsprojekt für Kunden handelt. Planerischer Overkill und Controllingorgien sind da fehl am Platze. Pragmatismus auf dem Weg zum schnellen Ergebnis zählt. Wie man unter einer fordernden Unternehmerpersönlichkeit trotz begrenzter Ressourcen an Personal und Budget mit simpler Computerhilfe erfolgreich Projekte realisieren kann, zeigt „Projektmanagement für kleine und mittlere Unternehmen" mit dem bezeichnenden Untertitel: „Das Praxisbuch für den Mittelstand".

Das kompakte Buch in Ihren Händen wendet sich an mittelständische Unternehmer, Inhaber von Handwerksbetrieben und Geschäftsführer kleiner Firmen, Projektleiter mittelgroßer Unternehmen aus Dienstleistung, Handel und Industrie, Referenten in Verbänden und öffentlichen Betrieben, Studenten an Berufsakademien, Techniker- und Fachhochschulen. Mit nützlichen Tipps, praktischen Checklisten und echten Beispielen spreche ich Sie als Leser jeweils direkt an. Einverstanden?

Ich danke Professorin Dr. Elvira Jankowski, TECHNOKOM Geschäftsführerin Gabriele Renery und COSYS Projektleiter Horst Feldhaus für die Praxisbeispiele, Intercessio Geschäftsführerin Barbara Braehmer für viele wertvolle Anregungen.

Bonn im Juni 2009   Prof. Dr. Uwe Braehmer

Inhaltsverzeichnis

1 Was mittelständische Unternehmen aller Branchen gemeinsam haben 1

   1.1 Ein Chef zum Anfassen und was er sagt, gilt 4
   1.2 Kurze Wege statt Grabenkämpfe 5
   1.3 Generalisten mit Teamgeist 6

2 Warum sich Projektmanagement für Mittelständler lohnt ... 8

   2.1 Projekt ist nicht gleich Projekt 10
   2.2 Auf die Projektgröße kommt es an 13
   2.3 Priorisieren Sie Projekte nach A – B – C 16
   2.4 Wann sich Projekte richtig lohnen 17
   2.5 Praktische Basistipps für das Projektmanagement 21

3 Projektdefinition: Fordern Sie nicht die „Eierlegende Wollmilchsau" 26

   3.1 Erste Schätzungen von Umfang und Machbarkeit 30
   3.2 Auch Inhouse-Projekte brauchen eine Grundlage 32
      3.2.1 So formulieren Sie einen Projektantrag kurz und bündig 33
      3.2.2 So kommen Sie beim Chef rasch zur Projektvereinbarung 36
   3.3 Aufpassen bei Projektverträgen mit Dritten 40
      3.3.1 Verhandeln Sie den Projektauftrag diplomatisch 43
      3.3.2 Einige Tipps zur optimalen Vertragsgestaltung 46
   3.4 Denken Sie an Arbeitssicherheit, Belegschaftsvertretung und Umwelt 51

4 Projektteilnehmer: Tapferer Einzelkämpfer oder schlagkräftige Truppe 54

   4.1 Wie man Projekte ohne eigenes Team managt 58
      4.1.1 So binden Sie normale Abteilungen ein 59
      4.1.2 Freie Spezialisten für das Projekt verpflichten 62
      4.1.3 Suchen Sie inoffizielle Verbündete 65
   4.2 Wie man ein eigenes Team bildet 66
      4.2.1 Gemeinsame Aufgaben formen ein Team 68
      4.2.2 Den richtigen Ton im Team treffen 70

4.3	Sie Glückspilz bilden Kernteam und Subteams	72
4.4	Vertragspartner im Projekt zusammenführen	77
4.5	Kick-off, auf los geht's los, also los	80

5 Projektplanung: Kommen Sie mit wenigen Instrumenten und Computerhilfe aus ... 83

5.1	Lösen Sie die dunkle Wolke gedanklich auf		87
	5.1.1	Strukturplan locker mit MindMap erstellen	91
	5.1.2	Strukturplan rasch mit PowerPoint erstellen	97
	5.1.3	Strukturplan visualisieren mit Visio	99
	5.1.4	Strukturplan detailliert mit Excel erstellen	101
5.2	Zur Zeitplanung reichen oft einfache Übersichten		103
5.3	Komplexe Zeitplanung leistet MS Project		112
	5.3.1	Meilensteinplan und Phasenplan mit MS Project	112
	5.3.2	So erstellen Sie ein Gantt-Diagramm mit MS Project	116
	5.3.3	So erstellen Sie Einsatzkalender mit MS Project	131
5.4	Einen Netzplan rasch mit MS Project erstellen		134
	5.4.1	Der kritische Pfad berechnet sich automatisch	145
	5.4.2	Praxisuntauglich ist die kritische Kette	148
5.5	Kalkulieren Sie Kosten möglichst realistisch		150
	5.5.1	So planen Sie die Arbeitskosten	152
	5.5.2	So planen Sie die Materialkosten	157
	5.5.3	Investition oder Leasing präferieren	159
5.6	Kalkulieren Sie Risiken ein		160

6 Projektdurchführung: Arbeiten Sie verantwortungsvoll zusammen ... 166

6.1	Arbeitspakete an Teammitglieder vergeben		169
6.2	Kreativität und Disziplin zählen		171
6.3	Halten Sie Ihr Projekt unter Kontrolle		174
	6.3.1	Arbeitsfortschritte gegen Basisplan abgleichen	176
	6.3.2	So haben Sie die Kosten im Griff	181
	6.3.3	Zwischenberichte geschickt präsentieren	183
6.4	So lösen Sie Projektkonflikte richtig		186
6.5	Eine Dokumentation muss leider sein		192

7 Projektabschluss: Hurra, endlich am Ziel 199
   7.1 Prüfen Sie zum Schluss die Ergebnisse 200
   7.2 Präsentieren Sie dem Auftraggeber die Resultate 202
   7.3 Feiern Sie offiziell den gemeinsamen Erfolg 208
   7.4 Sprechen Sie mit dem Chef über Ihre Karriere 209

8 Nun sind Sie als Projektmanager erfahren: Lassen Sie sich zertifizieren 212

9 Anhang: Glossar, Literatur, Register 215
   9.1 Glossar 215
   9.2 Literatur 238
   9.3 Register 243

1 Was mittelständische Unternehmen aller Branchen gemeinsam haben

Der Mittelstand in der Bundesrepublik Deutschland umfasst mit 3,5 Millionen über 99 Prozent aller umsatzsteuerpflichtigen Unternehmen, in denen rund zwei Drittel der 25 Millionen sozialversicherungspflichtigen Beschäftigten fast 40 Prozent aller Umsätze erwirtschaften und über vier Fünftel der 1,7 Millionen Auszubildenden ausgebildet werden (Quelle: Institut für Mittelstandsforschung (IfM) Bonn). Der Mittelstand erbringt beinahe die Hälfte der Nettowertschöpfung, er ist in guter wie in schlechter Konjunktur die tragende Säule der deutschen Wirtschaft.

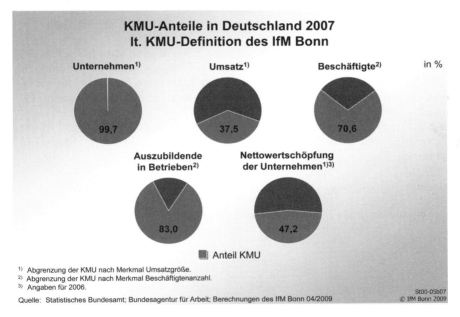

Bild 1.1: Anteil des Mittelstandes an der Gesamtwirtschaft. Quelle: IfM Bonn

Natürlich ist der Mittelstand kein homogenes Gebilde. Er bildet eine heterogene Gruppe, die von kleinsten Einmannfirmen bis zu größeren Unternehmen von fast 1.000 Mitarbeitern, vom örtlichen Malerbetrieb über das regionale Zahnlabor bis zum international agierenden Anlagenbauer alle Branchen abdeckt. Zudem erlebt der Mittelstand einen Strukturwandel. Der Dienstleistungssektor ist auf 40 Prozent Anteil gewachsen. Das Handwerk bleibt mit fast 30 Prozent die zweitstärkste Säule. Der Handel rangiert mit

20 Prozent auf Platz drei. Zur Industrie zählen 10 Prozent der deutschen Mittelständler.
In der offiziellen Wirtschaftsstatistik werden mittelständische Betriebe in der Regel nach Kennzahlen wie Umsatz und Mitarbeiterzahl klassifiziert. Das Bonner Institut für Mittelstandsforschung hat folgende Kategorien festgelegt:

Tabelle 1.1: Mittelständische Unternehmen nach Größe (Quelle: IfM, Bonn)

Unternehmensgröße	Beschäftigte	Umsatz in €/Jahr
Klein	bis 9	bis unter 1 Million
Mittel	10 bis 499	1 bis unter 50 Millionen
Mittelstand (KMU zusammen)	bis 499	bis unter 50 Millionen
Groß	500 und mehr	50 Millionen und mehr

Die absolute Mehrheit, nämlich über 80 Prozent der Mittelständler, sind kleine Unternehmen. Noch nicht einmal 19 Prozent der Firmen haben eine mittlere Größe. Und weit weniger als ein Prozent kann man laut Institut für Mittelstandsforschung als große Unternehmen bezeichnen. Es geht also meist um überschaubare Betriebe.

Die Europäische Union (EU-Kommission) unterscheidet in kleinste, kleine, mittelgroße und große Unternehmen, zieht die Obergrenze für Mittelständler enger:

Tabelle 1.2: Mittelständische Unternehmen nach Größe (Quelle: EU-Kommission)

Unternehmensgröße	Beschäftigte	Umsatz in Euro/Jahr
Mikro	bis 9	bis 2 Mio.
Klein	10 bis 49	2 bis 10 Mio.
Mittel	50 bis 249	10 bis 50 Mio.
Groß	250 und mehr	über 50 Mio.

Der Softwareriese Microsoft hat eine für die EDV-Branche typische Sichtweise: Kleine und mittelgroße Unternehmen werden nach der Zahl ihrer Computer unterschieden. Mittelständler ist, wer fünf bis maximal 250 PCs im Betrieb hat.

Welcher Definition man auch folgen will, eine alarmierende Tendenz ist offenbar: Viele mittelständische Unternehmen sind in den konjunkturschwachen Jahren von 2001 bis 2006 und erst recht in der Rezession ab 2008/9 beim Umsatz unter Druck geraten, auch die Ertragslage hat sich drastisch

1 Was mittelständische Unternehmen aller Branchen gemeinsam haben

verschlechtert. Laut Sparkassen- und Giroverband lässt aber die Eigenkapitalausstattung der Mittelständler weiterhin hoffen (Quelle: SPGV 2009). Das vorhandene Kapital könnte jedoch in vielen Fällen effizienter genutzt werden. Dann nämlich, wenn Projekte anstehen, aber tief verwurzelte Skepsis des bodenständigen Chefs gegenüber all Akademischem oder marginales Wissen der selten geschulten Mitarbeiter das optimale Handling im Unternehmen erschweren und so verteuern.

Bild 1.2: Anzahl der Unternehmen nach Umsatzgrößenklassen. Quelle: IfM, Bonn

Eigentlich haben mittelständische Unternehmen beste Voraussetzungen für ein gut funktionierendes Projektmanagement. Da haben sie etwas gemeinsam: vor allem ein ausgeprägtes Selbstverständnis als Mittelständler. Und ihre überschaubare Größe hilft, sich flexibel auf neue Situationen einzustellen. Das ist eine Stärke, die gerade kleinen und mittleren Betrieben eine prima Ausgangsposition bietet, um aktuelle Herausforderungen zu meistern: Durch die Öffnung des deutschen und des europäischen Marktes drängen ausländische Konkurrenten in die Kernmärkte der deutschen Mittelständler. Größere Wettbewerbsunternehmen expandieren in neue Märkte und zwingen mittelständische Firmen, gleichzuziehen. Kleine und mittelgroße Zulieferer von global tätigen Unternehmen stehen unter Druck, ihre Kunden weltweit nach den Zertifizierungs-Standards der Auftraggeber zu bedienen. Für den Mittelstand bleibt nur eine Konsequenz: Veränderung muss in den Köpfen und im Unternehmen stattfinden. Der zunehmenden Komplexität der Außenwelt sollten die Mittelständler mit neuen Strategien, Strukturen und Abläufen begegnen.

Sie haben hohe Personalkosten. Also lasten Sie Ihre Kapazitäten optimal aus. Professionelles Projektmanagement bietet in vielen mittelständischen Betrieben eine gute Chance für Effizienzsteigerung und Prozessoptimierung: Nutzen Sie die verborgenen Potentiale in Ihrem Unternehmen und lassen Sie Ihre Leute in Projektmanagement schulen!

1.1 Ein Chef zum Anfassen und was er sagt, gilt

Mittelständler kennen ihren Wert für die Gesellschaft: Über zwei Drittel sagen, dass sie mehr Verantwortung tragen als andere Bevölkerungsgruppen. Als ihre größte Aufgabe nennen drei von vier Unternehmern die Schaffung sicherer Arbeitsplätze. Die Hälfte zeigt gesellschaftliche Verantwortung auch durch soziales Engagement. Und 20 Prozent der Befragten übernehmen Verantwortung, indem sie sich politisch engagieren. Die mittelständischen Unternehmer in Deutschland sind sich also ihrer gesellschaftlichen Verantwortung bewusst. (Quelle: Mind-Studie 2003)
Ihr Selbstverständnis ergibt sich aus der besonderen Struktur der Unternehmen: In 90 % der mittelständischen Betriebe ist der Chef gleichzeitig auch der Eigentümer des Unternehmens. Er ist für alle wichtigen Entscheidungen verantwortlich und haftet in der Regel persönlich für den Erfolg und die finanzielle Situation seiner Firma. Damit tragen Geschäftsführer des Mittelstands gegenüber dem Unternehmen und seinen Mitarbeitern eine große Verantwortung, die sich in einer gewachsenen, besonders engen und persönlichen Beziehung ausdrückt.

Qualitative Merkmale des Mittelstands
Einheit von Eigentum, Risiko und Kontrolle
Einheit von Leitung, Entscheidung und Verantwortung
Geringe Arbeitsdifferenzierung und flache Hierarchie
Direktkontakt und Konsens zwischen Leitung und Personal
Branchenintegration, Markt- und Kundennähe
Regionale Verankerung und lokaler Bezug
Persönliche Beziehungen zwischen Unternehmen und Umfeld

(Quelle: IfM, Bonn)

Oft ist der Geschäftsführer bereits Familienunternehmer in zweiter, dritter oder vierter Generation. Früher hat schon der Vater oder der Großvater die

Firma geleitet, der Urgroßvater sie gegründet. Zu Hause drehten sich das Denken und die Gespräche meist um den Betrieb. Die Pflichterfüllung für das Geschäft und seine Belegschaft stand im Mittelpunkt. So ist der Junior aufgewachsen, wurde später nach Ausbildung und beruflichen Erfahrungsjahren dann der Chef. Kein Wunder, wenn solch ein Mittelständler aus einem traditionellen Selbstverständnis bisweilen zum Patriarchen neigt. Und das ist durchaus positiv gemeint: Er kennt seinen Laden von der Pike auf, führt zentral und eher autoritär, sorgt durch seine allzeit präsente Persönlichkeit für kurze Entscheidungswege, hat ein anerzogenes, quasi natürliches Kostenbewusstsein. Schließlich stecken sein eigenes Geld und das seiner Familie im Unternehmen. Das muss man kontrollieren und im Griff haben. Vorausgesetzt ein solcher Mittelständler ist aufgeschlossen für Neues, vertraut seinen engagierten Mitarbeitern und lässt auch mal unkonventionelle Ideen zu, so ist das die ideale Basis für erfolgreiches Projektmanagement. Steht der Unternehmer hinter dem Projekt, kann man es mit Kraft und Teamgeist anpacken. Da gibt es im Verlauf kaum Irritationen über Sinn oder Unsinn des Projekts: Denn was der Chef sagt, gilt.

Selbsttest: Was sagen Sie als mittelständischer Unternehmer?

- „Nur ich als Chef habe den Überblick in der Firma!" Ja Nein
- „Ich habe gute Leute, denen ich vertrauen kann!" Ja Nein
- „Neue Ideen meiner Mitarbeiter finde ich prima!" Ja Nein
- „Kunden und Lieferanten sind mir stets willkommen!" Ja Nein
- „Wenn die Belegschaft mein Okay hat, stehe ich dazu!" Ja Nein
- „Man muss auch mal unbekannte Wege gehen!" Ja Nein

Nur wenn Sie die letzten fünf Fragen aufrichtig mit einem „Ja" beantworten, sind Sie innerlich aufgeschlossen für professionelles Projektmanagement.

1.2 Kurze Wege statt Grabenkämpfe

Mittelständische Unternehmen sind überwiegend funktional gegliedert. Meist gibt es nur einen Geschäftsführer, oft teilen sich ein kaufmännischer und ein technischer Geschäftsführer die Gesamtverantwortung, seltener sind drei oder mehr Ressorts vorhanden. Unter der Geschäftsleitung finden sich Bereichsleiter mit Abteilungen oder häufig auch direkt Abteilungsleiter, dann natürlich die Mitarbeiter. Wenn auch in der Gesamtgröße unterschiedlich, haben Mittelständler eine vergleichsweise geringe Arbeitsdifferenzierung. Schlanke Strukturen sorgen dafür, dass fast jeder jeden kennt. Nicht nur in der Firmenleitung, etwaig bestehend aus Familiengesellschaftern, sondern auch zwischen diesen und der Belegschaft sowie den

Mitarbeitern untereinander kann man oft von einem familiären Betriebsklima sprechen. Bitte nicht sozialromantisch missverstehen: Auch in einer Familie gibt es Streit und trotzdem ist jedem klar, wer der Chef ist!
Aufgrund der vergleichsweise einfachen Aufbauorganisation und überschaubaren Belegschaftsgröße gibt es weitaus weniger Fraktionsbildung als in Konzernen. Damit ersparen sich vor allem kleine und mittelgroße Betriebe Grabenkämpfe, die Kapazitäten, Zeit und Geld vergeuden. Die geringere Betriebsgröße und klarere Organisationsstruktur mittelständischer Unternehmen ermöglicht kurze Wege, was der Information und den Entscheidungen in Projekten zugute kommt.

1.3 Generalisten mit Teamgeist

Ein weiteres Faktum spricht für Projektmanagement bei Mittelständlern. Die eng begrenzten Personalkapazitäten und die geringere Arbeitsdifferenzierung zwingen Mitarbeiter, sich im Bedarfsfall für viele Aufgaben zuständig zu fühlen, nicht nur für das ursprüngliche Fachgebiet. Besonders in kleinen Betrieben muss man alles machen, die Kollegen bei Krankheit oder Urlaub jederzeit vertreten können. Man entwickelt sich – anders als im Elfenbeinturm von öffentlichen Institutionen oder auch internationalen Großunternehmen – selten zum Fachidioten, sondern zwangsläufig zum Allrounder. Aber gerade Generalisten sind für ressortübergreifende Teamarbeit in Projekten besonders geeignet.
Allerdings stehen Projekte in kleinen und mittleren Unternehmen oft zusätzlich zum Routinejob an. Meist kann kein Team eigens aufgebaut werden. Da ist die dünne Personaldecke natürlich nachteilig. Nur selten können Ressourcen für Projekte vollzeitig freigestellt werden. In der Regel wird jemand auserkoren, temporär Projektleiter zu sein. Man wählt in der Regel aus dem qualifizierten jüngeren Führungsnachwuchs aus. Allenfalls dieser Projektleiter kann sich für eine begrenzte Zeit ganz auf das Projekt konzentrieren. Um es zu stemmen, ist er auf die Einbindung der normalen Abteilungen angewiesen. Mit etwas Glück kann man ein paar inoffizielle Mitstreiter begeistern. Für eventuelle Teammitglieder gilt meist: Projektarbeit muss man einfach zusätzlich zum normalen Job schaffen!
Apropos Team: Die oft langjährige Betriebszugehörigkeit bei Mittelständlern – man gehört der Firma ja schon fast wie ein Leibeigener – ist natürlich förderlich für ein schnelles Zusammenfinden und eine eingespielte Zusammenarbeit in Projekten. Man ist ohnehin stärker aufeinander angewiesen, weit weniger anonym als in einem Großkonzern. In einem kleinen Unternehmen kennen sich die Leute persönlich, spätestens seit der obligatorischen, berühmt-berüchtigten Firmenweihnachtsfeier. Sie wohnen natürlich in einer Region, in einem Ort oder demselben Stadtteil, womöglich sogar in der Nachbarschaft. Das schafft soziale Nähe!

1.3 Generalisten mit Teamgeist

 Nutzen Sie den langjährig gewachsenen Teamgeist ihrer Mitarbeiter. Aber nehmen sich selbst mal zurück. Der Chef muss nicht immer und überall dabei sein. Sie werden staunen, wie viel Kreativität in Ihren Leuten schlummert und wie engagiert sie „ihr" Projekt angehen. Also geben Sie ihnen ruhig Handlungsfreiheit!

2 Warum sich Projektmanagement für Mittelständler lohnt

Der 50-jährige Wirtschaftsingenieur kam von einem Beratungsservice aus dem Südwesten. Gerufen von einer Firma in Not nordöstlich von Berlin. Dort arbeiteten rund 100 Leute in veralteten Hallen. Handwerklich beste Qualität hatte Tradition. Der Chef spürte, die Fertigung musste dringend modernisiert werden, wollte man dem Wettbewerb aus Osteuropa standhalten. Komponenten für die Medizintechnik herzustellen war kein Zuckerschlecken. Früher nicht und in dieser Konjunktur schon gar nicht. Noch war Geld von Investoren da. Aber kein Profi, der das Projekt in kurzer Zeit managen konnte. Also holten sie ihn. Und er ging auf seine Weise vor. Nur fünf Mann pickte er heraus. Und trainierte sie. Das Team schaffte es nach gemeinsamer Planung. In den Sommerferien stellten sie die Produktion komplett um. Und bildeten die Belegschaft an den neuen Maschinen aus. Jetzt konnte es weitergehen, es gab wieder eine Zukunft.

So wie dieser Zulieferbetrieb nutzen immer mehr Mittelständler moderne Instrumente des Projektmanagements. Sie wollen neue Abläufe einführen, damit Arbeiten pünktlich, zu den geplanten Kosten und mit der vereinbarten Qualität erledigt werden. Ein Großteil der Fähigkeit, Produkte und Dienstleistungen besser, schneller und billiger herzustellen bzw. anzubieten, basiert auf abteilungsübergreifendem Projektmanagement. Vor allem bei komplexen Aufgaben kann man teure Ressourcen leichter koordinieren und gute Gesamtresultate erzielen.

> **Projektmanagement – Definition nach DIN 69901-5: 2009-01**
>
> Projektmanagement ist die Gesamtheit von Führungsaufgaben, -Organisation, -Techniken und -Mittel für die Initiierung, Definition, Planung, Steuerung und den Abschluss von Projekten.

(Quelle: Deutsches Institut für Normung e. V.)

Projektmanagement ist keine exakte Wissenschaft, auch wenn die Instrumente systematisch erprobt zur Verfügung stehen. An Projekten sind Menschen beteiligt. Es gibt komplizierte Zusammenhänge und Unwägbarkeiten, die nicht wirklich kontrolliert werden können. Projektmanagement ist immer auch eine Kunst, welche Flexibilität und Kreativität verlangt. Ob Familienunternehmer oder mittelständische Führungskraft – als Projektverantwortlicher sind Sie auf Führungserfahrung, gutes Urteilsvermögen, zwischenmenschliche Fähigkeiten und persönliche Intuition angewiesen. Die Methodik allerdings liefert Ihnen den Rahmen und das Rüstzeug für Prozesse und Techniken, die die Erfolgschancen für Ihr Projekt spürbar erhöhen. Im heutigen Wettbewerb ist das ein echter Vorteil für Sie!

2 Warum sich Projektmanagement für Mittelständler lohnt

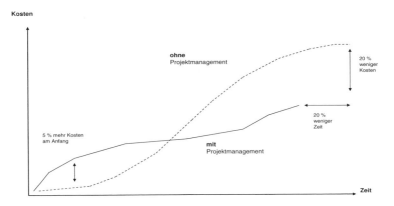

Bild 2.1: Kosten und Zeit bei Projekten mit und ohne Projektmanagement (Quelle: Jossé)

Eine Auswertung zahlreicher Projekte zeigt: Mit Projektmanagement spart man durchschnittlich 20 % Zeit und Kosten gegenüber einer Durchführung ohne Projektmanagement. Und für welchen Familienunternehmer oder mittelständischen Geschäftsführer ist das kein Argument? (Siehe Bild 2.1)

Ein weiteres Argument ist die ganzheitliche Qualität: Traditionellerweise denken viele Leute, insbesondere Angehörige technischer Berufe, bei dem Stichwort „Qualität" meistens „nur" an Material, Handhabung, Stabilität, Sicherheit, Langlebigkeit, also an die perfekte Funktion eines Produkts. Allzu leicht werden Zeitaufwand und Kosten vergessen. (Siehe Bild 2.2)

Interdisziplinäres Projektmanagement hilft verinnerlichen, dass nur Projektresultate – z.B. ein Produkt oder eine Dienstleistung –, welche mit kundengerechter Funktion zur richtigen Zeit und zu den geplanten Kosten auf den Markt kommen, ganzheitlich hohe Qualität haben.

Bild 2.2: Ganzheitliche Qualität durch Projektmanagement

> **Professionelles Projektmanagement bietet handfeste Vorteile:**
>
> - Zielorientiertes Denken und Handeln im Unternehmen werden gefördert.
> - Komplexe Aufgaben werden transparenter und leichter handhabbar.
> - Problemsituationen lassen sich meistens frühzeitig erkennen.
> - Ganzheitliche Lösungen statt Abteilungsegoismen sind gefordert.
> - Reibungsverluste beim Informationsaustausch verringern sich.
> - Abteilungsübergreifende Zusammenarbeit verbessert sich generell.
> - Synergien durch gemeinsame Know-how-Nutzung entstehen.
> - Ideenpotential und Kreativität der Mitarbeiter werden gefördert.
> - Selbstorganisation, -kontrolle und Eigenverantwortung entwickeln sich.
> - Leistungsbereite Leute gewinnen mehr Freiraum als im Routinejob.
> - Gute Teamplayer können erkannt und weiterentwickelt werden.
> - Erfolgreiche Projektleiter werden als Führungsnachwuchs identifiziert.

2.1 Projekt ist nicht gleich Projekt

Jedes Projekt durchläuft einen Lebenszyklus, sozusagen „von der Wiege bis zur Bahre", hat also immer ein bestimmtes Anfangs- und ein Enddatum. Es gibt einen Zeitpunkt, zu dem noch keine Arbeit vorhanden ist (vor dem Projekt), zu dem sie anfällt (während des Projekts) und zu dem keine mehr übrig ist (nach dem Projekt).

Projekt – Kennzeichen DIN 69901-5: 2009-01
Vorhaben, das im Wesentlichen durch Einmaligkeit der Bedingungen in ihrer Gesamtheit gekennzeichnet ist: Zielvorgabe, zeitliche, finanzielle, personelle oder andere Begrenzungen, projektspezifische Organisation

(Quelle: Deutsches Institut für Normung e. V.)

Die Zeitkomponente ist der Schlüsselfaktor, ob eine bestimmte Aufgabe ein Projekt ist oder nicht. Natürlich gibt es noch andere Charakteristika, wie ein vorgegebenes Ziel, ein limitiertes Budget oder begrenzte Ressourcen. Durchaus ein Merkmal ist die Einmaligkeit der Aufgabe. Ansonsten unterscheiden sich Projekte in Größe, Arbeitsumfang, Zeit- und Kostenvorgaben drastisch – vom lokalen Auftragsprojekt im Handwerk bis zum mehrjährigen multinationalen Großprojekt für ein neues Satellitensystem. Die Projektphasen (Definition, Planung, Realisierung, Abschluss) sind zwar prinzipiell gleich, praktisch aber können sie extrem variieren – je nach Aufgabenstellung, Umfang an Zeit und Geld, Anzahl der Beteiligten und Branche.

2.1 Projekt ist nicht gleich Projekt

Tabelle 2.1: Phasenweiser Ablauf für ein Handwerksprojekt

Phasen	Aufgaben
Projektdefinition	Objektbesichtigung (Aufmessen, Notizen) Kundenberatung bezüglich Form und Material, Abstimmung der Ausführung und Modalitäten
Projektplanung	Planung von Material, Zukaufteilen und Arbeitsstunden, Zeit- und Kostenkalkulation, Angebot (zum Festpreis oder nach Aufwand)
Projektrealisierung	Auftragserteilung, Disposition von Material/Komponenten, Einkauf, Materialbearbeitung, Vormontage, eventuell Änderungen durch Kunde, Nachbearbeitung, Montage, Funktionstest
Projektabschluss	Kundenvorführung, Abnahme, eventuell Nachbesserung, Rechnungsstellung

Bei einem Auftragsprojekt im Handwerk, beispielsweise dem maßgeschneiderten Innenausbau einer Gaststätte durch eine Tischlerei, ist die Projektabfolge spezifisch. Völlig anders als in den Gewerken, nämlich ungleich aufwendiger, verläuft ein Projekt zur Produktentwicklung in der Industrie. Die Vielstufigkeit ist komplex.

Tabelle 2.2: Phasenweiser Ablauf für ein F&E-Projekt
(Quelle: Burke: Projektmanagement)

Projektlebenszyklus (in vier Phasen)	
Konzept und Initiierung	Diese Phase gibt den Startschuss für ein Projekt. Sie beginnt, indem man einen Bedarf ermittelt oder eine Chance für ein Produkt, eine Anlage oder Leistung erkennt. Die Machbarkeit des Projekts wird untersucht. Mit der Bewilligung oder dem Auftrag beginnt die nächste Phase.
Entwurf und Entwicklung	In der zweiten Phase werden die Richtlinien aus der Machbarkeitsuntersuchung angewendet, um das Produkt zu entwickeln, das Produktionsverfahren festzulegen und detaillierte Pläne zur Herstellung oder Anwendung des Produkts zu erstellen.
Realisierung	In der dritten Phase wird das Projekt so umgesetzt, wie es im Basisplan festgelegt wurde.
Inbetriebnahme und Einführung	In der vierten Phase wird geprüft, ob das Projekt plangemäß ausgeführt wurde. Das Projektergebnis wird abgenommen, das Projekt abgeschlossen.

Wieder komplett anders stellt sich ein Projektverlauf in Handelsbetrieben oder im Dienstleistungssektor dar – beispielsweise in der abstrakten EDV-Programmierung.

Tabelle 2.3: Phasenweiser Ablauf für Organisations- und EDV-Projekte (Quelle: Litke. Projektmanagement)

Phasen		Aufgaben
Problem-analyse	Projektdefinition	Problem- und Projektbestimmung
	Projektplanung	Bestimmung Projektleiter und Mitarbeiter, Phasenplanung, Beschluss Projektstart
Konzeption	Ist-Analyse	Aufnahme und Kritik des Ist-Zustands, Informationsbedarfsanalyse
	Soll-Konzept	Kurzbeschreibung des zu entwickelnden Systems, Wirtschaftlichkeit, Planung des Vorgehens, Genehmigung
Detailgestaltung	Systementwicklung	Verfahrensentwicklung, Systemgestaltung (Datenflussplan, Speicherorganisation etc.)
	Systembeschreibung	Programmierungsunterlagen, Belegorganisation
Realisation	Programmierung	Programmerstellung (Codierung, Test etc.) Programmbeschreibung
	Aufgabenorganisation	Notwendige Umorganisationen, Organisationsrichtlinien
	Durchführungsvorbereitung	Organisationsmittel, Vordrucke, Personenbereitstellung, Schulung
Nutzung	Umstellung	Anlaufphase, Herausgabe der Organisationsanweisung

In der Praxis kommt es – abweichend von idealtypischen Darstellungen – oft zu Überschneidungen der Projektphasen. Das hat mit der terminlichen Überlastung der Geschäftsleitung als Entscheider ebenso zu tun wie mit kleinen Unzulänglichkeiten auf Seiten der Projektbeteiligten. Projekte werden eben – trotz aller theoretischen Standardisierungen wie den DIN-Normen – immer von Menschen gemanagt.
Selbst wenn ein Projekt dem anderen ähnlich ist, wird es nicht genau dasselbe sein. Umstände und Zusammenhänge ändern sich, die Macher und Teilnehmer sind nicht mehr dieselben. Analysieren Sie also nicht theoretisch, unterscheiden Sie Projekte pragmatisch!

2.2 Auf die Projektgröße kommt es an

Die Unterscheidung zwischen Kleinprojekt, Projekt und Großprojekt hängt konkret vom Unternehmen und der Situation ab. Das lässt sich nur grob verallgemeinern. Für das richtige Angehen spielen Volumen und Komplexität eines Projekts aber eine erhebliche Rolle. Man unterscheidet üblicherweise anhand mehrerer Kriterien:

> **Kriterien zur Unterscheidung verschiedener Projektgrößen:**
> - Projektbudget (Personal- und Sachkosten, Investitionen bzw. AfA)
> - Eingesetzte Arbeitskapazität (Zahl der Qualifikationen Vollzeit/Teilzeit)
> - Einzusetzende Arbeitszeit (Arbeitsstunden, Arbeitstage)
> - Dauer des Projekts (Wochen, Monate, Jahre)
> - Größe des Produkts (Umsatzpotential oder Gebäudenutzfläche)
> - Anteil am Unternehmensertrag (Deckungsbeitrag, Gewinnchancen)
> - Anzahl der Projektbeteiligten (Personenzahl nach Köpfen)

Um Projekte richtig zu managen, müssen Sie jeweils wissen, ob ein kleines, mittleres oder großes Projekt ansteht. Zwar sind die meisten Methoden variierbar. Welcher Mittelaufwand aber sinnvoll ist, da zeigen sich wesentliche Unterschiede.

Während ein Kleinprojekt mit „Bordmitteln" auskommt, ist es bei großen Projekten vertretbar, eigens ein Projektbüro oder zumindest Projektsekretariat einzurichten. Das gilt auch für die eingesetzte Software, die von einfacher Textverarbeitung und Tabellenkalkulation bis hin zu speziellen Projektmanagementprogrammen reicht.

Versuchen Sie also als Erstes, die Größe Ihres Projekts abzuschätzen. Man kann pragmatisch drei Kategorien – kleine, mittlere und große Projekte – unterscheiden:

Tabelle 2.4: Unterscheidung von Projekten nach voraussichtlichem Zeitaufwand

Kleinprojekt	bis 1.000 Gesamtstunden
Mittelprojekt	1.000 bis 10.000 Gesamtstunden
Großprojekt	über 10.000 Gesamtstunden

Ein 20-stündiges Kleinprojekt „machen Sie einfach". Ohne große Planung, Analyse und Dokumentation ziehen Sie es durch. Auch ein 50-Stunden-Projekt stemmen Sie noch in ähnlicher Weise, obwohl Sie bereits etwas planen, mehr kommunizieren und sich um kleinere Probleme kümmern müssen.

Tabelle 2.5: Beispiele unterschiedlicher Projektarten im Mittelstand

Kategorie	Projekt	Größe	Komplexität
F&E	Neuentwicklung einer Autokomponente	groß	groß
	Konstruktion eines Schneidwerkzeugs	klein	klein
	Medikamentenentwicklung und -zulassung	klein	mittel
	Auftragskonstruktion für Rohrleitungsbau	klein	groß
	Neurezeptur für Instantpudding	klein	klein
	Neukonzeption eines Kapitalanlagefonds	mittel	mittel
	Prototypentwicklung einer Messmaschine	klein	mittel
	Berechnung einer Lebensversicherung	mittel	groß
Investition	Erweiterungsbau einer Firmenhalle	klein	klein
	Aufbau und Einrichtung einer Maschine	klein	klein
	Bau einer neuen Abfüllanlage	mittel	mittel
	Neue Radiologieräume in einer Klinik	mittel	klein
	Bau einer Werkszufahrtsstraße	mittel	klein
	Errichtung einer Verkaufsniederlassung	mittel	mittel
	Gründung eines Auslandswerkes	groß	groß
	Einrichtung eines Schulungszentrums	mittel	klein
	Scannereinführung in einem SB-Markt	klein	mittel
	Ausbau eines Frachtflugzeuges	groß	mittel
IT	Einrichtung einer Kundendatenbank	klein	klein
	Integration eines Firmenservers	mittel	klein
	Implementierung neuer Firewalls	klein	klein
	Einführung eines Call-Centers	klein	mittel
	Umstellung auf SAP-Systemsoftware	groß	groß
Organisation	Optimierung von Geschäftsprozessen	mittel	mittel
	Implementierung von Schutzvorschriften	klein	klein
	Markteinführung neuer Brillenfassungen	mittel	klein
	50-jähriges Firmenjubiläum	klein	klein
Dienstleistung	Innenausstattung eines Gasthofs	mittel	klein
	Kreation einer Werbekampagne	klein	klein
	Architekturkonzept eines Bürohauses	mittel	klein
	Entwicklung eines großen Messestands	mittel	mittel
	Trainingskonzeption für den Vertrieb	mittel	klein
	Neuer Fahrplan für Nahverkehrsbetrieb	klein	mittel
	Neue Online-Heizungsabrechnung	mittel	mittel

2.2 Auf die Projektgröße kommt es an

 Kleine Projekte zu managen bringt ganz eigene Probleme mit sich. Obwohl sie einfach erscheinen, fehlen ihnen häufig konkrete Vorgaben (fehlende Zeichnungen, ungenaue Angaben, kein Kontakt zum Auftraggeber). Anweisungen werden nur mündlich gegeben. Es sind keine gemeinsamen Qualitätsanforderungen festgelegt. Etablierte Schlichtungsmechanismen und Ausweichstrategien gibt es nicht. Kleine Projekte erstrecken sich häufig nur über einen kurzen Zeitraum, so dass man keine Zeit hat, ein richtiges Projektmanagementsystem zu installieren.

(Quelle: Burke: Projektmanagement)

Ein 100-Stunden-Projekt ist vermutlich schon zu groß für so lockeres Vorgehen. Sie werden sich einen einfachen Ablauf- und Einsatzplan erstellen müssen. Ein 1.000-Stunden-Projekt hingegen verlangt richtiges Projektmanagement – Aufmerksamkeit und Disziplin. Im anderen Extremfall dürfte Ihnen ein 10.000-Stunden-Projekt zu groß sein, um es „en bloc" als Projekt abzuwickeln. Sie werden es in kleinere, zusammenhängende Projekte unterteilen, um den gesamten Arbeitsumfang bewältigen zu können.

 Bei einem kleineren Projekt belassen Sie es bei der Kalkulation von Arbeits- und Materialkosten. Wenn es hoch kommt, erstellen Sie ein Diagramm zur Zeitplanung. Mehr brauchen Sie in der Praxis nicht!

Im Allgemeinen gilt, dass Sie umso mehr Struktur, Kapazitäten, Instrumente und Formalitäten benötigen, je umfangreicher ein Projekt ist. Weitere Faktoren sind Komplexität und geschäftskritische Bedeutung des Projekts, Beteiligung von Drittfirmen, spezifische Anforderungen und gängige Standards der Branche sowie die Erfahrung des Projektmanagers. So können Sie beispielsweise ein 1.000-Stunden-Projekt als groß einstufen, wenn das Projekt für Ihr Unternehmen extrem kritisch ist. Je umfangreicher ein Projekt, desto komplexer und aufwendiger wird natürlich auch das Projektmanagement.

 Für größere Projekte mit schwer absehbaren Inhalten oder externen Partnern ist mehr Planung sinnvoll: Hier lohnen sich zeitaufwendigere Instrumente wie das Zeichnen eines Strukturplans, detaillierte Planung eigener und fremder Ressourcen, genaue Zeitplanung und Kostenrechnung oder sogar mehrdimensionale Netzplantechnik!

Ob es sich um ein „Großprojekt" oder nur ein „großes Projekt" handelt, hängt vom jeweiligen Blickwinkel ab. Was für das eine Unternehmen in seiner Branche normal ist, kann für das andere ein herausragendes Vorhaben sein, dem der Chef besondere Aufmerksamkeit schenkt. Aber echte Großprojekte sind im Mittelstand eher selten.

> **Kriterien für Großprojekte**
>
> - Das Projektbudget übersteigt die Jahresumsätze der beteiligten Unternehmen.
> - Scheitern des Projekts bringt ein wirtschaftliches Risiko für die Unternehmen.
> - Ein Großprojekt dauert länger als ein Jahr, oft werden mehrere Jahre benötigt.
> - An einem Großprojekt sind mindestens zwei, häufig aber mehr Unternehmen beteiligt. Typisch ist die Gründung einer eigenen Projektgesellschaft.
> - Die Zahl der Vorgänge und die Komplexität des Netzplans sind hoch. Großprojekte haben typischerweise zwischen 500 und 100.000 Vorgänge (Vernetzungskennzahl größer 1).
> - Die Projektstruktur ist komplex. Ein Großprojekt ist generell in Teilprojekte gegliedert.
> - Die Projektorganisation ist in der Regel eigenständig. Ein Großprojekt hat eine Organisationsstruktur mit definierten Führungs- und Entscheidungsstrukturen.

(Quelle: Projekt-Magazin)

Typische mittelständische Branchen mit Großprojekten sind traditionellerweise der Bau und der Anlagenbau. Aber Firmenzusammenschlüsse und Internationalisierung geben auch immer mehr Entwicklungsprojekten den Charakter von Großprojekten, besonders wenn Produktmarketingkampagnen in das Projekt eingerechnet werden. Auch der Aufbau einer Dienstleistung oder die Einrichtung eines komplexen EDV-Systems kann heute leicht zum Großprojekt geraten.

2.3 Priorisieren Sie Projekte nach A – B – C

„Mit der Auswahl eines bestimmten Projekts trifft man eine Entscheidung für die Zukunft. Die Durchführung des Projekts bindet Unternehmensressourcen und verursacht wahrscheinlich Kosten. Die Entscheidung für ein bestimmtes Projekt schließt die Teilnahme Ihres Unternehmens an einem anderen (möglicherweise profitableren) Projekt aus. Wir leben in einer Welt der begrenzten Ressourcen und können daher nicht alle Projekte umsetzen, die wir uns wünschen oder die wir vielleicht bräuchten. Deshalb ist ein Verfahren notwendig, mit dem wir Projekte auf Basis der zu erwartenden Vorteile auswählen und in eine Reihenfolge bringen." (Quelle: Burke: Projektmanagement)

Die Projektgröße ist zwar ein elementares Unterscheidungskriterium, aber längst nicht das einzige Auswahl- und Entscheidungskriterium in der betrieblichen Praxis. Ein einfaches Einstufungsschema für Projekte ist die gängige ABC-Priorisierung: Sie basiert darauf, dass es im Alltag stets mehr oder weniger dringliche, lang- oder kurzfristige, kostenintensive oder günstige Projekte gibt. Man kann sie anhand verschiedener Kriterien als A-, B- oder C-Projekte einstufen.

A-Projekte haben für das Unternehmen besondere Bedeutung, etwa hinsichtlich Technologie, Umsatz oder Organisation. Sie dauern meist länger, benötigen ein größeres Budget. In der Regel sind mehr Leute beteiligt, interne Mitarbeiter, eventuell auch externe Kapazitäten. B-Projekten misst eine Firmenleitung einen geringeren Stellenwert bei. Der zeitliche Rahmen ist zwar oft nicht zwangsläufig kürzer, der finanzielle Rahmen aber deutlich enger gesteckt. Das lässt generell weniger Projektmitarbeiter oder externe Ressourcen zu. C-Projekte schließlich haben für die Firma recht wenig Bedeutung, niedrige Priorität bezüglich Zeit und Ressourcen. Aber auch sie müssen erledigt werden. Während A-Projekte oft zu Vollzeitprojekten tendieren, lassen sich B-Projekte vielfach als Teilzeitprojekte handhaben. C-Projekte erledigen wenige Leute quasi nebenbei. Vollzeitprojekte sind die Hauptaufgabe der Beteiligten, viele Mitarbeiter beschäftigen sich ausschließlich mit dem Projekt. Das kommt in mittelständischen Unternehmen höchstens bei Auftragsprojekten für Großkunden vor. Bei Teilzeitprojekten ist die Projektarbeit für die Beteiligten prinzipiell eine Zusatzaufgabe, selten werden die normalen Tätigkeiten reduziert. In der Praxis mittelgroßer Unternehmen mischt es sich: Nur wenige Mitarbeiter können in Vollzeit, die meisten Teammitglieder höchstens in Teilzeit für das Projekt tätig sein.

 Nicht alle Projekte sind für Ihr Unternehmen gleichermaßen wichtig. Da Sie mit begrenzten Ressourcen nicht jede Aufgabe mit gleichem Engagement angehen können, setzen Sie am besten Prioritäten: Unterscheiden Sie konsequent in A-, B- und C-Projekte!

2.4 Wann sich Projekte richtig lohnen

Was sind nun die richtigen Kriterien, anhand derer man herausfinden kann, ob ein Projekt den Aufwand lohnt? Für ein mittelständisches Unternehmen, das Gewinn erwirtschaften muss, stehen die betriebswirtschaftlichen Aspekte ganz oben.

Wirtschaftlichkeitsrechnungen für die Projektauswahl	
Statische Verfahren	• Kostenvergleich • Gewinnvergleich • Amortisationsrechnung • Rentabilitätsrechnung
Dynamische Verfahren	• Kapitalwertmethode • Interne Zinsfußmethode

(Quelle: Fiedler. Controlling von Projekten)

Projekte beurteilt man danach, ob sie rentabel sind. Entscheidungsgrundlage ist, in welchem Maße sich die immaterielle Investition in das Projekt auszahlt. Statische Verfahren sind die Amortisationsrechnung oder die Rentabilitätsrechnung (Return on Investment – ROI) – einfach zu machen und schon klassisch zu nennen.

Ein schwer kalkulierbarer, aber wesentlicher Entscheidungsgrund für ein Projekt kann die Hoffnung auf einen höheren Marktanteil sein. Aber es gibt schwieriger in Zahlen zu fassende Gesichtspunkte wie beispielsweise Umstellung der Produktion auf Just-in-Sequence-Fertigung, Einführung DV-basierter Lagerhaltung, bessere Kundenbindung durch einen perfektionierten After-Sales-Service, Chancen auf schnelleren Informationsaustausch durch leistungsfähige Computervernetzung, geringere Umweltbelastung durch Energie-Kreislaufsysteme oder Recycling von Wertstoffen – es gibt tausend Gründe, ein Projekt im Unternehmen aufzulegen.

 Checkliste – überlegen Sie für Ihr Unternehmen:

- Werden durch das Projekt die Gewinne maximiert?
- Werden die Humanressourcen optimal genutzt?
- Wird der Marktanteil ausgebaut, die Marktposition gefestigt?
- Ermöglicht das Projekt den Eintritt in ein neues Marktsegment?
- Trägt das Projekt dazu bei, Anlagen und Maschinen besser zu nutzen?
- Bringt das Projekt dem Unternehmen nachhaltig mehr Know-how?
- Hilft das Projekt, Bekanntheit zu steigern oder Image zu fördern?
- Erfüllt das Projekt die Anforderungen von Gesellschafterinteressen?
- Reichen die Fachkenntnisse für alle Projektanforderungen?
- Sind Risiken und Unsicherheiten akzeptabel?

(Quelle: Burke. Projektmanagement)

Burke empfiehlt, die Dimensionen dieser Checkliste mit Punkten zu bewerten, je nachdem, wie wichtig ein Kriterium speziell für Ihren betrieblichen Bedarf ist. Sie erarbeiten zuerst für jedes Projektvorhaben eine für Ihre Firma maßgeschneiderte Gewichtung – und erhalten Schritt für Schritt eine für Ihre Firma immer genauer passende praktikable Punktebewertung.

Für Ihr Unternehmen können Sie selbst leicht eine Kriterienliste erstellen, anhand derer Sie qualitativ bewerten, ob sich ein Projekt für Sie lohnt. Doch zunächst zu den „klassischen" Wirtschaftlichkeitsberechnungen:

Die Amortisationsdauer ist die Zeit in Monaten oder Jahren, die man benötigt, bis man einen Kapitalrückfluss erwirtschaftet hat, welcher der ursprünglichen Höhe der Investition entspricht. Die Projektentscheidung hängt von der Amortisationsdauer (Pay-off-Periode) ab. Schätzen Sie grob den Gesamtaufwand für Ihr Projekt und betrachten ihn rechnerisch als immaterielle Investition. Beträgt der Projektaufwand (Anschaffungen, Material- und Personalkosten zusammen) beispielsweise 100.000 Euro und bieten die Projektresultate eine Chance auf zusätzlich 25.000 Euro Erlöse jährlich, dann hat sich das Projekt vier Jahre nach seinem Abschluss amortisiert:

2.4 Wann sich Projekte richtig lohnen

$$\text{Pay-off-Periode} = \frac{\text{Projektaufwand}}{\text{zusätzliche Erlöse}}$$

Die Amortisationsrechnung ist eine häufig angewandte Methode zur Bewertung von Projekten. Das Verfahren eignet sich nur als grobe Entscheidungshilfe. Es basiert nämlich statisch auf der Voraussetzung gleichbleibender jährlicher Erlöse und Aufwendungen. Zudem wird unterstellt, dass die Zurechnung von Erlösen zum Projekt möglich ist. Vorteil: Die Amortisationsrechnung ist einfach anwendbar.

$$\text{Rentabilität} = \frac{\text{Gewinn} \cdot 100}{\text{Kapital}} \quad \text{Basisformel Rentabilitätsberechnung angewendet auf Projekt}$$

$$\text{Return on Investment (ROI)} = \frac{\text{durchschnittlicher jährlicher Gewinn aus Projekt} \cdot 100}{\text{in das Projekt investiertes Kapital}}$$

Eine besonders in den USA klassische Methode, Investitionsprojekte zu bewerten, ist die Rentabilitätsrechnung, auch ROI-Methode genannt. Hier wird zunächst der durchschnittliche jährliche Gewinn errechnet, der einfach aus den voraussichtlichen Gesamterträgen des Projekts abzüglich der Projektausgaben ermittelt wird. Dieser Betrag wird dann durch die Anzahl der Jahre geteilt, über die das Projekt laufen soll. Der so ermittelte Gewinn wird dann in einen Prozentsatz von der ursprünglichen Investitionssumme umgewandelt.

Die ROI-Methode ist wie die Amortisationsrechnung leicht zu beherrschen. Der Gesamtertrag der Investition wird als einfacher Überschuss und als prozentualer Gewinn der Investition ausgedrückt. Nachteilig ist, dass der Gewinn über mehrere Jahre als Durchschnitt, quasi statisch betrachtet wird. Eine Investition mit frühen hohen Gewinnen wird genauso eingestuft wie eine Investition, bei der die Gewinne erst später kommen, solange der Durchschnittsgewinn gleich hoch ist. Auch gehen Veränderungen des Kapitals beispielsweise durch Inflation oder Zinsen hier nicht ein. Aber in der Praxis reicht die ROI-Methode für viele Projekte.

Alle numerischen Verfahren haben einen Nachteil: Sie betrachten lediglich die finanziellen Aspekte eines Projekts. Burke versucht daher, die Auswahlkriterien zu erweitern und stellt ein Bewertungsmodell vor, das auch als Nutzwertanalyse bezeichnet wird und bei dem eine größere Zahl von Kriterien betrachtet wird, um ein Projekt zu bewerten.

Bei der einfachsten Form einer solchen Nutzwertanalyse wird eine bestimmte Anzahl wünschenswerter Faktoren in einem Projektformular aufgelistet und mit „trifft zu" und „trifft nicht zu" eingestuft. Man kann noch eine Gewichtungsspalte einfügen und dadurch die Punktzahl für wichtige Faktoren erhöhen und für weniger wichtige Faktoren senken.

Tabelle 2.6: Nutzwertanalyse (Quelle: Burke. Projektmanagement)

Faktoren	Trifft zu	Trifft nicht zu	Gewichtung
Profit > 20%	X		
Eintritt in neuen Markt		X	
Marktanteil vergrößern	X		
Neue Anlagen erforderlich		X	
Ungenutzte Anlagen einsetzen	X		
Kein zusätzlicher Energiebedarf	X		
Kein zusätzliches Fachwissen erforderlich	X		
Einsatz nicht ausgelasteter Mitarbeiter	X		
Management durch vorhandenes Personal		X	
Keine externen Berater erforderlich			
Keine Folgen für Sicherheit der Mitarbeiter	X	X	
Keine Auswirkungen auf Umweltschutz		X	
Amortisationsdauer < 2 Jahre	X		
Einklang mit derzeitigem Geschäft	X		
Bietet guten Kundenservice	X		
Summe	10	5	

Vorteile der Nutzwertanalyse:
- Mehr Objektivität im Entscheidungsprozess.
- Breitere Bewertungsgrundlage durch verschiedene Auswahlkriterien.
- Einfacher Aufbau und einfache Anwendung.
- Einfacher Austausch von Faktoren.
- Auswahlfaktoren spiegeln Unternehmensziele wider.
- Gewichtete Bewertung zeigt unterschiedliche Bedeutung einzelner Faktoren.
- Faktoren mit minimalstem Gewichtungsfaktor können gestrichen werden.
- Gewichtete Analyse dient zur Verbesserung der Projektumsetzung.
- Keine Bevorzugung von kurzfristigen Projekten wie bei der Finanzanalyse.

Nachteile der Nutzwertanalyse:
- Ohne Gewichtung erscheinen alle Faktoren gleich wichtig.
- Durch einfache Handhabung besteht Gefahr zeitraubend langer Listen.

2.5 Praktische Basistipps für das Projektmanagement

Die Beratungsgesellschaft IMPAQ beschreibt mit treffenden Worten die Realität: „Im Mittelstand werden Projekte oft hemdsärmelig und mit hohem Risiko improvisiert. Eine klare Projektorganisation fehlt meist völlig. Dank ISO 9000 werden heute immer mehr Projektmanagementregelwerke und -handbücher erstellt. Die Projektleiter und die Teams erhalten deshalb aber keine erweiterten Befugnisse oder bessere Arbeitsbedingungen. Die Kräfte konzentrieren sich auf das ‚Tagesgeschäft' – dahinter kann man sich auch gut verstecken. Projekte werden als Zusatzbelastung empfunden, als Störfaktor für die ‚normale' Arbeit. Man glaubt, Projektmanagement sei ein zusätzlicher Aufwand, den man sich nicht leisten könne. Projektmanagementaufgaben werden weit nach unten delegiert und müssen oft von unerfahrenen Mitarbeitern ‚nebenbei' bearbeitet werden. Projektleiter ohne Befugnisse spielen die undankbare Rolle des Ausputzers." Professionelles Projektmanagement aber braucht Training, Teamgeist, Ideen und Disziplin. Man geht möglichst rational und systematisch planend an die komplexe Projektaufgabe heran, um sie dann Schritt für Schritt gemeinsam zu bewältigen. Das klingt einfach und vernünftig. Es gibt dabei jedoch gerade bei konservativen Mittelständlern eine Reihe von Hürden, die erst überwunden werden müssen.

Mittelständler halten Projektmanagement oft für ein Werkzeug und reines Hilfsmittel. Auch wenn in einigen Projektphasen regelrechte Tools zum Einsatz kommen, besteht darin nicht der eigentliche Nutzen des Projektmanagements. Wenn der Projektleiter über Prozesse, Praktiken oder Vorlagen spricht, hält der Geschäftsführer das für Zeitverschwendung oder Flausen übertriebener Managementlehre. Springen Sie über Ihren Schatten!

(Quelle: Tenstep)

Oft fehlt einfach nur Projektmanagement-Know-how. Bei vielen Mittelständlern ist es nicht eine Frage des mangelnden Willens, sondern eine Frage der fehlenden Kenntnisse. Mitarbeiter, die dem Chef nicht voll ausgelastet erscheinen, müssen Projekte übernehmen – egal, ob sie genügend Ausbildung oder Erfahrung haben.

>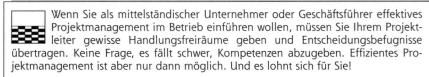
> Wenn Sie als mittelständischer Unternehmer oder Geschäftsführer effektives Projektmanagement im Betrieb einführen wollen, müssen Sie Ihrem Projektleiter gewisse Handlungsfreiräume geben und Entscheidungsbefugnisse übertragen. Keine Frage, es fällt schwer, Kompetenzen abzugeben. Effizientes Projektmanagement ist aber nur dann möglich. Und es lohnt sich für Sie!

(Quelle: Tenstep)

Allerdings nicht nur fachliche Kompetenz, sondern zunehmend soziale Kompetenz ist gefragt. Entscheidend für den Projekterfolg wird, wie man mit sich selbst klarkommt, mit den Teammitgliedern und Kollegen der „normalen" Abteilungen, deren Hilfe man für bestimmte Phasen braucht. Und wie die Stimmung im Betrieb ist.

> **Projektmanagement und Unternehmenskultur**
>
> Wichtig für den Erfolg von Projekten ist das im Projektteam und im Umfeld herrschende Klima. Man spricht hier von der so genannten „Unternehmenskultur". Unter diesem Begriff ist die Gesamtheit der Wertvorstellungen, Leitmotive, Denkhaltungen und Normen in einer Organisation zu verstehen. Sie beeinflusst wesentlich das Verhalten der Mitarbeiter, ihre Identifikation mit den Unternehmens- und Projektzielen, die Atmosphäre und den Führungsstil in einem Unternehmen. Die Unternehmenskultur bestimmt unter anderem, welchen Stellenwert das Projektmanagement hat, wie über Projektmanagement gedacht wird und wie man es praktiziert.

(Quelle: Litke. Projektmanagement)

Viele Mitarbeiter beispielsweise möchten gern Probleme lösen und kreativ ihre Arbeit erledigen – allerdings bei minimaler Überwachung. Skeptische Menschen fürchten, dass Projektmanagement lästige Formalitäten und strenge Kontrollen mit sich bringt – alles in allem den Spaß an der Arbeit verdirbt. Eine solche Scheu vor Formalisierung ist aber auch auf Chefetagen kleiner und mittelgroßer Unternehmen nicht gerade selten.

Projektmanagement an sich verlangt keine Extraformalitäten, die ein Unternehmen hemmen oder zusätzlich belasten würden. Ob überhaupt und wie umfangreich beispielsweise eine Dokumentation angelegt wird, hängt vom Projektgegenstand, von Vorgaben des Projektgebers, von einer Nachweispflicht aus Haftungsgründen oder vom Perfektionismus des Projektleiters ab. Die unbeliebten Protokolle dienen meist nur dem gemeinsamen Wissensstand um den Projektstatus. Und sie sagen kurz, wer welche weiteren Schritte bis wann tun muss. Das verlangt verantwortliches Handeln der Projektteilnehmer nach dem Motto: „Einer für alle, alle für einen!"

2.5 Praktische Basistipps für das Projektmanagement

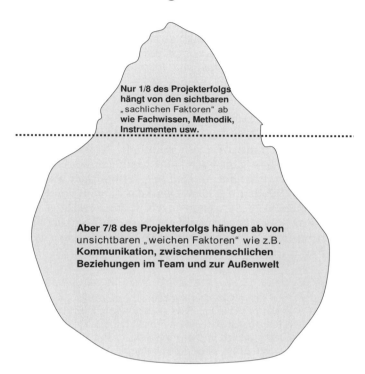

Bild 2.3: Die Eisberg-Theorie im Projektmanagement

 Für einen mittelständischen Geschäftsführer kann es sinnvoll sein, nicht alles selbst beaufsichtigen zu wollen. Setzen Sie einen Lenkungsausschuss als oberstes beschlussfassendes Projektgremium ein! Darin sollten die Verantwortlichen in geeigneter Weise vertreten sein. Die Minimalbesetzung des Lenkungsausschusses besteht aus dem Auftraggeber, dem Geschäftsführer und dem Projektleiter. Wichtig: Legen Sie von Anfang an fest, wie der Lenkungsausschuss die Entscheidungen trifft. Der Lenkungsausschuss sollte regelmäßig zu festen Berichtszeitpunkten und außerordentlich zu erwarteten Meilensteinen tagen.

(Quelle: Tenstep)

Natürlich ist es schwierig, Projektverantwortlicher in einer konservativen Firma zu sein, die Projektmanagement kaum beachtet. Wenn Sie sich beispielsweise die Zeit nehmen, um auch Brainstormings zu dokumentieren und Ihr Chef hält das für eine Zeitverschwendung, verlieren Sie bald die Lust an dieser kreativen Art der Ideenfindung. Beziehen Sie den Chef ruhig mal mit ein! Dann merkt er selbst, dass gute Ideen es wert sind, festgehalten zu werden. Und wird es wahrscheinlich sogar fordern!

(Quelle: Tenstep)

Die strikte Übertragung von Verantwortung auf den Einzelnen führt zu einer Kultur höherer Verantwortungsbereitschaft. Projektmanagement baut professionelles Know-how auf, Fach- und Methodenwissen oder spezielle EDV-Kenntnissen. Die Instrumente sind auf vernünftiges Vorgehen ausgelegt. Projektarbeit beinhaltet das Planen und das Steuern von Projekten, das Lösen von Konflikten bei der Zusammenarbeit, das Abrechnen von Arbeitsleistungen und Projektergebnissen, last not least das Archivieren. Professionalität und Rationalität der Mitarbeiter und Mitarbeiterinnen werden in der betrieblichen Praxis trainiert.

 Viele Leute sehen sich als Macher. Wollen Sie eine Arbeit am liebsten sofort erledigen? Das klappt sicher bei einer Angebotserstellung von drei Stunden. Es funktioniert jedoch nicht bei einem Projekt mit 3.000 Stunden. Widerstehen Sie dem inneren Drang, gleich in die Umsetzung zu springen. Ihr Projekt wird früher fertig, wenn Sie es vernünftig planen und konsequent in Teamarbeit durchführen.

(Quelle: Tenstep)

Die Zusammenarbeit im Team oder mit Fachleuten aus verschiedenen Ressorts fördert über das Projekt hinaus abteilungsübergreifende Querkontakte und stärkt das Wir-Gefühl der Belegschaft. Das kommt dem allgemeinen Betriebsklima zugute!

 Denken Sie immer daran! Projekte müssen aktiv geführt werden, egal, welche Größe sie haben und welches Unternehmen sie auflegt. Wenn Sie warten, bis etwas geschieht, kriegen Sie bald ein Problem. Das Projekt startet meistens wenn der Projektmanager ernannt ist. Und das sind Sie – also los!

(Quelle: Tenstep)

2.5 Praktische Basistipps für das Projektmanagement

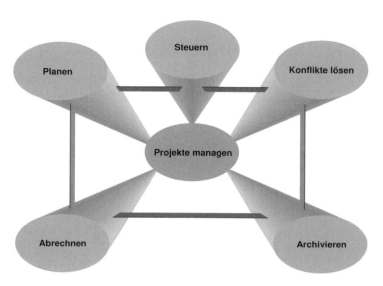

Bild 2.4: Elemente der Projektarbeit (Quelle: Kuppinger/Reinke/Jäger. Handbuch Microsoft Project)

3 Projektdefinition: Fordern Sie nicht die „Eierlegende Wollmilchsau"

Die „Eierlegende Wollmilchsau" ist in aller Munde – als scherzhafter, aber sehr einprägsamer Begriff. Immer wenn unrealistisch viel gefordert wird, wenn ein Produkt quasi alles können soll, benutzt man dieses Schlagwort. Bei Projekten bedeutet es, dass Anforderungskataloge in der Regel zu breit angelegt werden. Den Auftraggebern oder den eigenen Geschäftsführern, einigen Leitenden oder ganz kreativen Teammitgliedern fällt immer noch mehr ein. Man beschränkt sich nicht auf die wesentlichen Leistungsanforderungen.

> ✓ Ein mittelständischer Heizungshersteller will eine neue Generation von Wandheizgeräten auf den Markt bringen. Exklusiver Bedienungskomfort, natürlich auf der Basis von Brennwerttechnik, soll die Spitze markieren. Ein Projekt wird aufgelegt. Experten aus Entwicklung, Konstruktion, Beschaffung, Produktion, Logistik, Kundendienst, Marketing, Vertrieb und Controlling sind im Team. Auch ein externer Produktdesigner ist mit von der Partie, schließlich sollen die Heizgeräte den zukünftigen Kunden in der Wohnung gefallen. Während der interdisziplinären Teamsitzungen kommen immer mehr gute Ideen auf: Die absolute Betriebssicherheit ist sofort klar. Eine universelle Wandmontage soll helfen, eigene Geräte im Bestand rasch auszutauschen und Wettbewerbsgeräte problemlos zu ersetzen. Für die verschiedenen Typen der Baureihe muss das Gehäuse stets gleich sein, sonst ergibt sich ja kein Familiengesicht. Die Anzahl der mechanischen und elektronischen Bauteile darf eine definierte Menge nicht überschreiten, sonst wird die Herstellung zu teuer. Gasqualität, Wasserdruck und Stromspannung diverser Märkte sind durch spezifische Bedüsung, Schalter und Zündsysteme zu berücksichtigen. Eine elektronische Steuerung und Regelung ist natürlich obligatorisch. Datenfähig soll die neue Generation sein, Fernüberwachung und Service damit ein Kinderspiel. Auch die Abgasvorschriften und Abwasserbestimmungen verschiedener Länder müssen durch modulare Sensortechnik unbedingt Berücksichtigung finden. Und dann ist da noch die Idee mit der individuellen Wohlfühltemperatur, dem Touch-Screen-Monitor im Wohnzimmer – oder doch gleich eine Sprachsteuerung der gesamten Anlage via UMTS-Mobilfunk?

Ein solches Phänomen „befällt" sowohl zu entwickelnde Produkte als auch Projektmitarbeiter oder Projektleiter. Bis das ideale Produkt erfunden oder der perfekte Mitarbeiter gefunden ist, vergeht viel Zeit. Inzwischen verändert sich das Umfeld, der Wettbewerb schläft nicht. Das Projekt gerät zu teuer oder sein Ergebnis kommt einfach zu spät auf den Markt. In der Praxis sind also Abstriche zu machen.

 Vorsicht mit „idealen" Lastenheften: Erweitern Sie nicht permanent die Anforderungen an das Projekt. Konzentrieren Sie sich auf das Machbare!

3 Projektdefinition: Fordern Sie nicht die „Eierlegende Wollmilchsau"

Nicht nur ein ideales Lastenheft, auch ein ideales Zusammenspiel zwischen Projektleitung und Fachabteilungen oder eine Idealbesetzung des Projektteams ist Utopie. Im Bedarfsfall muss eben fehlendes Know-how zugekauft werden – durch temporäre Erweiterung des Teams oder durch Kauf von fertigen Teillösungen. Bei der Produktentwicklung ordnen Sie die Kundenanforderungen nach Priorität und wählen nur die wirklich wichtigen Leistungsmerkmale aus. Das zu entwickelnde Produkt wird „nur" an der „Best Practice" gemessen. Das heißt, es soll sich zwar mit der besten vom Wettbewerb oder einer anderen Branche realisierten Lösung vergleichen können. Aber es muss sich nicht an der theoretisch besten Lösung, dem Idealfall orientieren. Oder mit anderen Worten: Pragmatismus geht vor Perfektion!

 Beherzigen Sie das „Pareto-Prinzip": Mit nur 20% des gesamten Projektaufwands können Sie gut 80% des Projektergebnisses erzielen. Aber um die letzten 20% eines möglichen Ergebnisses auszuschöpfen, müssen Sie 80% weiteren Aufwand betreiben. Handeln Sie ökonomisch!

Die Definitionsphase kann also bei kleinen und mittelgroßen Projekten ruhig knapp ausfallen. Ein, zwei oder drei abendliche Arbeitssitzungen reichen mitunter. Geschäftsleitungen mittelständischer Unternehmen haben ohnehin oft wenig Sinn für akademischen Overkill. Wichtig ist, dass die gedanklichen Ergebnisse dieser Definitionsphase möglichst von den meisten späteren Projektbeteiligten inhaltlich mitgetragen werden können.

Für Ihr richtiges Vorgehen als Projektleiter und für das gemeinsame Verständnis der Projektaufgabe sollten Sie also zusammen mit den schon feststehenden Projektbeteiligten – eventuellen externen Kooperationspartnern, Kollegen interner beteiligter Abteilungen oder, falls in dieser frühen Phase überhaupt schon existent, im Kreise Ihres Teams – die folgenden Hauptfragen diskutieren bzw. die Kernpunkte in Stichworten festhalten:

Problemanalyse	Was sind die Probleme im Einzelnen?
Zielklärung	Was genau wollen wir erreichen?
Potentialanalyse	Was für Chancen bieten sich?
Definition	Konkrete Projektbeschreibung!
Grobplanung	Wie wäre ungefähr der Ablauf?
Durchführbarkeit	Können wir das überhaupt schaffen?
Wirtschaftlichkeit	Wie rechnet sich das im Groben?
Projektauftrag	Standardisiert schriftlich formuliert!

(Quelle: Intercessio)

Auch wenn Sie als Projektleiter manche Antworten schon ahnen oder sogar wissen: Nehmen Sie sich die Zeit, Teilnehmer und Team an diese Punkte heranzuführen. Lassen Sie die Leute selbst überlegen. Manchmal kommen überraschend gute Ideen.

> Nehmen Sie sich die Zeit für ein ausführliches Brainstorming im Team! Moderieren Sie diese Gedankensammlung locker. Die Teilnehmer sollen den Mut finden, auch Unkonventionelles zu äußern. Dann ordnen Sie die Ideen gemeinsam. Diskutieren Sie darüber ruhig, aber legen Sie am Ende die Prioritäten verbindlich fest!

Auf jeden Fall dient ein anfängliches Brainstorming dem gemeinsamen Verständnis der Projektaufgabe und schmiedet das Team zusammen. Lassen Sie ruhig auch unkonventionellen Gedanken freien Lauf. Aber sobald die Ideensammlung vorliegt, setzen Sie bei der Projektdefinition klare Prioritäten – gemeinsam und verbindlich!

Um die richtigen Prioritäten zu setzen, gibt es eine ganze Reihe von Methoden, angefangen von der simplen und bewährten ABC-Analyse bis hin zum aufwendigen so genannten „Quality Function Deployment" (QFD) aus modernem Qualitätsmanagement.

ABC-Analyse

In der so genannten ABC-Analyse werden Aufgaben, Probleme, Produkte, Aktivitäten oder Geschäftsbeziehungen in drei Stufen priorisiert: A = sehr wichtig oder dringlich, B = wichtig oder dringlich, C = weniger wichtig oder dringlich. Um zu verhindern, dass alles in eine Stufe einsortiert wird („Alles, was ich sage, hat höchste Priorität"), kann vorgegeben werden, wie die prozentuale Aufteilung der zu priorisierenden Elemente auf A, B und C auszusehen hat. Beispielsweise kann in Einklang mit dem 80:20-Prinzip der Anteil der A-Elemente auf 20% eingeschränkt werden. Zweck der ABC-Analyse ist die Konzentration beschränkter Kapazitäten oder Arbeitszeit auf die wesentlichen und ausschlaggebenden Aufgaben.

Die ABC-Analyse kann noch zur ABC/XYZ-Analyse erweitert werden, wenn neben der Priorisierung in A, B und C noch eine weitere Kategorie (z.B. Umsatz, Häufigkeit oder Korrigierbarkeit) hinzugenommen wird. Man erhält dann eine 3x3-Matrix mit neun Feldern.

(Quelle: Projekt-Magazin)

Für kleine und mittelgroße Unternehmen reicht die ABC-Systematik meistens aus. Man muss sie nur konsequent anwenden. Möglicherweise ist es aber in Ihrer Firma ohnehin schon üblich, alle Geschäftsvorgänge, anstehenden Aktionen oder Termine in A, B oder C einzustufen. Dann setzen Sie diese Gepflogenheit im Projekt fort.

3 Projektdefinition: Fordern Sie nicht die „Eierlegende Wollmilchsau"

Quality Function Deployment

Der strategische Ansatz von QFD ist die Trennung der Kundenanforderungen (was) von den technischen Lösungsmerkmalen (wie). So will man verhindern, dass ohne genaue Kenntnisse der Kundenanforderungen sofort die Produktmerkmale festgelegt werden. Kundenanforderungen werden oft durch Direktkontakt ermittelt („Voice of the Customer"). Die meist sehr groben, vagen Äußerungen der Kunden müssen aber anschließend in definierte, aussagefähige und weitgehend messbare Kundenbedürfnisse umgewandelt werden, ohne sie dabei zu verfälschen. Zur Unterstützung und Dokumentation wird dazu gern die 6-W-Tabelle herangezogen (wer, was, wo, wann, wie viel, warum).

Man unterscheidet auch in Basisanforderungen (selten ausgesprochen, vorausgesetzt), Leistungsanforderungen (werden genannt, sind meist messbar) sowie begeisternde Anforderungen (oft nur als Bedürfnis angedeutet, entscheiden aber über Verkaufserfolge).

Als „Kunde" wird aber nicht nur der Käufer eines Produkts gesehen („externer Kunde, Käufer"), sondern auch alle Beteiligten des Umsetzungsprozesses („interner Kunde"). Für jede Anforderung an ein neues Produkt werden im ersten Schritt verschiedene Prioritäten durch den zukünftigen Kunden vergeben, die dann über das QFD-Verfahren durch festgelegte Regeln zusammengefasst und gewichtet werden. Die für den Kunden wichtigen Qualitätsmerkmale finden in einem Qualitätsplan schriftliche Festlegung.

In einem zweiten Schritt werden über eine Korrelationsmatrix alle möglichen, verschiedenen technischen Lösungsmöglichkeiten mit den Kundenanforderungen intelligent verknüpft und wird die Beziehung bewertet: keine, schwache, mittlere oder starke Beziehung. Durch die anschließende Auswertung („das Lesen") der Matrix werden die Lösungen ermittelt, die den höchsten Erfüllungsgrad zu allen Anforderungen haben. Aber es werden auch die Lösungen ermittelt, die keine (oder sehr schwache) Beziehungen zu den Anforderungen besitzen und daher meist unnötig sind („Overengineering") oder die Anforderungen, die nicht erfüllt sind.

Das Ergebnis ist eine nach Kundenprioritäten ermittelte Produktplanung. Zur Auswertung und Dokumentation wird heute überwiegend das „House of Quality" eingesetzt. In weiteren Houses of Quality wird die Umsetzung dieser Anforderungen in Fertigung, Produktgestaltung, Dienstleistungen und Prozesskontrolle festgehalten. Das Prinzip ist einfach: Alle ermittelten Lösungsmerkmale werden an das nächste House of Quality, das den nächsten Prozessschritt beschreibt, als eine Anforderung weitergegeben und wieder in einer Matrix mit den dort ermittelten Lösungen verknüpft. Dies ergibt eine Kette oder ein Netz (deployment), deren Struktur sich an die Prozessschritte oder Projektpläne anlehnt.

Die Anwendung von QFD erfordert eine stark teamorientierte Arbeitsweise im Projekt. Die Unterstützung des Managements ist eine notwendige Voraussetzung. Der Zeitaufwand für eine QFD-Session darf nicht unterschätzt werden. Die Arbeitsgruppen werden meistens von einem neutralen QFD-Moderator geleitet. Der Einsatz einer QFD-spezifischen Applikationssoftware zur Unterstützung der Auswertung und Dokumentation ist empfohlen.

(Quelle: Gerd Streckfuss, QFD Institut Deutschland e.V.)

3 Projektdefinition: Fordern Sie nicht die „Eierlegende Wollmilchsau"

Die sehr systematische Methode Quality Function Deployment ist eher für Großunternehmen, allenfalls für große Mittelständler geeignet. QFD wurde Anfang der 1970er Jahre in Japan entwickelt. Die Qualitätsmethode dient dazu, erst die Kundenanforderungen an ein Produkt oder eine Dienstleistung detailliert zu ermitteln, danach diese durchgängig in die notwendigen technischen oder organisatorischen Lösungen umzusetzen. Ursprünglich wurde QFD zur Produktdefinition eingesetzt, eignet sich im erweiterten Sinne aber praktisch ebenso zur systematischen Projektdefinition.

Definieren Sie das Projektziel lösungsneutral. Konzentrieren Sie sich erst darauf, *was* das Projekt leisten soll und dann, *wie* es das realisieren soll. So eine strenge Vorgehensweise entspricht allerdings nicht dem assoziativen Denken des Menschen. Typischerweise „springt" man gedanklich von Zielen rasch zu Lösungsideen. Unterdrücken Sie diesen kreativen Prozess nicht, aber notieren Sie die Gedanken auf getrennten Flipcharts.

3.1 Erste Schätzungen von Umfang und Machbarkeit

Grobe und erst recht genauere Schätzungen von späteren Projektkenngrößen sind in einer frühen Definitionsphase besonders schwierig. Es kann immer nur um eine möglichst gute Annäherung an die Realität gehen. Die Qualität der Schätzung hängt von zeitlichem Spielraum, verfügbaren Informationen, angewandten Methoden, vorhandenem Fachwissen und persönlicher Erfahrung der Beteiligten ab. Leider müssen Sie sich als Projektmanager bereits während der Antrags-, Ausschreibungs- oder Angebotsphase, wenn erst wenige Daten und Informationen angesammelt werden konnten, oft schon finanziell und vertraglich verpflichten. Allein aus diesen Gründen ist es notwendig, das bevorstehende Projekt möglichst gut abschätzen zu können. Aber wie, welche Methoden gibt es dazu?

Schätzungen in frühen Projektphasen:
- Größenordnungsschätzung
- Richtwertschätzung
- Angebotsschätzung
- Kostenkalkulation

(Quelle: Burke. Projektmanagement)

„Bei der Größenordnungsschätzung handelt es sich um eine grobe Budgetschätzung, auch ‚Schätzung Pi mal Daumen' genannt. Auf einfachen Faustformeln und Kapazitätsüberlegungen basierend, lässt die Genauigkeit noch sehr zu wünschen übrig. Sogar Schwankungsbreiten von +/– 25 % werden toleriert. Eine solche Größenordnungsschätzung ist in der Regel ein Teildokument mit eingeschränkter Verbindlichkeit, oft als Anlage zu einem Projektantrag an die Geschäftsleitung. Bei größeren Vorhaben – beispielsweise F&E-Projekten – wird als nächster Schritt eine Machbarkeitsuntersuchung verlangt, ehe der Chef den Projektauftrag unterschreibt.
Richtwertschätzungen kann man einsetzen, wenn durch den Projektgegenstand oder die Branche typischerweise eine Orientierung an Richtwerten möglich oder sogar verlangt ist. In der Fertigung, der Werkstatt oder im mobilen Service beispielsweise können Arbeitsrichtwerte herangezogen werden. Typischerweise aber setzt diese Schätzmethode bereits standardisierte Leistung-Zeit-Preis-Relationen voraus. Mit Hilfe solcher Richtwerte kann man die Genauigkeit mancher Projektschätzung bis auf +/– 10 % steigern.
Die Angebotsschätzung geht zwangsläufig weiter ins Detail. Denn als Bestandteil eines Angebots hat sie rechtsverbindlichen Charakter. Erst wenn die Projektampel zumindest auf Gelb steht, wird auf der Basis von Vergleichsdaten, einer genauen Kalkulation des Arbeitsumfangs, eingeholter Angebote von Lieferanten oder auch Subunternehmern eine solche Angebotsschätzung erstellt. Zweifellos kann man mit einer Schwankungsbreite von +/– 5 % auch hier falsch liegen.
Die exakte Kostenkalkulation kann letztlich nur auf der Basis einer spezifizierten Ausschreibung und/oder präzisen Planung von Mann- und Maschinenstunden, Material, Komponenten und Teilen, Zulieferer- und Dienstleisterpreisen erfolgen. Eine solche – in manchen Projekten +/– 1 % genaue – Kostenkalkulation gehört eindeutig zur Planungsphase. Bei größeren Projekten ist sie von Zeit und Arbeit her aufwendig und teuer – wird in vielen Branchen daher eigens in Rechnung gestellt bzw. bei Auftragserteilung mit den Projektkosten verrechnet." (Quelle: Burke: Projektmanagement)
Letztlich sind für die richtige Produktdefinition die Anforderungen der Kunden maßgeblich. Für die Projektdefinition ausschlaggebend sind die Vorgaben des Projektgebers. Er erteilt nämlich den Auftrag, ist sozusagen der Hauptkunde und der Vertragspartner, der über den Erfolg des Projekts letztendlich entscheidet. Unterschieden wird zwischen internem und externem Projektauftraggeber. Der interne Auftraggeber entstammt demselben Unternehmen wie der Auftragnehmer und ist damit in einer besonderen Verpflichtung gegenüber dem Projekt. Beispielsweise kann ein interner Auftraggeber keine Regressforderungen gegen den Auftragnehmer stellen, da beide zur selben juristischen Person gehören. Ein externer Auftraggeber steht mit dem Auftragnehmer in einem gesetzlich geregelten Vertragsverhältnis. Es gelten das Bürgerliche Gesetzbuch (BGB) und das Handelsgesetzbuch (HGB).

3.2 Auch Inhouse-Projekte brauchen eine Grundlage

Auch interne Projekte sollten eine schriftliche Grundlage haben. Aber nicht bei jedem Mittelständler ist ein förmlicher Projektantrag notwendig. Viele Unternehmer und Chefs wollen lieber kurz mündlich geschildert haben, was Sie vorschlagen und keine langen schriftlichen Anträge lesen. Oder sie wollen auf wenigen PowerPoint-Folien präsentiert bekommen, worum es geht. Falls das so ist, halten Sie sich bei Ihrer kurzen Präsentation möglichst an den praxiserprobten „10-Chart-Flow":

Checkliste für die Präsentation eines Projektvorhabens:

Chart 01: Arbeitstitel, voraussichtlicher Zeitraum, Antragsteller, Datum

Chart 02: Projektziel, wirtschaftlicher, organisatorischer, technischer Nutzen

Chart 03: Ausgangssituation, aktuelle Probleme oder Marktänderungen

Chart 04: Lösungsansatz durch das Projekt, grundsätzliche Vorgehensweise

Chart 05: Tätigkeiten, benötigte Fachabteilungen, eigene Teamkapazitäten

Chart 06: Budgetbedarf, nötige Sachmittel, eventuelle Investitionen

Chart 07: Grober Zeitablauf, gedachter Start, Meilensteine, Fertigstellung

Chart 08: Mögliche typische Risiken für das Projekt

Chart 09: Vorschlag für Projektleitung und Projektorganisation

Chart 10: Dank für Projektinteresse, Bitte um Projektentscheidung

Bild 3.1: Beispiel einer Präsentation als Projektantrag

Nun stellen Sie quasi per Beamer und mündlicher Erläuterung einen Projektantrag. Aber nicht für jede Projektgröße lohnt sich dieser Präsentationsaufwand. Dann braucht man meist auch keinen formalen Projektantrag. Für solche flexiblen Fälle formulieren Sie am besten gleich den Entwurf einer Projektvereinbarung. Aber falls in Ihrer Firma doch Formales zählt: Kurzen Projektantrag mit Anlagen auf wenigen Seiten stellen. Aber denken Sie daran: Erst der Projektauftrag ist eine Vereinbarung zwischen der Geschäftsleitung als Projektgeber und Ihnen als Projektleiter. Vergessen Sie übrigens nicht, beim Personalleiter Ihren unbefristeten Arbeitsvertrag mit etwaiger Stellenbeschreibung und notwendigen Zeichnungsbefugnissen auf die neue Verantwortung zu erweitern. Wichtig: Nach Ablauf des Projekts muss Ihr Arbeitsvertrag normal weiter gelten!

 Erweitern Sie die Stellenbeschreibung und die Zeichnungsbefugnisse Ihres gültigen Arbeitsvertrags entsprechend der neuen Projektverantwortung. Vorsicht: Koppeln Sie Ihren Arbeitsvertrag möglichst nicht an das Projekt!

Und falls Sie eigens für das Projekt bei der Firma neu starten: Verhandeln Sie auch über die Zeit danach. Aber stellen Sie keine überzogenen Gehaltsforderungen für den Erfolgsfall. Was in Konzernen üblich ist, mögen mittelständische Chefs noch lange nicht!

3.2.1 So formulieren Sie einen Projektantrag kurz und bündig

Erliegen Sie nicht der Versuchung, alles, was Sie schon über das Thema wissen, stolz in den Projektantrag zu packen. Das Antragsformular knapp und übersichtlich halten und nur die wirklich notwendigen Anlagen beifügen, lautet die Grundregel.

Mittelständler mögen meistens keine Dokument-Orgien. Denn kaum ein Chef hat Zeit und Lust, 20, 30 oder gar 50 voll geschriebene Seiten in Prosa zu lesen. Wenn er mehr wissen will, wird er Sie anrufen. Dann können Sie ihm mündlich erläutern, was er an Informationen zur positiven Entscheidung für das Projekt noch braucht.

Man formuliert einen internen Projektantrag auf ein bis drei Seiten Formblättern in Stichworten. Kurze und treffende Substantive reichen meist aus. Ganze Sätze sind nicht notwendig, lange Textpassagen sogar unerwünscht. Falls für den beantragten Projektgegenstand schon Spezifikationsanforderungen bestehen, bitte als knappe Anlage beifügen. Der komplette Antrag sollte maximal fünf bis zehn Seiten haben. (Siehe Bild 3.2)

3 Projektdefinition: Fordern Sie nicht die „Eierlegende Wollmilchsau"

> **Projektantrag**
>
> Der Projektantrag ist ein Antrag zur Durchführung eines Projektes oder einer Phase. Bestandteile des Antrags sind in der Regel die Benennung des Projektziels, der Laufzeit und der Projektkosten. Die Ausführlichkeit eines Projektantrags hängt von den Forderungen des Entscheidungsgremiums ab.
> Die Stellung eines Projektantrags ist typisch für interne Projekte oder öffentlich geförderte Projekte. Bei privatwirtschaftlichen Projekten im externen Auftragsverhältnis wird das Projekt in der Folge von Ausschreibung, Angebot und Auftrag gegründet.
> Im Allgemeinen gehen einem Projektantrag Verhandlungen mit allen Projektbeteiligten voraus. Wenn mehrere natürliche oder juristische Personen einen Projektantrag stellen, wird in der Regel eine Person oder Institution federführend den Antrag stellen und vertreten. Die anderen Beteiligten binden sich an die Stellung des Antrags und seine anschließende Durchführung entweder durch Kooperationsverträge mit dem Antragsteller oder durch Beteiligungszusagen, gemeinhin Letter of Intent (LOI) genannt.
> Für eine erfolgreiche Antragstellung ist die eindeutige Klärung von Zuständigkeiten nötig. Antragsteller und Entscheider müssen ihre Vertreter persönlich benennen. Die oberste Führungsperson der antragstellenden Organisationseinheit zeichnet den Projektantrag.
>
> Die Projektbegründung wird je nach Projekt, Antragsteller und Entscheider unterschiedlich ausfallen. Eine ausführliche Projektbegründung beinhaltet u.a. die folgenden Punkte: Ausgangssituation (Stand der Technik, Marktposition), Problemstellung, Notwendigkeit einer Problemlösung (kann nicht gekauft werden, Wettbewerbsgründe usw.), Fachkompetenz der Antragsteller und Projektbeteiligten für die Durchführung des Projekts, Wahrscheinlichkeit des Projekterfolges, zu erwartender Nutzwert des Projekterfolges.
> Die Projektbegründung sollte das erste Dokument im Projekthandbuch sein.
> Das Bewilligungs- und Genehmigungsverfahren besteht oftmals aus mehreren Stufen, zumindest jedoch aus einer inhaltlichen und einer wirtschaftlichen Projektanalyse, z. B. einer ausführlichen Nutzwertanalyse. Ziel eines Projektantrags ist die Projektbewilligung.

(Quelle: Projekt-Magazin)

Wichtig ist, dass für den Entscheider rasch deutlich wird, welcher Geschäftsvorteil durch das Projekt erzielt werden kann, z.B. in Form von mehr Umsatz, zusätzlichem Deckungsbeitrag, außerordentlichen Ertragschancen, nachhaltigem Einsparungspotential oder auch ganz speziellem Know-how. Eine erste grobe Kostenkalkulation ist da natürlich unabdingbar, eine möglichst realistische Zeitschätzung von immenser Bedeutung. Natürlich will der Chef auch gleich wissen, welche Fachabteilungen wohl in Anspruch genommen werden müssen oder ob und in welchem Umfang ein Projektteam eigens nötig ist.

Machen Sie sich klar, welche Argumente für Ihren Chef wohl am wichtigsten sind. Ist er kaufmännisch oder technisch orientiert? Denkt er eher ans Tagesgeschäft oder hat er eher langfristige Geschäftsstrategien im Blick? Lebt er in Business-Zahlen, in organisatorischen Zusammenhängen oder in ingeniösen Details? Schreiben Sie genau solche Informationen in den Projektantrag, die er zur Entscheidung braucht.

3.2 Auch Inhouse-Projekte brauchen eine Grundlage 35

Antrag für Projekt: MasterCut 2002	17.10.2002

Zielsetzung:

Entwicklung und Markteinführung eines neuen Schneidewerkzeugs, mit welchem das genaue Schneiden von Gips- und Kartonplatten und ähnlichen Materialien für den professionellen Handwerksbereich gewährleistet wird.

Aufgabenstellung:

- Marktanalyse ähnlicher Produkte
- Entwicklung des MasterCut 2002
- Patent- und Warenzeichenrechtliche Absicherung
- Markteinführung des MasterCut2002

Erwartete Ergebnisse:

- hohe Funktionalität des Produktes
- hoher Deckungsbeitrag (aus Unternehmenssicht)
- qualitativer, funktionsbezogener Vorsprung im Vergleich zu ähnlichen Produkten

Budgetbedarf:

- Marktanalyse: 10.000 €
- Entwicklungskosten: 20.000 €
- Prototypkosten: 20.000 €
- Marketing: 150.000 €

Gesamtkosten: 200.000 €

Termine:

- Projektstart: 17.10.02
- Technische Zeichnungen1 und Präsentation für Analyse: 17.10.02 – 01.11.02
- Marktanalyse: 04.10.02 – 17.12.02
- Technische Zeichnungen2: 24.10.02 – 1.11.02
- Erstellung eines Prototyps: 14.01.03 – 14.04.03
- Testphase: 15.04.03 – 15.05.03
- Abschluss und Serienproduktion: 15.05.03

Abteilungsleiter:	Sachgebiet:

Bild 3.2: Beispiel für einen Projektantrag bei einem Werkzeughersteller

Verwenden Sie nur wenige Formblätter für Ihren Projektantrag! Formulieren Sie in Stichworten oder kurzen Sätzen. Argumentieren Sie den Know-how-Vorsprung, am besten den Kosten-Nutzen-Vorteil des Projekts!

3.2.2 So kommen Sie beim Chef rasch zur Projektvereinbarung

Landläufig spricht man meist vom „Projektauftrag". Auch DIN 69901-5: 2009-01 definiert leider nur „Auftrag zur Durchführung eines Projektes oder einer Phase". Synonym, aber nicht gleichbedeutend ist der Begriff „Projektvereinbarung". Das trifft den firmeninternen Charakter besser, da ein Auftrag ja nur bei verschiedenen Rechtspersonen zustande kommt. (Siehe Bild 3.3)

Für eine Projektvereinbarung zwischen der Geschäftsleitung und dem künftigen Projektleiter gilt ähnlich wie bei einem internen Projektantrag: Der Schriftsatz sollte so kurz wie möglich gehalten sein. Ein bis drei Seiten Formblätter mit kurzen verständlichen Sätzen bzw. Teilsätzen oder auch nur Stichworten genügen völlig.

Zusätzlich kann als Anlage ein erstes knappes Lastenheft für das zu erzielende Projektergebnis oder eventuell geforderte Spezifikationen gemäß Stand der Technik beigefügt werden. In der Regel reichen auch hier für das Ganze wenige Seiten. Falls Sie der künftige Projektleiter sein wollen oder sollen, nehmen Sie Ihrem hoch beanspruchten Chef die Arbeit ab, indem Sie die Projektvereinbarung entwerfen.

Was gehört in den Projektauftrag bzw. die Projektvereinbarung?

- Begründung des Projekts (aus Unternehmenssicht)
- Beschreibung des Projektziels (z. B. zu erstellendes Produkt)
- Erwartete Ergebnisse aus dem Projekt
- Vorgaben für Zeit und Kosten
- Benennung des Projektleiters
- Rahmenbedingungen bzw. Beschränkungen
- Risiken für das Projekt

(Quelle: Intercessio)

3.2 Auch Inhouse-Projekte brauchen eine Grundlage

Projektauftrag **Projekt: Euroumstellung in CONTREX – Filiale L.**	**24.10.2000**

Projektleiter: Carsten S.

Zielsetzung: Umstellung der Buchhaltung und des Kassenwesens von DM auf Euro. Technische Umstellung des Kassensystems und des Hauptcomputers.

Aufgabenstellung: • Umstellung der Gehälter der Beschäftigten. • Überweisungsträgerumstellung. • Umstellung der Verkaufspreise in Euro. • Tagesabrechnung in neuer und alter Währung, während der Übergangsmonate. • Umstellung des Firmenservers und der Registrierkassen • Änderung des Barcodes • Barcodescanner umstellen/Produktdatenbank ändern • Neue Etikettierung und neue Werbeschilder drucken (Einkaufswagen)

Zu erarbeitende Ergebnisse: ? Schnelle Umstellung der Kassenbücher ? Schnelle Umstellung der Gehälter und Löhne ? Updaten des Computersystems und der Registrierkassen mit neuer Software ? Schnelle Eingewöhnung der Kunden an die neue Währung

Budget: 10.000 DM bis 15.000 DM Bei Bedarf Nachtragszahlungen bis 10.000 DM

Randbedingungen: Einhaltung der Gesetzlichen Rahmenbedingungen

Termine, Meilensteine: 01.01.2001 doppelte Auszeichnung der Ware mit kleiner Angabe des Europreises 01.01.2002 doppelte Auszeichnung der Ware mit kleiner Angabe des DM-Preises 01.06.2002 Neue Preisauszeichnung in Euro nach Marketingstrategie 01.01.2002 Fertigstellung der Umstellung der Kassensysteme und des Hauptcomputers, sowie der Gehälter. 28.02.2002 Abschluss der kompletten Währungsumstellung und Ende der doppelten Auszeichnung der Ware

Auftraggeber: CONTREX-Geschäftsführung	Projektleiter: Carsten S.

Bild 3.3: Projektvereinbarung zur Euro-Umstellung in einer Handelsfiliale

Wenn Sie nicht sicher sind, wie er es wohl gern dargestellt hätte, stören Sie nicht ihn, sondern fragen Sie seine Sekretärin. Bringen Sie gelegentlich mal einen kleinen Blumenstrauß mit. Meistens kann diese gute Fee Ihnen nämlich wertvolle Tipps geben. Zum Beispiel auch, wann Sie das als Entwurf kenntlich gemachte Schriftstück am besten kurz persönlich vorbeibringen. Machen Sie dann aber nicht den Fehler, die Gunst der Stunde partout nutzen und dem Chef alles erzählen zu wollen, was Sie wissen. Falls er Sie fragt, okay. Ansonsten geben Sie ihm die Chance, Ihren Entwurf in Ruhe zu lesen und zu beurteilen. Halten Sie sich für telefonische Rückfragen bereit. Sagen Sie seiner Vorzimmerdame, wo und wie Sie selbstverständlich auch abends und am Wochenende erreichbar sind – sachkundig und mit Unterlagen gerüstet. Das müssen Sie ohnehin als künftiger Projektleiter!

Machen Sie es Ihrem Chef leicht, indem *Sie* eine kurze Projektvereinbarung entwerfen. Bitte leicht und schnell lesbar auf maximal ein bis drei Seiten formulieren. Nutzen Sie standardisierte Formblätter! Schreiben Sie deutlich drauf: „Entwurf zu Ihrer Entscheidung"!

Für die unternehmerische Entscheidung des Chefs über eine Projektvereinbarung ist ausschlaggebend, ob der erzielbare Nutzen die aufzubringenden Kosten rechtfertigt. Falls der Projektnutzen in geldwerter Form messbar ist – z.B. durch Erträge aus dem Verkauf eines neuen Produkts – zieht man einen direkten Vergleich. Beste Grundlage für die Bestimmung eines potentiellen Nutzens ist dann eine beigefügte Prognose in Form eines kleinen Business-Plans:

Beantworten Sie diese Fragen vor der Business-Plan-Erstellung!

- Welches sind die vorrangigen Geschäftsziele der Firmenleitung?
- Gibt es ein einheitliches Kennzahlensystem im Unternehmen?
- Welche Erfolgskriterien (z.B. Umsatz, Marktanteil, Stückkosten) gelten?
- Welche besonderen Probleme bestehen bei der Zielerreichung?
- Auf welchen Branchenfeldern ist man besonders erfolgreich?
- Wie steht das Unternehmen im Vergleich zum Wettbewerb da?
- Welchen Einfluss kann das Projekt auf die Wettbewerbsposition haben?
- Was für einen Stellenwert hat die Abteilung im Unternehmen?
- Welche möglichen weiteren Projekte laufen bereits im Betrieb?
- Wie rechnet sich das Projekt im Vergleich (Wirtschaftlichkeit, Nutzen)?

(Quelle: Preißner. Projekte budgetieren und planen)

3.2 Auch Inhouse-Projekte brauchen eine Grundlage

Im Business-Plan schätzen Sie zunächst die voraussichtlichen Gesamtkosten für „Ihr" Projekt. Angenommen, es dauert bis Ende des Jahres, so können Sie – bei erfolgreicher Realisierung – ab dem kommenden Geschäftsjahr die Umsätze planen, die durch das Projektergebnis zusätzlich möglich erscheinen. Vergessen Sie bei Ihrer Planung aber nicht, dass es Konkurrenz am Markt gibt, die Ihnen das Streben nach Mehrumsatz schwer machen wird. Planen Sie also vorsichtig realistisch! Bestimmt werden Sie auch zusätzliche Material-, Personal- oder Verbrauchskosten haben, um diesen Mehrumsatz zu realisieren. Diese ziehen Sie – ebenso wie die anteiligen Projektkosten – pro Jahr von den erwarteten Umsatzerlösen ab. Falls noch eine Investition eigens getätigt werden muss, gehört der jährliche Anteil dafür ebenfalls auf die Kostenseite umgelegt. So – jetzt haben Sie die Chancen auf zusätzlichen Deckungsbeitrag durch das Projekt ausgelotet. Maximal sollte Ihr „kleiner" Business-Plan einen Zeitraum von fünf Jahren prognostizieren.

Eine Konzentration auf die Ausgabenseite reicht, wenn der Projektnutzen in Kosteneinsparungen besteht. Schwierig ist es, einen nichtmonetären Nutzen – wie etwa die Steigerung des Bekanntheitsgrades durch Sponsoring einer Sportveranstaltung oder den Imagegewinn durch die Förderung eines Kulturprojekts – den entstehenden Kosten gegenüberzustellen. Solchen nichtmonetär zu bewertenden Nutzen versucht man, mit der Nutzwertanalyse zu erfassen.

> Machen Sie der Geschäftsleitung in Vorgesprächen deutlich, dass Sie mit der Projektvereinbarung keinen Freibrief wollen, sondern lediglich einen Handlungsrahmen brauchen. Nichts wird der Kontrolle des Chefs entzogen, er erhält regelmäßig Bericht. Aber nutzen Sie Ihren Gestaltungsspielraum. Nehmen Sie die Sache aktiv in die Hand. Wer macht, gewinnt!

Wenn die Vereinbarung – der interne Projektauftrag – unterschrieben ist, betrachten Sie ihn nur als Handlungsrahmen. Ihr Chef erwartet die notwendigen Aktivitäten von Ihnen. Nehmen Sie also die Sache in die Hand. Die Projektvereinbarung ist nichts weiter als eine offizielle Grundlage. Als Projektleiter haben Sie durchaus einigen Gestaltungsspielraum. Nutzen Sie ihn! Am Ende wird der Firmenchef Ihnen danken, dass Sie etwas erfolgreich bewegt haben – vorausgesetzt, Sie haben sein liebes Geld nicht zum Fenster rausgeworfen. Bei Projekten gilt noch mehr als sonst im Mittelstand: Nur wer macht, kann auch gewinnen!

3.3 Aufpassen bei Projektverträgen mit Dritten

Über die Unternehmensgrenzen hinweggehende Beziehungen eines Projekts werden über Ausschreibung, Angebot, Auftragserteilung und Auftragsbestätigung rechtlich geregelt. Einen speziellen Projektvertrag braucht man nicht – allerdings:
Wenn die Erbringung einer bestimmten Projektleistung durch einen Auftragnehmer oder Unterauftragnehmer erfolgen soll, so müssen die Leistungsanforderungen dazu (z. B. im F&E-Bereich üblicherweise durch ein Lastenheft oder im Baubereich durch ein Leistungsverzeichnis) beschrieben und Angebote eingeholt werden. Durch eine öffentliche oder beschränkte Ausschreibung dieser Leistung werden potentielle Anbieter aufgefordert, ihre Angebote abzugeben. Neben der Leistungsbeschreibung muss die Ausschreibung zusätzlich die Angebotsabgabefrist (Eingangs- oder Absendedatum) benennen, bis zu der die Angebote vorliegen müssen.

Lastenheft

Das Lastenheft ist die „vom Auftraggeber festgelegte Gesamtheit der Forderungen an die Lieferungen und Leistungen eines Auftragnehmers innerhalb eines (Projekt-) Auftrags". (DIN 69901-5: 2009-01)
Grundsätzlich sollte der Auftraggeber das Lastenheft formulieren. Es dient dann als Grundlage zur Einholung von Angeboten (Angebotsanfragen). Insbesondere bei Bauprojekten wird das Lastenheft auch als Leistungsverzeichnis (LV) bezeichnet.
Es ist aber weit verbreitet, dass der potentielle Auftragnehmer selbst in Abstimmung mit dem Auftraggeber das Lastenheft erstellt. Dies hat für den Auftragnehmer den großen Vorteil, selbst die von ihm zu erbringende Leistung definieren zu können. Für den Auftraggeber ergibt sich daraus das Risiko, dass die vertraglich vereinbarte Leistung nicht genau seinen Bedürfnissen entspricht. Der Vorteil dieses Vorgehens ist, dass der Ausführende nur das verspricht, was er tatsächlich leisten kann.

Die Gliederung des Lastenhefts sollte folgende Punkte enthalten:
- Die Spezifikation des zu erstellenden Produkts (die „Last").
- Die Anforderungen an das Produkt bei seiner späteren Verwendung.
- Rahmenbedingungen für die Leistungserbringung (z. B. Normen, Materialien).
- Vertragliche Konditionen (z. B. Erbringen von Teilleistungen, Gewährleistungsanforderungen, Risikomanagement usw.).
- Anforderungen an den Auftragnehmer (z. B. Zertifizierungen).
- Anforderungen an das Projektmanagement des Auftragnehmers (z. B. Dokumentation, Controllingmethoden).

Bei einem formell korrekten Vorgehen setzt der Auftragnehmer nach Erhalt des Lastenhefts die zu erbringenden Ergebnisse (Lasten) in erforderliche Tätigkeiten (Pflichten) um und erstellt das so genannte Pflichtenheft als Teil des Angebots an den Auftraggeber.

(Quelle: Projekt-Magazin)

Die Erstellung eines einfachen Angebots umfasst ein beschreibendes Verzeichnis der zu erbringenden Leistungen und die Kalkulation des vom Auftraggeber dafür zu zahlenden Preises. Ein ausführliches Projektangebot beinhaltet aber noch mehr:

 Was ein ausführliches Projektangebot enthalten sollte!
- Kompetenzdarstellung des Anbieters (z. B. durch Referenzprojekte)
- Voraussichtliche Vorgehensweise bei der Projektaufgabe (z. B. Grobkonzept)
- Auflistung der Lieferungen und Leistungen (eventuell als „Pflichtenheft")
- Angebotskalkulation (eventuell sogar in mehreren Alternativen)
- Allgemeine Geschäftsbedingungen (zu denen das Angebot gilt)

Mit der Abgabe eines verbindlichen Angebots verpflichtet sich der Anbieter zur Durchführung des Projektauftrags, wenn das Angebot vom Ausschreibenden angenommen wird. Andernfalls kann dieser im Rahmen einer Ersatzbeschaffung den Anbieter für eventuelle Mehrkosten regresspflichtig machen. Um dieses Risiko zu minimieren, werden verbindliche Projektangebote meist mit einer Geltungsdauer versehen, der so genannten Angebotsbindefrist. Nur wenn innerhalb dieser Frist das Angebot angenommen und der Auftrag erteilt wird, ist der Anbieter zur Erfüllung seines Angebots verpflichtet. Soll das Projektangebot nicht verbindlich sein, muss der Anbieter das Angebot „freibleibend" oder „unverbindlich" abgeben.
Bei vielen Projektausschreibungen können eingegangene Angebote nachgebessert werden. Oft setzt der Ausschreibende im Sinne eines Anbieterwettbewerbs sogar darauf. Bei anderen Ausschreibungen sind – zumindest verbindliche – Angebote nach Abgabe dann endgültig.
Die Auftragserteilung ist eine rechtswirksame Willenserklärung des Auftraggebers an den ausgewählten Anbieter. Mit der Auftragserteilung leistet der Auftraggeber seinen Anteil am Zustandekommen des Projektauftrags. Wenn das Angebot bindend erstellt wurde und die Auftragserteilung innerhalb der Angebotsbindefrist erfolgte, ist allein damit zwischen Auftraggeber und Auftragnehmer ein rechtsgültiger Vertrag zustande gekommen. Bei einem freibleibenden Angebot muss der Auftragnehmer noch durch die Auftragsbestätigung für den endgültigen Vertragsabschluss sorgen. Das Angebot-Auftrag-Prinzip genügt also bei Projekten.
Größere Projekte oder Gemeinschaftsprojekte mehrerer beteiligter Firmen werden darüber hinaus oft durch spezielle und ausführliche Projektverträge abgesichert. Geregelt wird das Verhältnis zwischen Auftraggeber und Auftragnehmer durch die allgemeinen Geschäftsbedingungen und – falls vorhanden – die allgemeinen Einkaufs- und Lieferbedingungen der Vertragspartner und durch den zwischen den Parteien geschlossenen Projektvertrag. Spätestens für ein größeres Auftragsprojekt ist dringend empfehlenswert, für die Beschreibung der Anforderungen ein Lastenheft und für die Beschrei-

3 Projektdefinition: Fordern Sie nicht die „Eierlegende Wollmilchsau"

Pflichtenheft

Im Pflichtenheft sind nach DIN 69901-5: 2009-01 die vom „Auftragnehmer erarbeiteten Realisierungsvorgaben auf der Basis des vom Auftraggeber vorgegebenen Lastenheftes" niedergelegt. Sie beschreiben die „Umsetzung des vom Auftraggebers vorgegebenen Lastenhefts". Während das Lastenheft im Wesentlichen die Spezifikation des Produkts und den Produktstrukturplan enthält, beschreibt das Pflichtenheft, wie der Auftragnehmer die Leistung zu erbringen gedenkt. Die einfachste Form des Pflichtenhefts ist die Benennung des Liefertermins und des Preises. Die ausführlichste Form enthält bereits die vollständige Projektplanung (z. B. den Vertragsterminplan).
Somit ist der Projektstrukturplan mit den Arbeitspaketen Mindestbestandteil des Pflichtenhefts. Ein ausführliches Pflichtenheft kann auch die vollständige Projektplanung umfassen, einschließlich Termin- und Ressourcenplänen. Bei zeitkritischen Projekten wird der Terminplan zum bindenden Vertragsbestandteil (Vertragsterminplan). Es empfiehlt sich, das Pflichtenheft zumindest in einen rechtlich-organisatorischen und einen technisch-fachlichen Teil zu trennen.
Bei Projekten mit engem Abstimmungsbedarf zwischen Auftragnehmer und Auftraggeber wird die Erarbeitung des Pflichtenhefts in einer gemeinsamen Arbeitsgruppe oder Arbeitsgemeinschaft durchgeführt. Bei Großprojekten (z. B. Ingenieurbauten) ist die Erstellung und vertragliche Vereinbarung des Pflichtenhefts bereits selbst ein kleines Projekt.
Pflichtenheft und Lastenheft sollten unmittelbarer Bestandteil des Vertrags zwischen Auftraggeber und Auftragnehmer sein. Bei großen Projekten mit vielen Partnern kann es sinnvoll sein, Lasten- und Pflichtenheft in der von allen Seiten abgezeichneten Version bei einem Notar zu hinterlegen, um spätere Nachforderungen zweifelsfrei klären zu können.

(Quelle: Projekt-Magazin)

bung der Leistungen ein Pflichtenheft anzufertigen und als Anlage zum Bestandteil des Vertrags zu machen. Nur so ist die korrekte und vertragsgemäße Erbringung von Lieferungen und Leistungen später bei der Projektabnahme im Einzelnen überprüfbar bzw. nachweisbar.

 Auftragsprojekte sind auf gesetzlicher Basis durch einen Projektvertrag, die jeweiligen Einkaufs- und Lieferbedingungen und/oder die allgemeinen Geschäftsbedingungen der Vertragspartner geregelt. Auch wenn es anfangs formalistisch erscheint: Erstellen Sie zum späteren Nachweis vereinbarter Leistungen unbedingt ein Lastenheft und ein Pflichtenheft!

Bei Großprojekten im Bausektor oder im Anlagenbau übernimmt sehr häufig ein Generalunternehmer gegenüber dem Auftraggeber die Gesamtverantwortung und vergibt die Arbeiten an unterauftragnehmende Firmen. Hier braucht man besonders detaillierte Ausschreibungen („Lastenhefte") und in den einzelnen Positionen genau spezifizierte Angebote („Pflichtenhefte").
Oft sind die Arbeiten mehrerer Unternehmen innerhalb eines Projekts aber so stark ineinander verzahnt, dass sie nur mit einem gemeinsamen Projektmanagement planbar, überwachungsfähig und steuerbar sind. Große

3.3 Aufpassen bei Projektverträgen mit Dritten

Baukomplexe z.B. erfordern sehr intensive, die verschiedenen Gewerke übergreifende Koordinierung. Tief gegliederte Zulieferketten in der Automobilindustrie, in die oft Mittelständler eingebunden sind, setzen eine sehr detaillierte Abstimmung von Ablaufplänen voraus.

Nicht selten wird per Projektvertrag ein firmenübergreifender Lenkungsausschuss ins Leben gerufen, der koordinierende und überwachende Funktion hat. Falls so ein Lenkungsausschuss eingesetzt wird, ist der Auftraggeber darin auf jeden Fall stimmberechtigtes Mitglied. Je nach Branchengepflogenheit, Art des Projekts und getroffener Vereinbarung hat er dort sogar die letzte Entscheidungsbefugnis.

Was Sie in einem Projektvertrag regeln sollten!

- Projektziele (Anforderungen z.B. als Lastenheft)
- Lieferungen und Leistungen (eventuell als Pflichtenheft)
- Preise und Zahlungskonditionen (eventuell Akontozahlungen)
- Termine (z.B. Meilensteine für Zwischenergebnisse und Endabnahme)
- Allgemeine Vorkehrungen (z.B. Berichte, Geheimhaltung, Kündigung)
- Gesetzliche Vorkehrungen (z.B. Projekthaftung)
- Projektabnahme (z.B. genauer Abnehmer, eventuell Nachbesserungsfristen)
- Besondere Konditionen (z.B. Lizenzen, Patente oder Nutzungsrechte)

Unternehmensübergreifendes Projektmanagement gibt es sowohl in vertikaler (entlang der Wertschöpfungskette) als auch in horizontaler Integration (zwischen Elementen verschiedener Wertschöpfungsketten). Angebot-Auftrag-Vertragsverhältnisse reichen da nicht aus, mitunter genügt nicht einmal mehr ein umfangreicher Projektvertrag. Organisatorische Möglichkeiten zur Ausgestaltung übergreifenden Projektmanagements unter Partnerunternehmen sind die Bildung einer Arbeitsgruppe oder Arbeitsgemeinschaft – und bei längeren Projekten sogar die Gründung einer Projektgesellschaft (GmbH).

3.3.1 Verhandeln Sie den Projektauftrag diplomatisch

„Das Grundprinzip jeder Auftragsverhandlung besteht darin, dass der Auftraggeber so viele Leistungen wie möglich zu einem möglichst geringen Preis haben will und der Auftragnehmer so wenig wie möglich zu einem möglichst hohen Preis verkaufen will. Die Verhandlungsposition der Parteien wird von der jeweiligen Marktsituation und den individuellen betriebswirtschaftlichen Situationen bestimmt. Das Ergebnis dieser Verhandlungen wird dann in einem Vertrag festgelegt." Mit einfachen Worten bringt das *Projekt-Magazin* Projektverhandlungen auf den Punkt.

Am Anfang steht immer die Frage: Was will der Kunde? Gerade im Projektgeschäft weiß aber der potentielle Auftraggeber zunächst oft nicht, was er genau will.

> ✔ Bei einer mittelgroßen Werbeagentur klingelt das Telefon. Der neue Marketingleiter einer traditionsreichen Privatbank ist dran. Was er sagt, klingt vielversprechend. Es geht um ein umfassendes Kommunikationsprojekt: Der Bekanntheitsgrad der Privatbank soll binnen drei Jahren nachhaltig gesteigert werden, um den meist betuchten Kunden zusätzliche Anlageprodukte verkaufen zu können. Natürlich stehen für eine Kampagne zweistellige Millionenbeträge zur Verfügung. Die Agentur möge sich doch schon mal Gedanken über ein originelles Konzept machen. Die Kreativen der Agentur sind begeistert, werden nur noch vom kühlen Kopf des kaufmännischen Agenturgeschäftsführers gebremst. Wenige Tage später kommt die Einladung zur Wettbewerbspräsentation. Natürlich ohne richtiges Briefing und im Zuge des geschäftlichen Sittenverfalls nur mit knapper Auslagenpauschale dotiert. Angesichts der miesen Konjunktur gibt es nun trotzdem kein Halten mehr. Die Konzeptionierer entwerfen, die Grafiker layouten, die Texter ersinnen ein Motto, der Mediaplaner rechnet. Dann fahren die Kontakter mit dem Konzept für eine Imagewerbekampagne stolz und zuversichtlich zum Pitch. Dort herrscht leichtes Chaos. Alle Präsentationstermine verschieben sich um eine Stunde, da der Geschäftsführungsvorsitzende der Bank noch mit dem Flieger kreist. Nachdem er endlich gelandet und im großen Sitzungssaal angekommen ist, wird klar: Ihm geht es gar nicht um eine Publikumswerbekampagne, sondern mehr um die direkte Ansprache der Kunden. Man will bei der anspruchsvollen Klientel für neue Anlageprodukte bekannt werden. Also lediglich Verkaufsförderung? Diesem Gedanken widerspricht der Vertriebsgeschäftsführer vorsichtig. Seine Filialdirektoren bräuchten durchaus die Unterstützung vom Marketing. Wie? Na ja – durch Sales Folder vielleicht oder durch eine interaktive CD-ROM. Am besten sei das Projekt ohnehin beim Vertrieb angesiedelt. Wegen der Nähe zum Kunden natürlich! Die Kontakter – der Agenturchef ist zum Erstkontakt persönlich mitgekommen – lächeln verständnisvoll, aber leicht gequält: Arbeit bisher natürlich für die Katz, jedoch Etathoffnungen noch nicht begraben. Die reduziert der Verwaltungsgeschäftsführer der Bank mit seiner wohlplatzierten Wortmeldung: Die Kosten für Werbung und Verkaufsförderung seien ohnehin für eine Privatbank schon recht hoch, darauf wolle er ausdrücklich hinweisen. Eigentlich würden Faltblätter genügen, die den Anlageberatern überzeugende Argumente an die Hand geben. Da blickt der große Bankchef ungeduldig auf seine Schweizer Uhr. Nun sei ja alles klar, die Agentur solle sich mal Gedanken machen ...

Viele Vertragsverhandlungen kranken daran, dass man über diffuse Vorstellungen und abstrakte Fragen verhandelt. Wie hoch ist der Preis? Eine präzise Antwort ist nur möglich, wenn die Anforderungen im Einzelnen klar sind. Vermeiden Sie bei Vertragsverhandlungen tunlichst eine zu frühe Festlegung. Wie ist die Haftung und in welchen Fällen wird Gewährleistung gegeben? Das sind zwar wichtige Punkte, aber alle kaufmännischen und juristischen Feinheiten machen erst im Kontext einer konkreten Leistung einen Sinn. Die Preiskalkulation gerät leicht zum Glücksspiel: Nennt der Auftragnehmer einen hohen Preis, riskiert er, dass der Kunde abspringt. Ist der Preis zu niedrig angesetzt, wird das Projekt eventuell zum Verlustgeschäft.

3.3 Aufpassen bei Projektverträgen mit Dritten

 Verhandlungstipps zum Projektvertrag:

- Machen Sie sich im Internet, in Datenbanken und Branchenverzeichnissen über den potentiellen Auftraggeber schlau! Wer sind dort die Entscheider?
- Erstellen Sie vor der Verhandlung eine Checkliste für Sie wichtiger Punkte!
- Spielen Sie mehrere Verhandlungsalternativen im Vorfeld durch!
- Vereinbaren Sie für ein eventuelles Teamselling eine Rollenverteilung!
- Sprechen Sie mit dem Auftraggeber über die genau gewünschten Leistungen!
- Fragen Sie nach seinen Erwartungen an die Durchführungsmodalitäten!
- Was für Menschen sitzen Ihnen gegenüber? Worauf reagieren sie positiv? Kommen Sie bei den Typen an? Spüren und nutzen Sie die Atmosphäre!
- Stellen Sie Ihre Kompetenz unter Beweis! Nennen Sie Referenzprojekte!
- Versuchen Sie, Ihre Wettbewerber und deren Angebote herauszufinden!
- Stellen Sie den Personaleinsatz und die Materiallösungen ausführlich dar!
- Werden Sie sich gemeinsam über beiderseits realisierbare Termine klar!
- Fragen Sie nach Ansprechpartnern für den Fall der Projektdurchführung!
- Sprechen Sie Ihre üblichen Konditionen und Zahlungsmodalitäten an!
- Sichern Sie die Gewährleistungen für Ihre fachgerechte Arbeit zu!
- Vermeiden Sie eine frühe mündliche Festlegung auf einen Gesamtpreis!
- Erbitten Sie genügend Zeit für eine seriöse und fundierte Preiskalkulation!
- Vereinbaren Sie einen Terminhorizont für Entscheidung und Vertrag!
- Erschlagen Sie den Auftraggeber nicht durch ein zugesandtes juristisches Meisterwerk der Vertragskunst mit unendlich ausführlichen Paragraphen!

(Quelle: Intercessio)

Natürlich kann man versuchen, über ein knappes Leistungsangebot in optimistisch geschätzter Ausführungszeit zum niedrigen Preis ins Geschäft zu kommen. Da läuft dann dem potentiellen Auftraggeber das Wasser im Mund zusammen. Anbieter, die sich häufig an Projektausschreibungen der öffentlichen Hand beteiligen, wissen, dass die Auftraggeber ein niedriges Preisangebot nicht ignorieren dürfen. Um eine Ausschreibung zu gewinnen, setzen sie Preise auf unterstem Level an. Im Nachgang müssen dann viele Arbeiten gesondert berechnet werden. Der Planungssicherheit und Kundenzufriedenheit dient das nicht gerade. Vielen öffentlichen Projekten wird das spätere teure Scheitern quasi per Verwaltungsvorschrift „in die Wiege gelegt". Natürlich gibt es auch viele Beispiele erfolgreicher Projekte im öffentlichen Bereich – selbst als Projektkooperationen mehrerer institutioneller Partner.

Am Anfang jeder Vertragsverhandlung muss eine möglichst genaue Beschreibung der Leistungsanforderungen gegeben werden. Selbstverständlich gibt es Fälle, wo das partout nicht geht, weil die Erstellung der Leistungsbeschreibung expliziter Teil des Projekts ist. Hier verhandelt und schließt man zunächst als Vorstufe nur einen Rahmenvertrag und danach Part für Part des meist mehrstufigen Projektvertrags.

Abschließend noch ergänzende Hinweise zu Projektvertragsverhandlungen:

- Gerade bei Verhandlungen zwischen wirtschaftlich unterschiedlich potenten Unternehmen wird häufig vergessen, dass man es mit einem Partner, nicht mit einem Gegner zu tun hat. Ein Projekt lebt davon, dass beide Seiten genügend „Luft zum Atmen" haben und Chancen und Risiken des Vertrags gerecht verteilt sind.
- Nicht nur ein Gebot der Fairness, sondern auch der wirtschaftlichen Vernunft ist es, eine Alternative oder einen Kompromiss zu suchen, falls eine bestimmte Regelung für eine der Vertragsparteien absolut inakzeptabel ist.
- Fallstricke für Projektverhandlungen liegen oft im Haftungsbereich. Wenn eine der Parteien an einem Projektvertrag nur einige zehntausend Euro verdienen kann, sich zugleich aber aus dem Vertrag – weil es um einen Teil eines äußerst komplexen Projekts geht – einem siebenstelligen Haftungsrisiko gegenübersieht, stehen Chance und Risiko in keinem ausgewogenen Verhältnis.
- Es nutzt wenig, wenn der stärkere Verhandlungspartner beteuert, man habe bisher in Haftungsfällen immer Gnade vor Recht ergehen lassen, denn man habe ja kein Interesse daran, die eigenen Zulieferer in die Insolvenz zu treiben. Das kann sich bei neuen Personen auf Auftraggeberseite leicht ändern und ist nicht einklagbar.

3.3.2 Einige Tipps zur optimalen Vertragsgestaltung

Bei einem Projekt mit mehreren Beteiligten, besonders bei Gemeinschaftsprojekten, werden in der Regel vorvertraglich gegenseitige Absichtserklärungen verfasst, die die Bedingungen für ein gemeinsames Projekt festhalten. Solche Letter of Intent (LOI) genannten Vereinbarungen enthalten eine grobe Beschreibung des geplanten Gegenstands und der geplanten Leistungen der Unterzeichner, die voraussichtliche Geltungsdauer der Kooperation und sehr häufig eine Vertraulichkeitsvereinbarung.

Letter of Intent genügt als vertragliche Grundlage nicht, um für ein Projekt die Zusammenarbeit zwischen Firmenpartnern oder die Beziehungen zwischen Auftraggeber und Auftragnehmer verbindlich zu regeln!

(Quelle: Intercessio)

Trotz sorgfältig formulierter Texte ist der vertragsrechtliche Wert eines LOI gering. Bei Projekten ist es eine Art von Verlobung, aber noch keine Ehe zwischen Projektpartnern. Nur bei größeren und bekannten Unternehmen kommt ein öffentlicher oder branchenöffentlicher Druck auf, die Absichtserklärung auch in eine vertragliche Zusammenarbeit münden zu lassen. Bei Mittelständlern ist das meistens nicht der Fall. Wirklich positiver Effekt ist hier allerdings das Commitment der beabsichtigten Projektkooperation durch die Geschäftsleitungen sowie die Motivation von Abteilungen und Belegschaften der jeweils beteiligten Unternehmen. Mitarbeiter hoffen oft durch einen LOI auf neue Aufgaben und Perspektiven.

 Was ein Projektvertrag enthalten sollte!

- Benennung der Vertragspartner
- Vertragsgegenstand allgemein
- Generelle Leistungsanforderungen
- Leistungen im Detail aufgelistet
- Genaue Spezifikationen
- Einkauf von Leistungen Dritter
- Termine für Leistungserbringung
- Verantwortliche Ansprechpartner
- Genaue Abnahmemodalitäten
- Urheber-, Namens- oder Patentrechte
- Verwertungs- und Nutzungsrechte
- Dauer von übertragenen Rechten
- Vertragslaufzeit insgesamt
- Kündigungsregelungen
- Klauseln zum Wettbewerbsausschluss
- Preise und Nebenkosten
- Genaue Zahlungskonditionen
- Vereinbarungen zur Verschwiegenheit
- Haftung und Gewährleistung
- Nachbesserungskonditionen
- Schiedsregelungen
- Gerichtsstand

Wenn es die Komplexität eines Gemeinschaftsprojekts erfordert, wird bald nach der schriftlichen Absichtserklärung – oder auch direkt ohne vorherigen LOI – ein verbindlicher Projektvertrag geschlossen. Vergessen Sie nicht, den genauen Vertragsgegenstand, die einzelnen Leistungen, Termine für Zwischenergebnisse, eventuell nötige Fremdleistungen, Abnahmestufen und dabei Verantwortlichkeiten, diverse Rechte, gesamte Geltungsdauer, wechselseitige Diskretion, Preise und Zahlungskonditionen sowie Nachbesserungs- und Haftungsfragen im Projektvertrag möglichst genau zu regeln!

In manchen Branchen ist ein detaillierter Vertragsterminplan spezieller Bestandteil des Projektvertrags. Er benennt verbindliche Termine im Projektablauf. Das können im einfachsten Fall nur wenige Meilensteine sein, aus dem angelsächsischen Wortgebrauch übernommen spricht man dann von einer „Roadmap". Es kann aber auch der bereits vollständig ausgearbeitete Terminplan mit allen Vorgängen zum Vertragsterminplan werden. Der Vertragsterminplan ist ausdrücklich Bestandteil des Pflichtenhefts, bisweilen ersetzt er sogar das Pflichtenheft.

Üblich ist die Bezeichnung „Vertragsterminplan" im Bauwesen. Hier geht es in erster Linie um die Abstimmung der zahlreichen beteiligten Unternehmen, die nur in einer definierten Reihenfolge ihre Leistungen erbringen können. Ziel des Vertragsterminplans ist es, allen Beteiligten eine vorausschauende Kapazitätsplanung zu ermöglichen und bei eventuellen Verzögerungen die Verantwortlichkeit – und damit auch die Haftung – eindeutig bestimmen zu können.

Da große Bauprojekte stets Terminrisiken enthalten und der Vertragsterminplan in der Regel nur in einer Grobform vorliegt, wird zusätzlich stets ein Änderungsmanagement für die Terminplanung vereinbart. Hierzu gehören regelmäßige Treffen der Terminverantwortlichen, die nach der Methode der rollenden Planung jeweils für das nächste, überschaubare Zeitfenster die Detailplanung durchführen. Im weit verbreiteten Fall der so genannten „Baubegleitenden Ausführungsplanung" werden nicht nur die Terminplanung, sondern auch die Tätigkeiten und die Art der Ausführung innerhalb der Vorgänge selbst erst kurzfristig geplant. Nach jeder solchen Iteration der Planung wird der neue, detaillierte Terminplan zum Bestandteil des Vertragsterminplans.

Last, not least noch ein Hinweis: Das Risiko, dass ein Projektauftraggeber bzw. Vertragspartner zwischenzeitlich Konkurs anmelden muss, besteht mittlerweile in allen Branchen. Die Zahl der jährlichen Anträge auf Insolvenzeröffnung nimmt ständig zu. So mancher bis dahin gesunde Mittelständler wurde durch die Insolvenz seines Kunden mit in den Ruin gerissen. Gerade kleine und mittlere Unternehmen besitzen meist nicht genug finanzielle Reserven, um hohe Forderungsausfälle aufzufangen. Die Vereinbarung von angemessenen Abschlagszahlungen analog zum Projektfortschritt hilft gegen dieses Risiko. Ergänzend kann im Projektvertrag eine Absicherung durch Bankbürgschaften in Höhe des Auftragsvolumens vereinbart werden. Allerdings kostet das zusätzlich Geld.

Beispiel eines Projektvertrags im Dienstleistungssektor

Projektvertrag über Beratungsleistungen für „JUMP"

Zwischen der Maschinen-Anlagen-Servicegesellschaft mbH & Co. (im Folgenden kurz „MAS" genannt) und der Sales & Service Consulting GmbH (im Folgenden kurz „SSC" genannt) wird folgender Projektvertrag geschlossen:

§ 1 Vertragsgegenstand
(1) MAS ist als Dienstleister auf dem Gebiet der Planung, Einrüstung, Überwachung und Wartung sowie des Tool-Managements von Maschinen und Anlagen für Industrie- und Lohnfertigungsbetriebe tätig. Im Rahmen des Projekts „JUMP" soll der Kundendienst auf die Herausforderungen moderner elektronischer Vernetzung ausgerichtet und reorganisiert und sollen zugleich Planungsingenieure und Kundendiensttechniker im Sinne einer noch größeren Kundenorientierung trainiert und weiterentwickelt werden.
(2) SSC ist auf den Gebieten Vertriebsberatung und Schulung von Kundendiensttechnikern tätig. Ziel dieser Beratung sind die Optimierung von Organisation und Prozessen sowie die Steigerung der wirtschaftlichen Ertragskraft der beauftragenden Unternehmen. Im Rahmen des Projekts „JUMP" entwirft SSC ein strategisches Change-Konzept und übernimmt das Training aller von der Reorganisation betroffenen MAS-Mitarbeiter.
(3) Durchgeführt werden die vereinbarten Beratungs- und Schulungsleistungen von einem SSC-Team aus qualifizierten Betriebswirten, Ingenieuren und erfahrenen Personaltrainern.
(4) SSC stellt fünf eigene Berater für das Team zur Verfügung und benennt sie MAS.

§ 2 Einsatz von freien Personaltrainern

(1) SSC führt die vereinbarten Schulungsleistungen nicht mit eigenem Personal durch, sondern setzt nach Bedarf freie Personaltrainer ein, welche fachlich qualifiziert und in der Lage sind, die Vertragsleistungen termingerecht und ordnungsgemäß zu erbringen.
(2) SSC gibt diesen Personaltrainern alle erforderlichen Informationen zur sachgerechten Durchführung der vereinbarten Schulungen und kontrolliert ihre Leistungen.
(3) Im Rahmen der übertragenen Schulungsverantwortung obliegt SSC im Krankheitsfall oder Nichterscheinen der freien Personaltrainer, rechtzeitig für Ersatz zu sorgen.
(4) Sollte eine Vertretung nicht mehr rechtzeitig gestellt werden können, hat SSC einen neuen Schulungstermin für die angemeldeten MAS-Mitarbeiter durchzuführen.

§ 3 Kein Vertrags- oder Arbeitsverhältnis zwischen MAS und Personaltrainern

(1) Ein Vertragsverhältnis zwischen MAS und den von SSC eigens für das Projekt „JUMP" beauftragten freien Personaltrainern entsteht nicht.
(2) SSC verpflichtet sich, nur solche Personaltrainer auszuwählen, die marktübliche Kriterien einer freiberuflichen Selbständigkeit erfüllen.
(3) SSC wird die freien Personaltrainer für das Projekt nur zeitlich begrenzt beauftragen.
(4) SSC stellt MAS von etwaigen arbeitsrechtlichen Ansprüchen der Personaltrainer frei.

§ 4 Vertragslaufzeit

(1) Dieser Vertrag orientiert sich an den vorgesehenen Laufzeiten des Projekts „JUMP".
(2) Projektstufe A (Organisationsumstellung) ist auf die Werktage vom 15. Dezember 2008 bis 07. Januar 2009 begrenzt. Projektstufe B (Mitarbeiterschulungen) ist für den Zeitraum vom 12. bis 30. Januar 2009 geplant. Projektstufe C (Kommunikation Kundenbetriebe) beginnt Anfang Januar und soll bis Mitte Februar 2009 abgeschlossen sein.
(3) Einschließlich notwendiger Vorbereitungen und auswertender Nacharbeit beginnen Beratungs- und Trainingsleistungen aus diesem Vertrag am 1. Dezember 2008 und enden am 27. Februar 2009, ohne dass es einer Kündigung bedarf.

§ 5 Honorar und Nebenkosten

(1) Das Honorar wird als festes Pauschalhonorar in Höhe von 280.000 EUR (in Worten: „Zweihundertachtzigtausend Euro") für alle Projektleistungen von SSC vereinbart.
(2) PKW-Fahrtkosten werden mit 0,70 EUR pro Kilometer berechnet. Auslagen für Bahnfahrten 1. Klasse, Business-Class-Flugtickets sowie Hotelübernachtungskosten werden nur nach vorheriger Freigabe durch MAS in der angefallenen Höhe ersetzt.
(3) Alle genannten Honorare und Spesen gelten zuzüglich gesetzlicher Mehrwertsteuer.

§ 6 Zahlungsvereinbarungen

(1) Nach Unterzeichnung des Projektvertrags stellt SSC dem Auftraggeber MAS zunächst 10% des vereinbarten Gesamthonorars in Rechnung.
(2) Mit Abschluss der Projektstufe A stellt SSC dann 30% des Honorars in Rechnung.
(3) Mit Abschluss der Projektstufe B stellt SSC weitere 30% Honorar in Rechnung.
(4) Mit Abschluss der Projektstufe C werden die letzten 30% des Honorars berechnet.
(5) Alle Rechnungen von SSC an MAS sind innerhalb 14 Tagen zur Zahlung fällig. ▶

§ 7 Stornierung und Schadensersatz
(1) SSC ist zur Stornierung des Projektvertrags berechtigt, sofern MAS die Anfangsrate nicht 7 Tage vor Beginn der Projektstufe A gezahlt hat. Dann gilt ein pauschalierter Schadensersatz von 75% des Gesamthonorars als vereinbart.
(2) Wird das vereinbarte Projekt von MAS vor der Projektstufe A storniert, so hat MAS pauschalierten Schadensersatz in Höhe von 50% des Gesamthonorars zu zahlen.
(3) Wird das Projekt von MAS nach vereinbarungsgemäßer Durchführung der Projektstufe A, aber vor Beginn der Projektstufe B storniert, hat MAS einen pauschalierten Schadensersatz in Höhe von 30% des Gesamthonorars zu zahlen.
(4) Wird das Projekt von MAS nach vereinbarungsgemäßer Durchführung der Projektstufen A und B, aber vor Beginn der Projektstufe C storniert, hat MAS noch einen pauschalierten Schadensersatz in Höhe von 15% des Gesamthonorars zu zahlen.

§ 8 Haftung für Projektleistungen
(1) SSC haftet für Schäden, die MAS aus unpünktlicher Leistungserbringung oder nicht fachgerechter Leistung entstehen, in Höhe der Kosten, die für einen Ersatz anfallen.
(2) SSC haftet in jedem Fall in voller Höhe für Schäden, die seine gesetzlichen Vertreter oder Erfüllungsgehilfen vorsätzlich oder grob fahrlässig herbeiführen.

§ 9 Verschwiegenheitsverpflichtung
(1) SSC wird über alle internen Angelegenheiten von MAS gegenüber Dritten Stillschweigen wahren. Ebenso wird MAS über die internen Angelegenheiten von SSC schweigen.
(2) Die beiderseitige Verschwiegenheitspflicht gilt über die Projektlaufzeit hinaus.
(3) SSC verpflichtet sich, die freien Personaltrainer zu belehren und sicherzustellen, dass bei MAS erlangte Informationen nicht an unbeteiligte Mitarbeiter oder Außenstehende weitergegeben und anderweitig verwertet werden.
(4) SSC versichert ferner, die Personaltrainer darüber zu belehren, dass diese Verschwiegenheitsverpflichtung auch über den Zeitpunkt der Beendigung des mit MAS geschlossenen Vertragsverhältnisses hinaus gilt.

§ 10 Erfüllungsort und Gerichtsstand
Erfüllungsort und Gerichtsstand ist der Hauptgeschäftssitz von MAS.

3.4 Denken Sie an Arbeitssicherheit, Belegschaftsvertretung und Umwelt

„Der Verband „Deutsche Gesetzliche Unfallversicherung" (DGUV) ist der Spitzenverband der gewerblichen Berufsgenossenschaften und der Unfallversicherungsträger der öffentlichen Hand. Er nimmt die gemeinsamen Interessen seiner Mitglieder wahr und fördert deren Aufgaben zum Wohl der Versicherten und der Unternehmen. Der Verband vertritt die gesetzliche Unfallversicherung gegenüber Politik, Bundes-, Landes-, europäischen und sonstigen nationalen und internationalen Institutionen sowie Sozialpartnern. Die gewerblichen Berufsgenossenschaften und die Unfallversicherungsträger der öffentlichen Hand haben den gesetzlichen Auftrag, Arbeits- und Schulunfälle sowie Berufskrankheiten und arbeitsbedingte Gesundheitsgefahren zu verhüten und nach Eintritt eines Versicherungsfalles den Verletzten, seine Angehörigen oder Hinterbliebenen zu entschädigen." (Quelle: Deutsche Gesetzliche Unfallversicherung – DGUV)

Vergessen Sie also den betrieblichen Arbeitsschutz beim Projektmanagement nicht. Das gilt praktisch immer für die obligatorischen Computerarbeitsplätze des Teams. Setzen Sie Ihre Leute nicht – wie gerade oft in Projekten üblich – an improvisierte Anlagen. Richten Sie die PC und Bildschirme so ein, dass sie die Berufsgenossenschaftsvorschriften erfüllen. Entsprechendes gilt auch für ergonomische Bestuhlung und genügende Beleuchtung – auch in provisorischen Arbeitsräumen. Wer gut sieht, hat klaren Durchblick! Bei allen Projekten, die eine produzierende oder handwerkliche Phase beinhalten, beispielsweise einen Muster- oder Prototypenbau – ist die Einhaltung von Unfallverhütungsvorschriften im Umgang mit Maschinen ganz besonders wichtig. In Entwicklung und Produktion kommt häufig der Strahlenschutz hinzu. Und für Firmen, die Projektaufträge im Bau oder Anlagenbau ausführen, bedeutet das Schutzhelme, Sicherheitsschuhe, Arbeitshandschuhe oder auch Anseilpflicht: Wenn etwas passiert, sind Sie dran! Als Unternehmer oder Projektleiter müssen Sie die Befolgung der Arbeitsschutzstandards sicherstellen.

Die Mitbestimmungsgesetze geben Arbeitnehmervertretern auch bei Projekten eine weitgehende betriebliche Mitbestimmung. Als umsichtiger Projektleiter sollten Sie das nicht vergessen. Sicherlich macht es einen Riesenunterschied, ob Sie ein Projekt in einem Großkonzern der Metallindustrie mit hohem Organisationsgrad managen oder bei einem Mittelständler. Aber schon bei kleineren, erst recht bei mittelgroßen Unternehmen kann es aktive Betriebsräte geben, die Ihnen das „Projektleben" leicht oder schwer machen können.

Betriebliche Gremien:

- Sofern durch den Arbeitsvertrag nicht ein Direktionsrecht des Arbeitgebers vereinbart ist, hat der Betriebsrat ein Mitwirkungsrecht bei Änderungen des Aufgabenbereichs eines Arbeitnehmers nach Art, Ort und Zeit, z. B. bei Versetzungen aus einer „normalen" Fachabteilung in ein Projektteam.
- Der Betriebsrat hat ein Recht auf Mitwirkung bei Neueinstellungen und ein Widerspruchsrecht bei Entlassungen von Projektmitarbeitern.
- Der Betriebsrat muss mit Überstunden, besonders mit ausnahmsweiser Samstags- und Sonntagsarbeit einverstanden sein.
- Der Schwerbehindertenvertreter ist einzubinden, sofern Schwerbehinderte sich für das Projekt bewerben oder darin eingesetzt werden.
- Bei Betrieben der öffentlichen Hand und auch in manchen Unternehmen wird eine Gleichstellungsbeauftragte bei Bewerbungen, Versetzungen oder Entlassungen von Frauen einbezogen. Das gilt dann auch für Projekte.
- Der Betriebsrat bzw. der Datenschutzbeauftragte sorgt bei der Verarbeitung und/oder der Anwendung personenbezogener Daten für die Einhaltung gesetzlicher Vorschriften. Solche Daten fallen bei Projekten häufig an.
- Ein Umweltbeauftragter ist immer dann zu involvieren, wenn im Rahmen eines Projekts umweltbezogene Aufgaben, umweltrelevante Veränderungen oder gar umweltbelastende Ergebnisse zu erwarten sind.

Um es gleich zu sagen: Die meisten Betriebsräte tragen wirtschaftlich Notwendiges verständnisvoll mit, wenn man sie rechtzeitig und partnerschaftlich einbezieht. Das gilt für Versetzungen ebenso wie für personenbezogene Daten. Sie sollten aber nun nicht gleich losstürmen in dem naiven Glauben, der Betriebsratsvorsitzende sei Ihr bester Freund oder die Gleichstellungsbeauftragte Ihre beste Freundin. Vorsichtiges Vorgehen ist angebracht. Sprechen Sie zuerst Ihren Personalchef oder zuständigen Personalverantwortlichen an, falls das Projekt längerfristige Entsendungen oder gar Versetzungen von Spezialisten aus Fachabteilungen in die Projektorganisation benötigt. Oder wenn angesichts enger Terminvorgaben bereits Überstunden oder Samstags- und Sonntagsarbeit für die Projektbeteiligten absehbar sind.

 Tipp:

- Informieren Sie Ihren Personalleiter sehr frühzeitig über das Projekt!
- Schildern Sie eventuell notwendige Versetzungen oder Einstellungen!
- Kündigen Sie andauernde Mehrarbeit oder Wochenendarbeit an!
- Fragen Sie, ob und welche Arbeitnehmervertreter zu informieren sind!
- Falls ja, gehen Sie am besten gemeinsam zu den Arbeitnehmervertretern!
- Überlassen Sie aber dem erfahrenen Personalleiter die Gesprächsführung!
- Beziehen Sie den Betriebsrat also rechtzeitig in das Projektvorhaben ein!

3.4 Denken Sie an Arbeitssicherheit, Belegschaftsvertretung und Umwelt

Falls Sie Teammitglieder bekommen sollen, die schwerbehindert sind, gelten besondere Einsatz-, Einrichtungs- und Schutzbestimmungen am Arbeitsplatz. Auch in solchen Fällen ist ein beratendes Vorgespräch mit dem „Personaler" sehr empfehlenswert. In aller Regel wird er wissen, wann eine Information bzw. Einbeziehung des Betriebsrates oder speziell des Schwerbehindertenvertreters oder der Gleichstellungsbeauftragten angezeigt ist. Entweder erledigt der Personalleiter diese Aufgabe für Sie – oder Sie beide gehen gemeinsam zum Arbeitnehmervertreter.

Falls Sie das Projekt ohne eigenes Team im Sinne einer Matrixorganisation unter Einbeziehung einzelner Fachabteilungen stemmen sollen, haben Sie solche Sorgen nicht. Wohl allerdings bleibt auch Ihnen, vorauszuschauen, ob in dem Projekt mit personenbezogenen Daten gearbeitet werden muss. Dann sollten Sie unbedingt den Datenschutzbeauftragten einbeziehen – sofern Ihre Firma diese Funktion hat. Bei Projekten mit Umweltrelevanz gilt natürlich entsprechend, den Umweltbeauftragten rechtzeitig einzubinden. Hier ist ein Gespür für umweltsensible Themen gefordert.

Last, not least: Was bei auftragnehmenden Firmen, beispielsweise Handwerkern oder Zulieferern gern vergessen wird, ist die übermäßige Arbeitsbelastung der Belegschaft während der Projektlaufzeit. Das ruft über die betrieblichen Gremien hinaus oft die Gewerbeaufsicht auf den Plan. Und sei es „nur", weil ein Anlieger sich in seiner Nachtruhe gestört fühlt und den Arbeitszeitverstoß beim Amt zur Anzeige bringt. Also Vorsicht, liebe Unternehmer und Projektleiter!

Checkliste für die Projektdefinition:
- Projektauftrag bzw. Projektvertrag ist unterschrieben.
- Bei internen Vorhaben liegt Projektvereinbarung schriftlich vor.
- Projektanforderungen bzw. Lastenheft sind beschrieben.
- Leistungsliste bzw. Pflichtenheft wurde erstellt.
- Ungefährer Zeitbedarf für das Projekt ist prognostiziert.
- Preise sind kalkuliert bzw. Kosten grob geschätzt.
- Wirtschaftlichkeit bzw. Chancen/Risiken sind eventuell kalkuliert.
- Bei größeren Projekten ist Machbarkeitsschätzung erfolgt.
- Falls sogar Vorstudie nötig, ist das notwendige Budget dafür genehmigt.
- Entscheidungsstrukturen für das Projekt sind weitgehend klar.
- Verantwortlicher Projektleiter ist benannt.
- Einzubeziehende Abteilungen sind über das Vorhaben vorab informiert.
- Für das eventuelle Projektteam sind (erste) Mitarbeiter ausgewählt.
- Falls nötig, sind zuständige betriebliche Gremien informiert.
- Dokumentation per EDV und Aktenordner ist vorbereitet.

4 Projektteilnehmer: Tapferer Einzelkämpfer oder schlagkräftige Truppe

„Ein schlechter Chef wird von seinen Mitarbeitern verachtet. Ein guter Chef wird von seinen Mitarbeitern verehrt. Ein optimaler Chef aber ist der, dessen Mitarbeiter sagen: Wir haben es selbst geschafft!" Entsprechend gilt: Ein Projektleiter ist dann Spitze, wenn das Projektteam so perfekt arbeitet, dass er überflüssig zu sein scheint.

Bild 4.1: Architekt als Bauprojektleiter
(Quelle: Union Investment)

Mit den zitierten Zeilen ist ein Idealzustand beschrieben, wie er in der Projektarbeit selten vorkommt. In der Praxis gilt der Zwang des Faktischen. Sie werden zwar als Projektleiter ausgeguckt, aber ob Sie sich dann ausschließlich dem Projekt widmen können und ob Sie jemand „Mitarbeiter" oder „Mitarbeiterin" nennen dürfen, ist in mittelständischen Firmen meist fraglich. Es kommt sehr auf das Projekt, auf seine wirtschaftliche Bedeutung, auf die Branche und die Größe Ihres Unternehmens an.

Tabelle 4.1: Varianten des Projektmanagements in KMU

Hauptvarianten des Projektmanagements in kleinen und mittleren Unternehmen		
Projektleiter in Teilzeit	Kein Projektteam	Nur Fachabteilungen einbeziehen
Projektleiter in Vollzeit	Kein Projektteam	Ansprechpartner in Fachabteilungen
Projektleiter in Teilzeit	Kleines Team in Teilzeit	Ansprechpartner in Fachabteilungen ▶

Tabelle 4.1: Fortsetzung

Hauptvarianten des Projektmanagements in kleinen und mittleren Unternehmen		
Projektleiter in Vollzeit	Team in Vollzeit, teils Teilzeit	Eventuell Fachabteilungen einbeziehen
Projektleiter in Vollzeit	Projektteam in Vollzeit	Ansprechpartner in Fachabteilungen
Projektleiter in Vollzeit	Kernteam/Subteamleiter	Subteams und Fachabteilungen
Projektleiter in Vollzeit	Team mit Projektpartnern	Beauftragte oder kooperierende Firmen

Oft genug müssen Sie sich mit begrenzten Budgetmitteln und mangelndem Zugriff auf Ressourcen herumschlagen und nur mit einem quasi virtuellen Team aus Ansprechpartnern verschiedener Abteilungen klarkommen. Wobei Letzteres nicht grundsätzlich von Nachteil ist. Es kommt hier entscheidend auf die Kollegialität zwischen den Abteilungen und auf das Betriebsklima generell an. Aber Tatsache ist: Obwohl nicht immer optimal ausgestattet und personell unterstützt, tragen Sie eine immens hohe Verantwortung.

Verantwortung eines Projektleiters:

- Erreichung der Projektziele und des Ergebnisses
- Einhaltung der geplanten Termine und Kosten
- Handling der Gesamtaufgabe und der Projektrisiken
- Gewinnung von benötigtem Know-how aus Fachabteilungen
- Leitung des eigenen Projektteams bzw. des Kernteams
- Koordination der Subteams (falls Kernteam-/Subteamstruktur)
- Beauftragung und Einbindung von Drittunternehmen
- Information der Geschäftsleitung bzw. des Lenkungsausschusses
- Bei Gemeinschaftsprojekten die Integration der Partnerfirmen

(Quelle: Intercessio)

Die Projektziele durch das richtige Ergebnis zu erreichen und dabei die geplanten Termine und Kosten einzuhalten, obliegt Ihnen. Wenn Sie scheitern, sind allein Sie schuld, wetten? Das ist – sehr vorsichtig ausgedrückt – für Ihre Karriere nicht gerade förderlich. Das Handling der Gesamtaufgabe und der Projektrisiken lastet also unweigerlich auf Ihren Schultern – und kann zum persönlichen Risiko werden. Außerdem: Als Projektleiter haben Sie nicht nur eine umfassende Verantwortung, sondern vor allem auch eine vielseitige und arbeitsintensive Aufgabenpalette vor der Brust, die Sie irgendwie bewältigen müssen:

Hauptaufgaben des Projektleiters

- Projektauftrag vorbereiten und konkretisieren.
- Machbarkeit und Wirtschaftlichkeit des Projekts abschätzen.
- Benötigte Fachabteilungen informieren und einbinden.
- Hauptaufgabenfelder und Meilensteine strukturieren.
- Zeitlichen Ablauf der einzelnen Arbeitspakete planen.
- Zuständigkeiten für die Arbeitspakete benennen.
- Teammitglieder suchen, Versetzung oder Einstellung in die Wege leiten.
- Gesamtteam eventuell in Kernteam und Subteams aufteilen.
- Kernteammitglieder bzw. Subteamleiter oder Gesamtteam informieren.
- Eventuell Berater oder freie Projektmitarbeiter finden und verpflichten.
- Gegebenenfalls Dritte wie z. B. dienstleistende Firmen einplanen und beauftragen.
- Geschäftsführung oder Lenkungsausschuss regelmäßig reporten.
- Linienfunktionen bzw. betroffene Fachabteilungen informieren.
- Meetings mit Fachabteilungen, Kernteam- bzw. Teamsitzungen moderieren.
- Kreative Lösungsvorschläge der Teilnehmer anregen und sicherstellen.
- Divergenzen mit Fachabteilungen oder Teamkonflikte diplomatisch ausgleichen.
- Projektfortschritt kontrollieren, Ergebnisse, Termine und Kosten gegen Plan abgleichen.
- Projektabweichungen nachsteuern, bedenklich starke Abweichungen melden.
- Eventuelle Risiken vorhersehen, überwachen und berichten.
- Projektdokumentation systematisch anlegen und sichern.

Theoretisch sind Sie frei, wie Sie das alles managen, praktisch leider nicht. Die meisten Ressourcen sind knapp, Personalkapazitäten teuer. Besonders in kleinen und mittleren Unternehmen stehen kaum Leute zur Verfügung. Entweder Sie managen das Projekt nur unter Einbeziehung von Fachabteilungen und müssen von dort Teilleistungen aktiv abfordern, sind also permanent auf Input angewiesen. Oder Sie arbeiten mit wenigen Mitstreitern, die in ihren angestammten Abteilungen verbleiben, Ihnen also nicht disziplinarisch, sondern nur fachlich unterstellt sind. Oder Sie haben die seltene Chance, befristet ein eigenes Projektteam aufzubauen.

Welche Struktur die Projektorganisation in Ihrem Fall auch hat, als Projektleiter benötigen Sie von der Geschäftsleitung übertragene Kompetenzen und Befugnisse:

 Kompetenzen und Befugnisse eines Projektleiters:

- Zugang zu projektrelevanten Informationen, Dokumenten und Datenbanken
- Verfügungsrecht über Projektressourcen nach (stufenweiser) Genehmigung
- Zeichnungsberechtigung bzw. Mitbefugnis für geplante Investitionen
- Alleinunterschriftsberechtigung für geringwertige Wirtschaftsgüter
- Zeichnungsbefugnisse für geplante und bewilligte Sach-/Verbrauchsmittel
- Recht zu Beauftragung bzw. Einkauf notwendiger Projektteilleistungen
- Fachliche Weisungsbefugnis bezüglich Projektbeteiligten aus Fachabteilungen ▶

- Mitrecht zur Versetzung, Einstellung oder Entlassung von Teammitgliedern
- Disziplinarische Weisungsbefugnis gegenüber eigenen Projektmitarbeitern
- Recht zur Ernennung von Subteamleitern (falls Subteams notwendig)
- Disziplinarische bzw. fachliche Weisungsbefugnis gegenüber Subteamleitern
- Entscheidung über alle Vorlagen bei Geschäftsleitung oder Lenkungsausschuss
- Entscheidung über Information der Linienfunktionen bzw. Fachabteilungen
- Vetorecht bei allen Beschlüssen im Projektteam bzw. Kernteam

(Quelle: Intercessio)

Offizielle Kompetenzen und formale Befugnisse sind zwar zwingend notwendig, aber nur die eine Seite der Medaille. Kein Projektleiter wird allein damit schon handlungsfähig und durchsetzungsstark. Denn selbst in „kleinen Königreichen" wie inhabergeführten mittelständischen Unternehmen kann man heutzutage nicht mehr alles anweisen.

 Praxisbeispiel:

Ein Pharmazieunternehmen plant den Bau einer neuen Produktionshalle mit Tablettiermaschinen. Ein junger Ingenieur, bisher Planer in der Produktion, wird zum Projektmanager ernannt. Entscheidungsträger für das Projekt ist die Geschäftsleitung, namentlich der neue Technische Geschäftsführer.

Der Vorgesetzte des Ingenieurs fühlt sich eigentlich als Leiter der Abteilung Produktionsplanung für neue Fertigungshallen und Anlagen zuständig. Er kommt mit der ungewohnten Projektorganisation nicht klar. Er fragt den Technikgeschäftsführer empört, was in diesem Projekt überhaupt noch seine Verantwortung sei. Es könne doch nicht angehen, dass von ihm nichts mehr geprüft und abgezeichnet werden müsse. Er fordert alle Protokolle und Kontrollrechte beim Projektmanager, seinem bisherigen Mitarbeiter. Unter dessen Leitung will er auf keinen Fall in dem Projekt mitwirken. Der Leiter Allgemeine Verwaltung wird als Spezialist für behördliche Genehmigungen gebraucht, ist aber ebenfalls nicht bereit, „unter" dem Projektmanager zu arbeiten – auch nicht als „Subteamleiter".

Um nicht alle etablierten Führungskräfte gegen sich aufzubringen, duldet der neue Technische Geschäftsführer diesen Boykott der Zusammenarbeit. Die Beziehungsnetze kolportieren das unter der Hand. Der Projektmanager spürt nicht rechtzeitig, was um ihn herum passiert. Er wird mangels persönlicher Kompetenzen und wegen unterlaufener Befugnisse faktisch handlungsunfähig.

Ergebnis: Das Projekt verzögert sich um ein halbes Jahr. Die Kosten sprengen das Limit um ein Drittel. Der junge Projektmanager gilt als gescheitert und verlässt zwischenzeitlich das Unternehmen „im gegenseitigen Einvernehmen".

Die zweite Seite der Medaille ist die soziale Kompetenz. Andere Menschen für sich zu gewinnen oder von einer Sache zu überzeugen sind wesentliche Eigenschaften erfolgreicher Projektmanager. Dazu gehören kommunikative Fähigkeiten ebenso wie sensibles Einfühlungsvermögen in die Gedankenwelt des „Gegenübers" – also Rhetorik und Empathie.

Diese „soziale Kompetenz" eines Menschen zählt zu den so genannten „Soft Skills", den weichen, weil schwerlich mit objektiven Kriterien nachprüfbaren Fähigkeiten. Sie ist aber eine elementare Voraussetzung für eine Projektführung. Denn Führung bedeutet, andere Menschen anzuleiten. Dazu gehört das Talent, zu motivieren, neue unkonventionelle Wege zu gehen. Und jeder Umgang mit kreativen Menschen setzt auch die Bereitschaft zur Anerkennung anderer Gedankenansätze und Meinungen voraus. Wie vom Projektleiter, so wird auch von den anderen Projektbeteiligten ein Mindestmaß an sozialer Kompetenz eingefordert, denn ohne Kollegialität ist ein Projekt selten erfolgreich.

Anforderungsprofil für Projektleiter:

- Sie sind zielorientiert, pflichtbewusst und verantwortungsbereit.
- Sie haben hohes Führungs- und Verhandlungsgeschick.
- Sie entwickeln Eigeninitiative und Engagement für Aufgaben.
- Sie sind entscheidungsfreudig und durchsetzungsstark.
- Sie haben Organisationstalent und Improvisationsfähigkeit.
- Sie sind geistig beweglich und für Neues stets aufgeschlossen.
- Sie erkennen andere Positionen an und sind fähig zur Diskussion.
- Sie haben ein stabiles Selbstwertgefühl und vertragen Sachkritik.
- Sie reagieren in schwierigen Situationen ruhig und sind hoch belastbar.
- Sie haben Gespür für Mitarbeiter und Fähigkeit zur Delegation.
- Sie lassen Mitarbeiter eigenständig arbeiten und fördern Teamgeist.
- Sie können Teams moderieren und Konflikte ausgleichen.
- Sie spüren Stimmungen und können Menschen motivieren.
- Sie haben Interesse an Menschen und sind nicht egozentrisch.
- Sie sind kontaktfähig gegenüber Auftraggeber und Kollegen.
- Sie kennen die Branche und das Unternehmen.

Quelle: Intercessio

4.1 Wie man Projekte ohne eigenes Team managt

„Stellt euch vor, es ist Projekt, und keiner geht hin", so könnte man eine typische Situation überpointieren. Mittelständischen Unternehmen fehlt es beileibe nicht an Leistungsbereitschaft für Terminarbeiten. Oft fehlt schlichtweg Personal, das in ein Projekt versetzt werden kann. Angenommen ein junger Ingenieur kommt wegen seiner Zielstrebigkeit in Frage, das anstehende Projekt zu managen. Er erklärt sich dazu bereit, wenn man ihn zu einem Drittel von seinen Routineaufgaben entbindet. Oder angenommen eine talentierte Nachwuchsmanagerin macht den Job in Vollzeit. Ein Pro-

Matrix-Projektorganisation:
Projektleiter binden Fachabteilungen ein

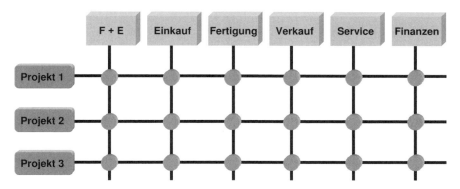

Bild 4.2: Projektmanagement mit Abteilungen (Quelle: Boy. Projektmanagement)

jektleiter ist also gefunden, ein eigenes Projektteam kommt aber nicht in Frage. Weiter angenommen, Sie sind der Projektverantwortliche. Was tun Sie nun, um weiterzukommen? Ja – Sie gehen auf direkte Kollegen oder andere Abteilungen zu und binden Leute in das Projekt ein.

So entsteht die im Mittelstand weit verbreitete Matrixprojektorganisation, bei der Projektleiter quer durch das Unternehmen von Abteilungen und deren Fachkräften partielle Mitwirkung anfordern und Teilleistungen für das Projekt erhalten. Bedarf es spezieller Problemlösungen, werden freie Spezialisten von außen hinzugezogen.

4.1.1 So binden Sie normale Abteilungen ein

Frisch als Projektleiter gekürt, haben Sie es nicht leicht, Leute zu gewinnen, die sich zusätzlich zu ihrem Fulltimejob für Ihr Projekt engagieren. Schon mancher hat es falsch angepackt, ist entweder zu schüchtern vorgegangen oder hat es mit der Brechstange versucht. Und musste erleben, dass die Arbeit mit lustlosen Ansprechpartnern aus Fachabteilungen oder einer zusammengewürfelten Truppe mühsam und unfruchtbar sein kann. Reibereien mit Disziplinarvorgesetzten und insgesamt zähe Prozesse führen nicht selten dazu, dass ein Projekt buchstäblich im Sande verläuft.

Ein negatives Beispiel:

Bei einem Dachziegelhersteller in Bayern sind die Fronten zwischen einzelnen Abteilungen verhärtet. Produktion und Vertrieb geben den Ton an, der Einkauf fristet ein Mauerblümchendasein, es gibt branchentypischerweise leider nichts Weltbewegendes zu beschaffen.

Der Juniorchef, der soeben die Geschäftsführung des Traditionsunternehmens übernommen hat, nimmt sich vor, die verkrusteten Strukturen aufzubrechen. In einem Projekt will er Vorschläge zur Verbesserung der Kommunikation und der Abläufe zwischen den einzelnen Abteilungen von diesen selbst erarbeiten lassen. Die Idee bringt der neue Topmann, nach einigen Lehrjahren in einer Baumarkt-Handelskette, in den väterlichen Betrieb revolutionär ein. Die Abteilungsleiter Einkauf, Produktion, Logistik und Vertrieb, Personal, Organisation und EDV, Finanz- und Rechnungswesen werden in einem eigens kreierten Management-E-Mail gebeten, mitzumachen. Jeweils ein Mitarbeiter soll sich aktiv in eine interdisziplinäre Projektgruppe einbringen. Dann lässt der innovative Firmenchef nach einem geeigneten Projektmanager umhören. Es findet sich ein Innendienstvertriebsmann mit Führungspotential. Derweil startet das erste Arbeitsmeeting bereits.

Nach vier unbefriedigend verlaufenen Sitzungen mit zähen Debatten zur Tagesordnung, Profilierungskämpfen und nichtigen Streitereien fragt sich der erst spät ernannte und seelisch kaum vorbereitete Projektmanager, was er da eigentlich noch richten soll ...

Bei der Einbindung von Abteilungsmitgliedern oder gar der Bildung eines Teams kommt es auf die richtige Schrittfolge bis zum Projektstart an. Bedenken Sie, als neuer Projektleiter müssen Sie inthronisiert werden. Bitten Sie die Geschäftsleitung um Unterstützung durch offizielle Bekanntmachung und gehen Sie geschickt ähnlich nachstehender Reihenfolge vor:

- Schritt 1: Die Geschäftsleitung kündigt im Abteilungsleitertreffen das vorgesehene Projekt an, erläutert die Bedeutung für das Unternehmen und stellt möglichst den künftigen Projektleiter vor. Fragen können direkt gestellt und beantwortet werden. Selbstverständlich haben Sie dazu Stichworte oder Charts vorbereitet.
- Schritt 2: Die Geschäftsleitung kündigt in einem Rundschreiben an alle Abteilungen das Projekt, die Projektziele und den zu unterstützenden Projektleiter an. Natürlich haben Sie den Inhalt des Rundschreibens zuvor entworfen.
- Schritt 3: Der für Ihr Ressort verantwortliche Geschäftsführer schreibt mit Ihnen gemeinsam die Abteilungen an, von denen Input benötigt ist oder Mitwirkung am Projekt erwartet wird. Am besten unterschreiben Sie rechts neben Ihrem Big Boss.
- Schritt 4: Rufen Sie unter Hinweis auf die Projektankündigung den Personalleiter an, informieren Sie über Ihr Vorhaben, fragen Sie nach Tipps für Ihre Gespräche in den Abteilungen und nach etwaiger Informationspflicht gegenüber dem Betriebsrat.

4.1 Wie man Projekte ohne eigenes Team managt

Projekt "..."
Projektbeteiligte   Stand:

Name	Kurz-zeichen	Telefon	Handy	Fax	E-Mail

Bild 4.3: Übersicht möglicher Projektteilnehmer (Quelle: Boy. Projektmanagement)

Nach dieser Starthilfe gibt es im praktischen Vorgehen zwei Alternativen:
- Schritt 5 (Alternative 1): Unter Bezug auf das Abteilungsleitertreffen und die Projektankündigung rufen Sie die Abteilungsleiter an, von deren Mitarbeitern Sie fachliche Unterstützung oder temporäre Mitwirkung benö-

tigen. Bitten Sie um kurze Gesprächstermine mit diesen Mitarbeitern gemeinsam mit ihren Führungskräften. Lassen Sie nicht zu, dass diese Termine auf die lange Bank geschoben werden.
- Schritt 5 (Alternative 2): Sie rufen unter Bezugnahme auf die Projektankündigung die Fachleute direkt an, deren Fachwissen oder teilzeitige Mitarbeit unabdingbar ist. Zuvor haben Sie jeweils deren Führungskräfte bereits telefonisch informiert.
- Schritt 6: Sie erläutern den einzubeziehenden Fachleuten mündlich das Projekt, was voraussichtlich von ihnen erwartet wird. Erklären Sie ausführlich Sinn und Zweck. Haben Sie Geduld, auch naiv oder hinterhältig wirkende Fragen zu beantworten.
Interessieren Sie sich für die fachliche Meinung Ihrer Gesprächspartner. Treten Sie in einen ersten Gedankenaustausch mit den Leuten. Vereinbaren Sie regelmäßige Folgetreffen zum Fachdialog.
- Schritt 7: Nun können Sie die Ansprechpartner aus den Fachabteilungen auch durch erste Teilaufgaben einbinden. Nennen Sie Aufgabenverantwortliche namentlich und vergessen Sie nicht anzugeben, bis wann die Teilaufgabe für die gemeinsame Sache bearbeitet sein muss. Appellieren Sie an das Verantwortungsbewusstsein!
- Schritt 8: Wenn eine Ausarbeitung gut gemacht ist, geben Sie Anerkennung und Lob. Das geht per Telefon direkt und per E-Mail auch an die anderen Beteiligten zur Information. So wird gute Leistung in der betrieblichen Öffentlichkeit bekannt. Bei schlechter Ausarbeitung geben Sie sachliche Kritik und Tadel unter vier Augen.
- Schritt 9: Vereinbaren Sie regelmäßige Arbeitstreffen mit den Ansprechpartnern aus den Abteilungen. Moderieren Sie diesen Jour fixe! Durch Koordinieren und bloßes Kommunizieren werden Sie automatisch zum „Leitwolf" und gewinnen die nötige Führungsautorität für das Projekt.
- Schritt 10: Haben Sie ruhig mal ein Ohr für die Sorgen und Nöte Ihrer Mitstreiter im übrigen Arbeitsleben. Zeigen Sie Verständnis für Menschliches! So gewinnen Sie bald ein inoffizielles und engagiertes Team für Ihr Projekt. Glückwunsch!

4.1.2 Freie Spezialisten für das Projekt verpflichten

Nun angenommen, als Projektleiter haben Sie zwar engagierte Ansprechpartner im Unternehmen gewonnen, benötigen aber mehr personelle Kapazität. Versetzung in Ihr Projekt oder gar eigens dafür Neueinstellung von Mitarbeitern ist nicht möglich. Dann kann die Lösung nur darin liegen, freie Mitarbeiter mit den gewünschten Spezialkenntnissen am freien Markt zu finden und temporär zu verpflichten. Sehr häufig werden IT-Projekte mit Unterstützung dieser Art erst realisierbar. Oder eine DIN/EN-ISO-Zertifizierung benötigt einen erfahrenen Qualitätsmanager von außen. Oder es geht um die Entwicklung und Markteinführung von Produkten, die ein neues Outfit brauchen. Dann kann ein freiberuflicher Produkt- oder Packaging-

4.1 Wie man Projekte ohne eigenes Team managt

Designer wahre Wunder wirken. Was immer der besondere Einsatzvorteil eines Freiberuflers sein mag, Sie benötigen aller Voraussicht nach einen Werkvertrag.

Vertrag für freie Projektmitarbeiter „Personaltraining"

Zwischen
der Sales & Service Consulting GmbH (SSC)
– im Folgenden Auftraggeber genannt –
und
Herrn Frank S., Straße, Ort als freiberuflichem Personaltrainer
– im Folgenden freier Trainer genannt –
wird nachfolgender Werkvertrag geschlossen:

§ 1 Vertragsgegenstand
Der Auftraggeber berät die Maschinen-Anlagen-Servicegesellschaft mbH & Co. (MAS) bei deren Reorganisationsprojekt „JUMP". In der Projektstufe B soll die MAS-Belegschaft durch SSC geschult werden. Dabei unterstützt der freie Trainer den Auftraggeber.

§ 2 Tätigkeit des freien Trainers
(1) Der freie Trainer führt im Rahmen des in § 1 genannten Beratungsprojekts folgende Tätigkeiten aus: Ermittlung des Informationsstands der Schulungsteilnehmer, interaktive Workshops mit den Teilnehmern, Trainings durch Rollenspiele, didaktische Vermittlung von Lerninhalten zur neuen Organisation und zu verbesserten Prozessen bei MAS.
(2) Entsprechend der Projektplanung beginnt die Tätigkeit am 12. Januar 2009 und soll bis zum 30. Januar 2009 beendet sein.
(3) Der Auftraggeber teilt dem freien Trainer eventuelle Terminänderungen und inhaltliche Ergänzungen der Tätigkeit sowie einen erweiterten Leistungsumfang rechtzeitig mit.
(4) Ansprechpartner auf der Seite des Auftraggebers ist der zuständige SSC-Berater. Mit ihm vereinbart der freie Trainer genau Art und Umfang sowie den zeitlichen Aufwand und die einzelnen Termine seiner Tätigkeit. Er stimmt die einzelnen Arbeitsschritte mit ihm ab.
(5) Der freie Trainer erbringt seine Leistung persönlich. Beauftragt er einen Dritten unter Einbeziehung seiner vertraglichen Pflichten, holt er vorher die schriftliche Zustimmung des Auftraggebers ein.
(6) Der freie Trainer schuldet keinen Erfolg, sondern eine Tätigkeit. Deren zeitliche und örtliche Erbringung richtet sich nach den Einsatzplänen des SSC-Beraters. Innerhalb des unter § 2 (2) genannten Zeitraums steht der freie Trainer dem Auftraggeber täglich zehn Stunden einschließlich des Wochenendes in einem Seminarhotel zur Verfügung.

§ 3 Leistungserbringung
(1) Der freie Trainer erbringt seine Leistung im vereinbarten Zeitraum. Im Rahmen der Projektberichte protokolliert er täglich die Leistungen nach Lehrinhalt und Lernfortschritt.
(2) Wird der Leistungsumfang des freien Trainers durch den Auftraggeber erhöht, passt sich das Honorar entsprechend an. ▶

§ 4 Vergütung
(1) Der freie Trainer berechnet einen Stundensatz von 100,– EUR zuzüglich gesetzlicher Umsatzsteuer. Er rechnet seine aufgewandten Stunden Ende Januar 2009 ab.
(2) Der freie Trainer zahlt seine Steuern und Sozialabgaben selbst. Ein Anspruch auf Lohnfortzahlung im Krankheitsfall sowie Urlaub besteht nicht.
(3) Ein Arbeitsverhältnis mit SSC oder seinem Klienten MAS kommt nicht zustande.

§ 5 Haftung
(1) Der freie Trainer haftet nur für Vorsatz und grobe Fahrlässigkeit bei den Schulungen. Ansonsten ist jede Haftung ausgeschlossen.
(2) Der freie Trainer trägt nicht das Risiko für Fehler in Projektplänen von MAS oder SSC, fehlerhafte Informationen, Unterlagen oder Materialien, die er vom Auftraggeber erhält.
(3) Termine und Fristen verlängern sich angemessen, wenn MAS oder der Auftraggeber eine ihm obliegende Mitwirkung verzögern oder eine Behinderung zu vertreten haben.

§ 6 Kündigung
(1) Auftraggeber und freier Trainer können den Vertrag innerhalb einer Frist von 14 Tagen bis 31. Dezember 2008 aus wichtigem Grund kündigen. Zu wichtigen Gründen zählen eine Einstellung des Projekts „JUMP", Kündigung des Beratungsauftrags an SSC seitens MAS, unvorhersehbare Einsatzverhinderung des freien Trainers durch Unfall oder Krankheit.
(2) Der freie Trainer gibt dem Auftraggeber alle Unterlagen zurück, die er zur Vorbereitung und Durchführung seiner Tätigkeit erhält. Dazu zählen insbesondere Projektpläne zu „JUMP" und Namenslisten von Projektteilnehmern. Der Auftraggeber gibt dem freien Trainer alle Unterlagen (insbesondere zu Schulungsmethoden) zurück, die er vom freien Trainer erhält.

§ 7 Nutzungs- und Verwertungsrechte
(1) Der Auftraggeber erwirbt ausschließlich und unbefristet alle geistigen Eigentumsrechte, die im Rahmen des Projekts durch die Schulungstätigkeit des freien Trainers entstehen.
(2) Sämtliche Ansprüche des freien Trainers sind mit den Honorarzahlungen aus diesem Vertrag abgegolten.

§ 8 Schutzrechte Dritter
(1) Die Vertragspartner beachten die etwaigen Schutzrechte Dritter. Das gilt insbesondere für Planungssoftware, Lehrmethoden, Lernmittel oder Wort-/Bildrechte. Verletzt ein Vertragspartner die Schutzrechte Dritter, haftet er allein gegenüber dem Dritten.
(2) Die Vertragspartner benachrichtigen sich wechselseitig unverzüglich, sollten Dritte etwaige Schutzrechtsverletzungen geltend machen.
(3) MAS ist in diesem Sinne kein Dritter.

§ 9 Wettbewerbs- und Vertraulichkeitsvereinbarung
(1) Der freie Trainer kann vor und nach dem Einsatzzeitraum für andere Auftraggeber tätig sein. Eine Tätigkeit für einen Konkurrenten von SSC oder MAS vor dem Einsatzzeitraum bedarf vorheriger schriftlicher Genehmigung des Auftraggebers.
(2) Der freie Trainer verpflichtet sich, alle erlangten Informationen über den Auftraggeber und MAS unbefristet geheim zu halten.
(3) Der Auftraggeber hält persönliche Informationen über den freien Trainer ebenso geheim. ▶

4.1 Wie man Projekte ohne eigenes Team managt

> **§ 10 Schlussbestimmungen**
> (1) Der Vertrag enthält alle getroffenen Vereinbarungen. Weitere schriftliche oder mündliche Nebenabreden bestehen nicht. Änderungen und Ergänzungen bedürfen der Schriftform.
> (2) Die Rechtsunwirksamkeit einer Bestimmung berührt die Rechtswirksamkeit der anderen Vertragsteile nicht. Die Vertragsparteien verpflichten sich, eine unwirksame Bestimmung durch eine wirksame Regelung zu ersetzen, die dem Vertragszweck am besten entspricht.
> (3) Als Gerichtsstand wird Stuttgart vereinbart.
>
> (Ort, Datum, Unterschriften)

Wenn der freie Mitarbeiter vertraglich verpflichtet ist, sollten Sie ihn praktisch wie einen neuen festen Mitarbeiter behandeln. Das bedeutet zunächst mal, ihn zu informieren und im Kollegenkreis bekannt zu machen. Der „Freie" kennt das Unternehmen, seine Strukturen und sein Branchenumfeld sicher nicht so gut. Er braucht die Chance, sich einzuarbeiten, um im Projekt effizient mitmachen zu können.

 Tipps für die Integration freier Projektmitarbeiter:

- Informieren Sie „den Freien" rechtzeitig über das Unternehmen!
- Senden Sie Prospekte über Produkte oder Dienstleistungen zu!
- Sprechen Sie über das Projekt und Ihre Projektziele!
- Fragen Sie „den Freien" nach seinem Erfahrungshintergrund!
- Regen Sie zu spontanen Ideen aus fachlicher Sicht an!
- Erläutern Sie die konkrete Aufgabenverteilung im Projekt!
- Machen Sie „den Freien" mit direkten Arbeitskollegen bekannt!
- Ermöglichen Sie eine umfassende Betriebsführung!
- Stellen Sie „den Freien" in projektrelevanten Abteilungen vor!
- Machen Sie „den Freien" durch einen Firmenausweis bewegungsfähig!
- Sorgen Sie für interne telefonische Erreichbarkeit „des Freien"!
- Richten Sie möglichst einen vernetzten PC-Arbeitsplatz ein!
- Kontaktieren Sie „den Freien" anfangs öfter als Altgediente!
- Bieten Sie gemeinsames Essen in der Mittagspause an!
- Geben Sie einem Ortsfremden lokale Tipps für Sport und Freizeit!
- Helfen Sie durch Hinweise auf Unterlagen oder Fachliteratur!
- Geben Sie „dem Freien" die Zeit, sich einzuarbeiten!

4.1.3 Suchen Sie inoffizielle Verbündete

Für Ihr Projekt mitunter ebenso wichtig wie temporär mitarbeitende Fachleute aus anderen Abteilungen sind inoffizielle Verbündete im Unternehmen. Mit wachsender Größe verfestigen sich auch Strukturen. Was in einem

Kleinbetrieb noch rasch in direktem Augenkontakt geklärt werden kann, geht in einem 300-Mann-Laden nicht mehr so übersichtlich ab. Unter der Hand haben sich dort Interessengruppen und Koalitionen gebildet. Man zieht im Job öfters an einem Strang oder hat gemeinsame Hobbys oder kennt sich privat in Freundes- und Familienkreisen.

Um mit Ihrem Projekt erfolgreich zu sein, müssen Sie spüren, woher der Wind weht. Ob beispielsweise der Einkaufsleiter übergangen wurde, als es um die Zusage des Projekts ging, ob der Gruppenleiter Konstruktion eigentlich das Projekt in der technischen Abteilung halten wollte oder ob der Personalreferent ursprünglich sogar einen anderen als Projektleiter vorgeschlagen hat, kann Ihr Vorankommen bremsen, auch wenn Sie mit diesen Funktionen nur bedingt zu tun haben. Andersherum hilft regelmäßige Kontaktpflege mit Verantwortlichen im Controlling, in der Finanz- und Rechnungsabteilung, in Beschaffung und Produktion, zumindest Verständnis, wenn nicht sogar Wohlwollen für das Vorhaben zu bekommen. Nehmen Sie sich Zeit, Sinn und Zweck Ihres Projekts auch nicht direkt Betroffenen im Unternehmen zu erläutern. Hören Sie dabei ebenfalls auf besorgte oder warnende Stimmen. Ein Patentrezept, inoffizielle Verbündete im Unternehmen zu gewinnen, gibt es aber leider nicht. Schlüssel zum Erfolg sind meist Ihre persönlichen Kontaktfähigkeiten.

4.2 Wie man ein eigenes Team bildet

Viele Projekte sind zu umfangreich, um sie nur mit wenigen Ansprechpartnern aus anderen Abteilungen oder mit einzelnen freien Spezialisten zu stemmen. Ein Team muss her, zumindest temporär in Vollzeit. Es geht nun darum, welches Fachwissen für das Projekt benötigt wird, wer aus der Firma für einige Monate in das Projektteam wechseln kann, ohne in seiner bisherigen Abteilung gleich Riesenlöcher zu reißen. Aber nur wer auch vom Charakter her in das Team passt, kommt in Frage!

 Ideale Projektmitarbeiter ...

- sind aufgeschlossen und neugierig
- haben geistige Beweglichkeit
- sind belastbar, aber auch flexibel
- wollen etwas Neues machen
- entwickeln kreative Ideen
- sind fähig zur Improvisation

- haben Disziplin und Pflichtbewusstsein
- sind fachlich qualifiziert
- haben Risikobereitschaft
- gehen auf andere Menschen zu
- haben Freude an kooperativer Arbeit

(Quelle: Intercessio)

4.2 Wie man ein eigenes Team bildet

Rein formell gesehen, gibt es je nach Projekt durchaus verschiedene Lösungswege:
Geeignete Fachleute werden von den Abteilungen zeitlich befristet zur Verfügung gestellt und nach Einsatztagen Ihrem Projektbudget unter „Arbeitskosten" belastet. Der jeweilige Abteilungsleiter bleibt der disziplinarische Vorgesetzte. Spätestens am Projektende kehren die Mitarbeiter wieder in ihre alten Abteilungen zurück.
Oder die Fachleute werden versetzt, Ihnen disziplinarisch unterstellt. Das macht nur Sinn bei langfristigen Projekten. Dann müssen Sie sich zum Abschluss darum kümmern, wo Ihre Teammitarbeiter weiter Einsatz finden, sprich „unterkommen".
Sprechen Sie zuerst die vorgesetzten Abteilungsleiter an. Direkt darauf reden Sie mit den in Frage kommenden Leuten. Aber gehen Sie sensibel vor. Lassen Sie nicht den Eindruck aufkommen, sie wollten gute Leute durch die Hintertür abwerben. Suchen Sie vorher die Beratung und die Abstimmung mit dem Personalleiter.
Eine Kooperationspflicht mit dem Personalleiter gilt, wenn Sie extra für Ihr Team Bewerber von außen als Mitarbeiter neu einstellen wollen. Dann geht es um die Fragen, ob Neueinstellungen in die Personalplanung des Unternehmens passen, ob ein befristeter oder unbefristeter Arbeitsvertrag abzuschließen ist, ob ein tariflicher oder außertariflicher Vertrag angeboten und welche Probezeit vereinbart wird. Außerdem wird die Neueinstellung erst mit Zustimmung des Betriebsrats wirksam.

 Arbeitsvertrag für einen neuen Projektmitarbeiter:

- Vertragschließende Parteien, jeweils vollständig mit Namen und Anschrift
- Ort, Beginn, Dauer und eventuell Befristung der Tätigkeit
- Möglichst exakte Beschreibung der vorgesehenen Arbeit
- Bei unbefristetem Arbeitsvertrag die Probezeit und die Kündigungsfristen (Probezeit zwischen drei und sechs Monaten, länger nur in Sonderfällen)
- Höhe, Zusammensetzung und Zahlungsweise der Vergütung
- Genaue Arbeitszeit, Überstundenregeln und Zahl der Urlaubstage
- Regelungen zu besonderen Verschwiegenheitspflichten des Arbeitnehmers

(Quelle: Focus Nachrichtenmagazin Nr. 45, 2004)

Durch Auswahl und Aufbau eines Teams mit unterschiedlichen Persönlichkeiten, Fähigkeiten und Aufgaben stellen Sie die Weichen für die Entwicklung, ja sogar für den Erfolg Ihres ganzen Projekts. In der Praxis gibt es selten eine Stunde null, in der man nach Herzenslust unter einer Vielzahl von Kandidaten auswählen kann.
Wenn Sie ein eigenes Team aufbauen und entwickeln wollen, müssen Sie gerade in mittelständischen Firmen von folgenden Gegebenheiten ausgehen: knappe Ressourcen, bereits ausgelastete Arbeitsgruppen, fest verteilte Rol-

len und viele Allroundjobs. Bedenken Sie die begrenzten personellen Alternativen bei den klassischen Fragen: Habe ich den richtigen Mix an Personen und wie kann ich ein gutes Team formen?

Tabelle 4.2: Hauptschritte zum Projektteam

Handlungsfelder	Maßnahmen
Organisation	• Projektleiter ernennen • Kapazitätsbedarf grob abschätzen • Gruppengröße bestimmen • eventuell Gruppe in Subteams strukturieren • Subteamleiter benennen
Qualifikation	• Projektaufgabe grob strukturieren • Qualifikationen definieren • Spezialisten für die benötigten Fachgebiete suchen • persönliche und soziale Fähigkeiten nicht vergessen
Kooperation	• Projektteam nach Teamfähigkeit zusammenstellen • Spielregeln für Kooperation kommunizieren • Teamsitzungen moderieren • Teamstandards und Rituale einführen • regelmäßigen Teamabend gemeinsam erleben

4.2.1 Gemeinsame Aufgaben formen ein Team

Bildung und Entwicklung eines Projektteams folgen psychologischen Theorien nur bedingt. In der Praxis ergibt sich beides Hand in Hand mit den konkreten Aufgaben. Schrittweise entwickelt sich durch gemeinsames Planen, durch kontroverses Ringen um richtige Vorgehensweisen, durch Abarbeiten von Aufgaben und das Aufeinanderangewiesensein, durch gemeinsames Lösen von Problemen ein echter Teamgeist – wenn es gut läuft. Aber auch das Gegenteil ist möglich, wenn Sie teamuntaugliche Charaktere dabeihaben oder wenn Sie als Coach gruppenrelevante Fehler machen.

Als Projektleiter müssen Sie darauf achten, dass die Teammitglieder die Aufgaben bekommen, die ihrem Wissen und ihren Talenten ungefähr entsprechen. Natürlich kann das in der Praxis nicht immer der Fall sein. Aber Sie müssen dafür sorgen, dass nicht einer permanent überfordert, ein anderer dauernd unterfordert ist. Denn beides macht unzufrieden und behindert die „natürliche" Teamentwicklung.

Auch sollten Sie Ihr „Wolfsrudel" beobachten: Reißt stets einer die attraktiven Jobs der Arbeitspakete an sich, bekommt ein anderer ständig die unattraktiven Aufgaben aufs Auge gedrückt. Dann müssen Sie eingreifen, umverteilen oder ausgleichen.

Zeiten und Gelegenheiten, sich im positiven Fall zueinander oder im negativen Fall gegeneinander zu entwickeln, gibt es genügend. Denn Projektmitar-

4.2 Wie man ein eigenes Team bildet

beiter haben viele Aufgaben, die harmonisierend oder polarisierend wirken können:

- Neue Themen rasch recherchieren und sich gedanklich erschließen.
- Komplizierte Zusammenhänge untergliedern und systematisch planen.
- Kreative Ideen finden und praktische Lösungsvorschläge einbringen.
- Teilaufgaben untereinander abstimmen und arbeitsteilig erarbeiten.
- Laufend relevante Informationen besorgen und zielgerichtet nutzen.
- Erkenntnisse und Zwischenergebnisse in der Gruppe zusammenführen.
- Teamkollegen mit Ratschlägen unterstützen und bei Engpässen helfen.
- Bedarf oder Mehrbedarf an Ressourcen erkennen, begründen und melden.
- Wachsende Abweichungen vom Plan frühzeitig dem Teamleiter melden.
- Typische oder zufällige Risiken erkennen und konsequent überwachen.
- Teamleiter und fallweise auch andere Abteilungen informieren.
- Protokolle schreiben, Korrespondenz archivieren, Dokumentation sichern.

Oft werden schon in der ersten Teamsitzung die Weichen gestellt, ob sich die Leute zum guten Team entwickeln oder ob der Gemeinschaftsgeist auf der Strecke bleibt. Sie als Projektleiter tragen durch Ihre Art der Moderation und der Führung sehr viel dazu bei. Ihre Mitarbeiter spüren schnell, was Sie fordern oder was Sie lax handhaben. Gern werden die Grenzen abgetestet, wie weit man bei Ihnen gehen kann. Das gilt auch für das Miteinander im Team. Was kritisieren Sie, was akzeptieren Sie?

Ein Patentrezept, wie Sie als Projektleiter agieren sollten, gibt es nicht. Zu sehr unterschiedlich sind Branchengepflogenheiten, Betriebsklima, Beziehungsnetze, Arbeitsinhalte, Teamgrößen und ganz besonders die Typen und Charaktere der beteiligten Mitarbeiter. Berücksichtigen Sie zum Projektstart aber unbedingt die folgenden Basisempfehlungen:

Tabelle 4.3: Unterschiede zwischen Gruppe und Team (Quelle: Krüger. Teams führen)

Merkmale	Gruppe	Team
Wo liegen Interessen?	Viele Mitglieder verfolgen eigene Interessen	Alle ziehen an einem Strang
Welche Ziele gibt es?	Unterschiedliche Ziele werden verfolgt	Alle verfolgen dasselbe Ziel
Was hat Priorität?	Zugehörigkeit zur Gruppe hat nachrangige Priorität	Zugehörigkeit zum Team hat oberste Priorität
Wie ist die Organisation?	Organisation ist locker und unverbindlich	Organisation ist straff und verbindlich
Wie ist die Motivation?	Motivation kommt von außen (man muss)	Motivation kommt von innen (man will)
Wer konkurriert mit wem?	Konkurrenz Einzelner untereinander	Gemeinsame Konkurrenz nach außen gerichtet ▶

Tabelle 4.3: Fortsetzung

Merkmale	Gruppe	Team
Wie wird kommuniziert?	Kommunikation untereinander teils offen, teils verdeckt	Information und Feedback untereinander sind offen
Wer vertraut wem?	Geringes Vertrauen untereinander und zur Gruppe	Starkes Vertrauen untereinander und ins Team

Kommunizieren Sie aktiv! Machen Sie frühzeitig die Spielregeln im Team, will heißen, Ihre Spielregeln klar. Lassen Sie zwar Diskussion zur Sache zu, nicht aber zu den Teamregeln. Seien Sie der Zeitmanager und limitieren Sie die Länge von Wortmeldungen. Handhaben Sie das von vornherein konsequent! Sie sind der Leitwolf. Loben Sie Mitglieder, die sich kollegial verhalten, vor den anderen! Aber tadeln Sie nicht öffentlich, sondern klären Sie Unstimmigkeiten unter vier Augen. Wer sich partout nicht an die Spielregeln hält, den bestrafen Sie durch Mehrarbeit! Wenn das absolut nicht hilft, werfen Sie ihn raus – auch wenn Sie sein Fachwissen eigentlich brauchen! Zögern Sie nicht, rasch Konsequenzen zu ziehen. Lassen Sie mangelnde Teamorientierung nicht einreißen! Am besten aber führen Sie Ihren Leuten vor Augen, dass sie hohe Verantwortung tragen, dass jeder auf jeden angewiesen ist, um nach fairen Regeln gemeinsam das Ziel zu erreichen.

Pflichten für Projektmitarbeiter:

- Die richtigen Arbeitsergebnisse erzielen!
- Die Termine für übertragene Aufgaben einhalten!
- Die Kosten im geplanten Rahmen begrenzen!
- Den Projektleiter wahrheitsgemäß informieren!
- Die Kollegen im Team freiwillig unterstützen!
- Die Probleme aufzeigen und Lösungen suchen!

Verantwortliches Handeln muss sich zu einer gemeinsam gelebten Kultur in Ihrem Projekt entwickeln: „Einer für alle, alle für einen!" Wenn Sie das plakative Motto in Ihrem Team einigermaßen mit Leben erfüllen, wird das Projekt bestimmt gelingen!

4.2.2 Den richtigen Ton im Team treffen

Der Austausch von Informationen zwischen den Projektbeteiligten, insbesondere das „Wie" innerhalb des Projektteams, ist einer der entscheidenden Erfolgsfaktoren des Projektmanagements. Trotz aller technischen Hilfsmittel, die Kommunikation erleichtern, bleibt ausschlaggebend, inwieweit die einzelnen Projektbeteiligten bereit sind, ihre Erfahrungen mitzuteilen und

4.2 Wie man ein eigenes Team bildet

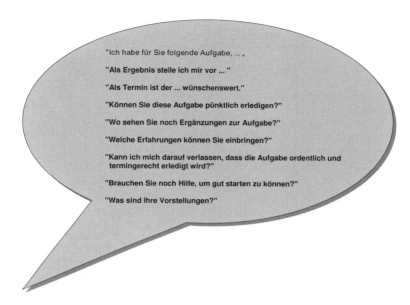

Bild 4.4: Formulierungen für die Kommunikation mit Teammitgliedern
(Quelle: Projekt-Magazin)

bei Problemen die anderen zu fragen. Natürlich umfasst Kommunikation nicht nur die Sachebene, sondern auch – mehr oder weniger ausgeprägt – die Beziehungsebene zwischen den Kommunizierenden.

Besprechungen fördern die Teamentwicklung
Besprechungen sind einerseits ein zentraler Bestandteil der Kommunikation innerhalb des Projektteams, andererseits aber auch sehr zeit- und damit kostenintensiv. Minimalanforderung für die effiziente Durchführung einer Besprechung sind die Vorbereitung einer Tagesordnung, die rechtzeitig zusammen mit der Einladung verschickt werden muss, eine kompetente Gesprächsführung und die Erstellung eines Ergebnisprotokolls. Für Projektbesprechungen sollte als Zeitrahmen eine Stunde angesetzt werden, falls größerer Zeitbedarf festgestellt wird, ist meist ein Arbeitstreffen (Workshop) sinnvoller.
Häufig wird innerhalb eines Projekts ein so genannter Jour fixe vereinbart. Dies ist eine in regelmäßigen Abständen (wöchentlich oder monatlich) stattfindende Besprechung, bei der das Projektteam die anstehenden Aufgaben und den Projektstatus bespricht.

(Quelle: Projekt-Magazin)

Hierzu zählt die Selbstoffenbarung (beispielsweise, was jemand besonders schätzt) ebenso wie die Aufforderung (beispielsweise, was von dem anderen erwartet wird). Vermeintliche Sachargumente vorzuschieben, um Wünsche anderer zu verhindern, ist in Arbeitsgruppen ebenfalls gängig, führt aber unweigerlich zum Konflikt.

Der Ton macht bekanntlich die Musik. Hier Regeln für die erfolgreiche Teamkommunikation:

Tipps für die Kommunikation im Team:

- Anerkennung geben!
- Beiträge fordern!
- Gemeinsam handeln!
- Eigene Meinung offen äußern!
- Ziel im Auge behalten!
- Konflikte ausdiskutieren!
- Aufmerksam zuhören!
- Kritik akzeptieren!

(Quelle: Intercessio)

Neben der verbalen Kommunikation (mündlich, telefonisch, schriftlich) gibt meist die nonverbale Kommunikation (Körperhaltung, Gestik, Blickkontakt, Mimik, Ton) wesentlichen Aufschluss über die Stimmung im Team oder die wahren Absichten einzelner Teammitglieder.

Kulturelle Gemeinsamkeiten fördern Kommunikation und Teamentwicklung in Projekten, kulturelle Unterschiede ziehen Schwierigkeiten nach sich. Das gilt außer für Firmen- und Branchenkulturen besonders für Sprach-, Landes- und Religionskulturen. Beachten Sie das, wenn Sie Mitarbeiter aus anderen Unternehmen angeworben oder ausländische Mitbürger im Team haben!

4.3 Sie Glückspilz bilden Kernteam und Subteams

Umfangreiche Projekte oder Projekte mit sehr unterschiedlichen Aufgabenfeldern unterteilt man vernünftigerweise. Das liegt auf der Hand. Automatisch strukturieren Sie die Gesamtaufgabe in Schwerpunkte. Und wenn genug Leute zur Verfügung stehen, organisieren Sie die Truppe arbeitsteilig in Untergruppen und weisen die Aufgabenschwerpunkte zu. So entsteht faktisch ein Organisationsstrukturplan.

Angenommen Ihr Projekt ist komplexer. Möglicherweise bestehen Subteams dann aus fünf, sechs, sieben oder noch mehr Personen. Aus Erfahrungen weiß man, dass solche Teamgrößen meist gut funktionieren, d.h. effizient zusammenarbeiten. Allerdings brauchen Sie als Projektleiter jeweils einen Ansprechpartner, der den aktuellen Arbeitsstand kennt. Der am besten auch bereit ist, sich durch überdurchschnittliches Engagement um das Vorankommen der Kollegen im Subteam zu kümmern. So ein Typus übernimmt gern Verantwortung.

4.3 Sie Glückspilz bilden Kernteam und Subteams 73

 Zur Organisation eines Kongresses stellt eine Eventagentur dem Veranstalter, einem Dachverband der Industrie, ein Team von zehn Personen bereit. Nach den ersten Konzeptionsgesprächen erfolgt eine Aufteilung: Ein dreiköpfiges Subteam kümmert sich um Programm, Podiumsteilnehmer und Referenten. Ein Zwei-Personen-Subteam klärt mit dem Kongresszentrum den Tagungssaal und die Seminar- und Restaurationsräume ab. Zur Location gehören auch die Übernachtungsmöglichkeiten, sprich Hotelauswahl und Zimmerkontingente. Wiederum zwei andere Betreuer stimmen als Subteam mit dem Kunden die Einladungen ab und sorgen fürs weitere Prozedere. Last, not least bereitet ein viertes Subteam aus drei Spezialisten die Veranstaltungswerbung, Presse- und Öffentlichkeitsarbeit vor.

 Verantwortung eines Subteamleiters:

- Erreichung der Teilziele und der Teilergebnisse
- Einhaltung der geplanten Termine und Kosten
- Handling der Teilaufgabe und eines Teils der Projektrisiken
- Gewinnung von benötigtem Know-how aus Fachabteilungen
- Leitung des eigenen Subteams, eventuell Mitwirkung im Kernteam
- Mitbeauftragung und Einbindung von eventuell Drittunternehmen
- Information des Gesamtprojektleiters

(Quelle: Intercessio)

Überlassen Sie eine Aufteilung in Subteams und die Ernennung von Subteamleitern nicht dem Wollen oder Nichtwollen der Teilnehmer, auch nicht dem Zufall. Ganz klar Sie beurteilen, für welche Aufgaben innerhalb des Projekts Ihre Mitarbeiter geeignet sind, welche Verantwortung Sie delegieren können. Denn allein Sie tragen letztlich die Gesamtverantwortung für die Projektergebnisse.

 Ein negatives Beispiel:

Ein mittelständischer Elektronikkonfektionär entwickelt neue SMD-Platinen für einen Hausgerätehersteller. Wegen der Integration aller Zulieferer in seine Modellneuentwicklung fordert der Auftraggeber professionellen Einsatz von Projektmanagement. Im Schnellverfahren schult der Auftragnehmer nun seine Mitarbeiter, um den Einkaufsbedingungen des Großkunden zu entsprechen.

Als Projektmanager für dieses F&E-Projekt wird ein junger Elektroingenieur eigens eingestellt. Das Projektteam besteht bereits aus 16 Personen. Darunter sind Führungskräfte wie der Einkaufsleiter, der Fertigungsleiter und der Vertriebsleiter, die ihren Projektbeitrag in fachlicher Leitungsfunktion sehen. Sie sind nicht bereit, neben den offiziellen Besprechungssitzungen in Arbeitsgruppen persönlich an Fachkonzepten mitzuarbeiten. ▶

> Die Bildung von Subteams unterbleibt, um die Situation nicht eskalieren zu lassen. Einzelne Projektaufgaben werden mit Rücksicht auf die führenden Altherren ungleich verteilt. Die Sitzungen geraten zu Proklamationsrunden und liefern keine konkreten Ergebnisse. Schlimmer noch: Junge Spezialisten, welche die Projektarbeit in die Hand nehmen wollen, werden von ihren Chefs gebremst: „Das Tagesgeschäft geht vor." Die Geschäftsführung ist zerstritten.
>
> Ergebnis: Der neue Projektmanager resigniert. Das Projekt steht zwar formal weiter unter seiner Leitung, wird aber „so, wie das immer gemacht wurde", von den Abteilungsleitern in unzähligen Abstimmungen mit den Ansprechpartnern des Auftraggebers zeitraubend abgewickelt. Der Auftrag zur Serienfertigung der neu entwickelten Platinen kommt nur, weil der Hausgerätehersteller nun auf das spezielle Know-how und den programmierten Bestückungsautomaten des Elektronikzulieferers angewiesen ist – aber nur eine Zeit lang ...

Wenn die Subteams stehen, sollten Sie aus den ernannten Subteamleitern, eventuell sogar ergänzt um einen externen Fachberater, das Kernteam bilden – Ihr Kernteam!

„Das Projektkernteam setzt sich aus den Personen zusammen, die über die Dauer des Projekts mit dem Projektgegenstand befasst sind und an Sitzungen mit der Projektleitung teilnehmen. Sie sind sowohl an der Projektdurchführung als auch in unterschiedlich hohem Maße an Entscheidungen der Projektleitung beteiligt."

Organisation F+E–Projekt „Gaswandgeräte"

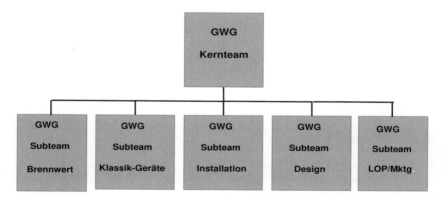

Bild 4.5: Beispiel für die Projektteamorganisation eines Heizungsherstellers

Eine Projektorganisationsstruktur, bestehend aus einem Kernteam und mehreren Subteams, läuft Gefahr, sich hierarchisch zu verfestigen. In der praktischen Arbeit kommt es darauf an, dass die Hierarchien flach, die Informationswege kurz und die Sachentscheidungen dezentral gehalten werden. Achten Sie unbedingt darauf!

Die Richtigen zu Subteamleitern machen

Aber wie findet man die richtigen Subteamleiter, die so eine Organisationsstruktur flexibel mit Leben erfüllen? Mit etwas Glück haben Sie bereits engagierte Macher in den Subteams, diese lediglich noch nicht erkannt. Versuchen Sie jeweils, solche Personen zu identifizieren. Und ernennen Sie sie offiziell zu Ihren Subteamleitern!

Voraussetzung dafür ist allerdings, dass die „Macher" nicht nur Aufgaben an sich ziehen, sondern auch in der Lage sind, die anderen Teammitglieder mitzureißen. Selbst ein Spektrum von Aufgaben in einem Subteam ist groß. Das schafft keiner allein. Angesichts reichlicher Mehrarbeit ist es nicht immer leicht, einen geeigneten Kandidaten aus dem Subteam freiwillig zu verpflichten. Ihre Leute spüren schnell: Ein Subteamleiter hat viele Termine und reichlich verantwortungsvolle Aufgaben.

Hauptaufgaben eines Subteamleiters

- Vereinbarung mit Projektleiter vorbereiten und konkretisieren.
- Machbarkeit und Wirtschaftlichkeit des Teilprojekts abschätzen.
- Benötigte Fachabteilungen informieren und einbinden.
- Teilaufgabenfelder und Meilensteine strukturieren.
- Zeitlichen Ablauf einzelner Arbeitspakete planen.
- Zuständigkeiten für Arbeitspakete im Subteam benennen.
- Mitglieder für das Subteam suchen, bei Versetzung oder Einstellung mitwirken.
- Eigenes Subteam und eventuell Kollegen im Kernteam informieren.
- Eventuell freie Subteammitarbeiter beim Projektleiter beantragen und suchen.
- Gegebenenfalls Dritte wie z.B. dienstleistende Firmen einplanen und beauftragen.
- Gesamtprojektleiter und eventuell im Kernteam regelmäßig reporten.
- Linienfunktionen bzw. betroffene Fachabteilungen informieren.
- Meetings mit Fachabteilungen und eigenem Subteam moderieren.
- Kreative Lösungsvorschläge der Subteammitglieder anregen und sicherstellen.
- Divergenzen mit anderen Subteams oder Konflikte im eigenen Subteam ausgleichen.
- Teilfortschritt kontrollieren, Ergebnisse, Termine und Kosten gegen Plan abgleichen.
- Teilprojektabweichungen nachsteuern, starke Abweichungen dem Projektleiter melden.
- Eventuelle Risiken für die Teilaufgabe vorhersehen, überwachen und berichten.
- Dokumentation für das Teilprojekt systemkonform anlegen und sichern.

(Quelle: Intercessio)

Wenn Sie einen Subteamleiter ernannt haben, ist er nicht nur Ihr wohlgefälliger Ansprechpartner. Er braucht auch gewisse Handlungsrechte, um seine Teilziele zu erreichen und seine Teilverantwortung wahrzunehmen. Sie müssen also bereit sein, einen Teil Ihrer Kompetenzen abzutreten. Bitte bedenken Sie: Auch Sie selbst als Projektleiter haben von der Geschäftsleitung einige Handlungsrechte erbeten und hoffentlich bekommen!

Kompetenzen und Befugnisse eines Subteamleiters:

- Zugang zu teamrelevanten Informationen, Dokumenten und Datenbanken
- Verfügungsrecht über Ressourcen nach Genehmigung durch Projektleiter
- Mitunterschriftsberechtigung für geringwertige Wirtschaftsgüter
- Zeichnungsbefugnisse für bewilligte Sach-/Verbrauchsmittel
- Recht zu Beauftragung bzw. Einkauf genehmigter Projektteilleistungen
- Mitsprache bei Versetzung, Einstellung, Entlassung von Subteammitgliedern
- Disziplinarische Weisungsbefugnis gegenüber eigenen Subteammitarbeitern
- Entscheidung über alle Vorlagen des Subteams beim Gesamtprojektleiter
- Mitspracherecht in einem eventuellen Kernteam
- Vetorecht bei allen Beschlüssen im eigenen Subteam

Nun angenommen, Sie sind innerlich zur Delegation „ohne Wenn und Aber" bereit, finden jedoch unter Ihren Mitarbeitern keinen geeignet erscheinenden Subteamleiter. Versuchen Sie, an anderer Stelle im Unternehmen potentiellen Führungsnachwuchs zu finden. Werden Sie sich über das Anforderungsprofil für Ihren Subteamleiter klar. Gehen Sie behutsam vor. Bitten Sie zunächst den Personalleiter um guten Rat. Sprechen Sie dann gegebenenfalls die Abteilungsleiter an. Versuchen Sie, den Engpass auf der Führungskräfteebene zu lösen, möglichst ohne die Geschäftsleitung extra zu bemühen. Wenn es intern keine Lösung gibt, können Sie eventuell versuchen, externe Interimskräfte zu finden. Viel Glück!

Anforderungsprofil für Subteamleiter:

- Sie sind zielorientiert, pflichtbewusst und verantwortungsbereit.
- Sie haben gutes Führungs- und Verhandlungsgeschick.
- Sie entwickeln Eigeninitiative und Engagement für Aufgaben.
- Sie sind entscheidungsfreudig und durchsetzungsfähig.
- Sie haben Organisationstalent und Improvisationsfähigkeit.
- Sie sind geistig beweglich und für Neues stets aufgeschlossen.
- Sie erkennen andere Positionen an und sind fähig zur Diskussion.
- Sie haben ein stabiles Selbstwertgefühl und vertragen Sachkritik.
- Sie reagieren in schwierigen Situationen ruhig und sind hoch belastbar.
- Sie haben Gespür für Mitarbeiter und Fähigkeit zur Delegation.
- Sie lassen Mitarbeiter eigenständig arbeiten und fördern Teamgeist.
- Sie können Subteams moderieren und Konflikte ausgleichen.
- Sie spüren Stimmungen und können Menschen motivieren.
- Sie haben Interesse an Menschen und sind nicht egozentrisch.
- Sie sind kontaktfähig gegenüber Projektleiter und Kollegen.
- Sie kennen möglichst die Branche und das Unternehmen.

(Quelle: Intercessio)

4.4 Vertragspartner im Projekt zusammenführen

Eine besonders schwierige Aufgabe erwartet Projektmanager, die sich zur Leitung von Gemeinschaftsprojekten mit mehreren Partnerunternehmen bereit erklärt haben. Bei Handwerkskooperationen, bei Projekten mit mehreren Agenturpartnern oder in der Lohnfertigungsbranche beispielsweise kommt solch eine Konstellation häufiger vor. Auch andere Mittelständler können ein Lied davon singen. Oft fehlt dann jeder Teamgeist, nur das wirtschaftliche Interesse ist der kleinste gemeinsame Nenner.

Jour fixe
Das regelmäßige, verbindliche Treffen des Projektteams an einem festen Wochentag kann gerade für länger dauernde Projekte eine wichtige stabilisierende und vor allem motivierende Funktion haben. Die langfristige Vereinbarung eines Jour fixe (wöchentlich, 14-tägig, monatlich) hat den wichtigen Nebeneffekt, dass Terminvereinbarungen erheblich erleichtert werden, da alle Projektteammitglieder verpflichtet sind, diese Termine freizuhalten.
Zur erfolgreichen Gestaltung eines Projekt-Jour fixe ist es unbedingt erforderlich, dass er von einem Teammitglied vorbereitet wird (Tagesordnung, Raum, Einladung usw.) und ein zeitnahes (im Idealfall während des Treffens mitgeschriebenes) Protokoll erstellt wird.
Das Protokoll dokumentiert den Projektfortschritt und garantiert, dass auch die nicht anwesenden Mitglieder stets informiert sind. Um dem Nachteil der Besprechungslawine entgegenzuwirken, ist eine straffe Organisation des Ablaufes erforderlich. Eine Stunde reicht normalerweise für ein gut vorbereitetes Treffen aus.

(Quelle: Projekt-Magazin)

Disziplinarische Weisungsbefugnisse sind praktisch nicht gegeben. Als Projektleiter müssen Sie versuchen, die Vertreter der beteiligten Unternehmen nicht funktionell, sondern menschlich zu gewinnen. Letztlich haben Sie nur coachende Instrumente, mit deren Hilfe Sie das verantwortungsvolle Miteinander steuern können: Treffen, am besten zu fest vereinbarten Terminen (Jour fixe), regelmäßige Kurzberichte in der Runde der Projektpartner oder schriftliches Fixieren von Lösungsvorschlägen und gemeinsam vereinbarten Beschlüssen (Protokolle) sind dafür Beispiele.
Mit anfänglich meist kontroverser Diskussion, aber auch mit der Chance auf eine Teamentwicklung verbunden ist es, wenn die Gruppenaufgaben eine gemeinsame Leistungsaufstellung oder Ablaufplanung beinhalten. Solche Projektarbeit kann über Firmengrenzen hinweg zusammenschweißen. Ein modernes Projektbüro kann auch mittels Projektsoftware koordinieren, auf welche die Partner über Daten- oder Telekommunikationsnetze direkten Zugriff haben. Bei Gemeinschaftsprojekten sehr sinnvoll ist auch

Protokolle koordinieren Vertragspartner

Protokolle dokumentieren die Ergebnisse von Projektbesprechungen, gegebenenfalls auch ihren Verlauf. Während Berichte die Ergebnisse der laufenden Projektarbeit dokumentieren und somit in die Vergangenheit orientiert sind, enthalten Protokolle die Entscheidungen und Aufgaben. Protokolle beschreiben die Zukunft des Projekts.

Ein Protokoll muss auf jeden Fall folgende Informationen enthalten:
- Ort, Datum, Uhrzeit und Dauer der Besprechung
- Teilnehmer (Firma, Abteilung, Name) und ihr Status (Einsatzleiter, Protokollführer usw.)
- Verteiler (Firma, Organisationseinheit, Name)
- Anlass und Thema (z. B. „Jour fixe")
- Tagesordnung
- Protokollnachlese (Protokoll des letzten Treffens)
- Ergebnisse nach Tagesordnungspunkten gegliedert
- Aufgabenliste (bzw. Liste der offenen Punkte/Pending Points)

Gegebenenfalls gehören auch noch die Auflistung der Anlagen, Unterschriften und rechtliche Hinweise (Widerspruchsfristen) zum Protokoll.

Protokolle sollen so schnell als möglich nach der Besprechung vorliegen. Als Regel gilt hier eine Zeit von wenigen Tagen, um nicht bereits vom Projektfortschritt überholt zu werden. Durch den Einsatz von Laptop und Beamer verbreitet sich die Protokollierung in Echtzeit immer mehr. Das Protokoll liegt sehr schnell vor und Missverständnisse in der mündlichen Abstimmung werden effizient vermieden.

(Quelle: Projekt-Magazin)

die Einrichtung eines gemeinsamen Lenkungsausschusses. Dem kann sich dann kaum ein Projektpartner entziehen. Für Sie als Projektleiter aber am wichtigsten ist, einen persönlichen Kontakt zu den Firmenvertretern aufzubauen.

 Praxisbeispiel:

F-LOG med: Contra Kostenexplosion im Gesundheitswesen

Das Logistikunternehmen F-LOG trägt mit regionalen Dienstleistungszentren zur Kostenreduzierung des medizinischen Krankenhausbedarfs bei. Bevor das erste Zentrum in Ahlen/Westfalen stand, startete zunächst ein Projekt:

Die kleine ZUPACK Engineering GmbH erhielt von der Bundesvereinigung Verbandmittel und Medicalprodukte e.V. (BVMed) den Auftrag, eine Studie zum „Transport von Medicalprodukten in Mehrwegsystemen" durchzuführen. Zielsetzung waren Überprüfung und Bewertung von Ökonomie, Ökologie und Funktionalität der gesamten Prozesskette. Letztere erstreckte sich von der Beschaffung beim Hersteller über Produktion und Distribution, über externe Sterilisation, Zentrallager im Krankenhaus bis auf die Station. Beteiligt waren Hersteller und Krankenhäuser mit recht unterschiedlichen Logistikstrukturen. ▶

4.4 Vertragspartner im Projekt zusammenführen

Das Ergebnis der Studie war, dass Mehrwegsysteme nicht zu den erwarteten Verbesserungen in Ökologie, Ökonomie und Funktionalität führen, solange die alten Logistikstrukturen beibehalten werden. ZUPACK-Geschäftsführerin Dr. Elvira Jankowski empfahl, neue regionale Ver- und Entsorgungszentren für das Gesundheitswesen zu errichten. Ihre visionäre Lösung sah vor, bei der Distribution nun Mehrwegsysteme einzusetzen und bei der Beschaffung durch Bündelungseffekte zu großvolumigen Verpackungseinheiten zu gelangen.

Die Studie dokumentierte ferner, dass die Krankenhäuser über eine Vielzahl weiterer Leistungsbereiche wie Apotheke, Küche, Sterilisation verfügen. Um alle ökonomischen, ökologischen und funktionalen Potenziale im Krankenhauswesen zu nutzen, sollte man über das Zentrallager mit seinem Medical-, Büro- und Wirtschaftsbedarf hinaus weitere Leistungsmodule wie Apotheke, Sterilisation usw. in ein Ver- und Entsorgungszentrum integrieren.

Mit der Integration der ZUPACK Engineering in die F-LOG AG bzw. Fiege-Gruppe und der Ausgliederung einer Apotheke der Hospitalgesellschaften der Franziskanerinnen Münster – St. Mauritz wurde ein weiterer Meilenstein erreicht. Über den Franziskanerinnen-Orden kam die Einkaufsgenossenschaft Niederrhein-Westfalen e.G. hinzu – die Projektgemeinschaft wuchs.

Der Innovationsgrad und das damit einhergehende Entwicklungsrisiko veranlassten das Ministerium für Wirtschaft, Mittelstand, Energie und Verkehr des Landes Nordrhein-Westfalen, das Pilotprojekt zu fördern.

Mit Abschluss aller Verträge ging das Projekt in die Umsetzungsphase. „Regelmäßige Arbeitstreffen aller Beteiligten bildeten eine wesentliche Grundlage, dass sich ein Zusammenwirken entwickeln konnte. Wichtig war es, die strategische Zielrichtung allen Beteiligten kontinuierlich zu verdeutlichen", sagt Jankowski. Nach dem Vieraugenprinzip wurde zwischen Krankenhäusern und F-LOG ein umfassendes Pflichtenheft als Vertragsgrundlage abgestimmt. Es galt, „geduldige Überzeugungsarbeit zu leisten, bis die Akzeptanz einzelner Schritte erreicht war", erinnert sich die Projektleiterin: „Sodann haben wir im Gemeinschaftsteam ein komplexes Kunden/Auftraggeber gespiegeltes Projektorganigramm erarbeitet, welches eindeutige Kompetenzen mit übergreifender Projektsteuerung vorsah." Feinplanung und Bau liefen parallel, denn das erste Dienstleistungszentrum sollte nach zwölf Monaten bereits in Betrieb genommen werden.

Die neuen logistischen Anforderungen mussten in der EDV umgesetzt werden. Darüber hinaus sollte auch eine einfache Kommunikation zwischen den Verbrauchsorten und dem Zentrum sowie mit den Herstellern realisiert werden. Eine Entscheidung zur Weiterentwicklung bestehender Industriesoftware wurde notwendig. Bei der Frage der Software-Lösung ebenso wie in anderen grundlegenden Projektentscheidungen zählte nur die Kraft rein sachlicher Argumente, erinnert sich Elvira Jankowski.

Die Projektbeteiligten bezogen alle drei Leistungsmodule des Logistiksystems in die Betrachtung ein. Aufgrund ähnlicher logistischer Abläufe in Apotheke und Zentrallager sowie der komplexen Kommunikation fiel die Entscheidung, ein einheitliches Warenwirtschaftssystem zu nutzen, welches alle notwendigen Geschäftsprozesse – bis hin zur Bestellung von der Station – abbildet. Zudem war E-Commerce zu berücksichtigen. Automatische Kommissioniersysteme mussten integriert sowie der notwendige Datenaustausch zu den Krankenhäusern gewährleistet werden. ▶

> Mit der Inbetriebnahme des Logistiksystems funktionierte die EDV stabil, so dass die Versorgung gesichert war. Die einfache Handhabung der EDV sorgte für schnelle Akzeptanz. „Wenn solche Meilensteine erreicht waren, motivierte das die Beteiligten mehr als alle theoretisch denkbaren teambildenden Maßnahmen. Gruppenfindungsabende mit Essen, Trinken und Feiern haben wir praktisch nicht gebraucht", erinnert sich Jankowski.
>
> Natürlich gab es bei dem Gemeinschaftsprojekt angesichts so verschiedener Partner auch unterschiedliche Auffassungen: „Um Richtungsentscheidungen schnell zu fällen, wurde von Anfang an ein gemeinsamer Lenkungsausschuss gegründet", nennt Projektleiterin Dr. Jankowksi als Empfehlung.

4.5 Kick-off, auf los geht's los, also los

> *„Wenn du ein Schiff bauen willst, leite deine Männer nicht im Umgang mit Holz, Tau und Tuch, sondern wecke in ihnen die Sehnsucht nach dem weiten Meer!"* (Quelle: Ovid, Philosoph der Antike)

Seit jeher ist die Motivation der Beteiligten einer der wichtigsten Erfolgsfaktoren. Ein Projekt bringt meistens, durch ungewohnte Aufgaben und enormen Zeitdruck bedingt, eine Überlastung der betroffenen Personen mit sich. Das gilt sowohl für einbezogene Abteilungskollegen als auch für eigene Teammitglieder. Diese höhere Belastung kann der Arbeitgeber durch entsprechende Sonderprämien oder zusätzliche Freizeit nach erfolgreichem Projektabschluss ausgleichen. Schwache Wirtschaftskonjunktur, gedämpfte Auftragslage und angespannte Arbeitsmarktlage lassen die Chefs mit solchen Belohnungen aber zurückhaltend sein.

Auf der anderen Seite werden besonders belastende Arbeitsanforderungen nur akzeptiert, wenn die Mitarbeiter vom Sinn des Projekts überzeugt sind. Um das zu erreichen, wird in der Regel ein „Kick-off-Meeting" durchgeführt, um die Projektbeteiligten bzw. das Projektteam für die Ziele des Vorhabens zu begeistern und um das notwendige Zusammengehörigkeitsgefühl zu schaffen.

Diese Startveranstaltung steht meist am Beginn eines Projekts oder seiner Phasen. Der Zeitpunkt ist nicht zwingend festgelegt. Ein sehr frühes Kick-off-Meeting hilft, das Projektmarketing und die Projektmotivation zu fördern. Ein späterer Zeitpunkt ist beispielsweise nach Erstellung des Pflichtenhefts sinnvoll, bevor es an die konkrete Projektumsetzung geht.

4.5 Kick-off, auf los geht's los, also los

Kick-off-Meeting:

- Ausführliche Erläuterung der Projektziele
- Hervorhebung der Bedeutung des Projekts
- Gewinnung von Unterstützung für das Projekt
- Allgemeine Motivation der Projektbeteiligten
- Information aller Beteiligten über den Projektplan
- Abstimmung über den Start der Arbeiten

Ob alle Projektbeteiligten (also auch nur befristet zuarbeitende Mitarbeiter) oder nur direkte Teammitglieder teilnehmen sollen, muss man im Einzelfall entscheiden. Bei wichtigen Geschäftsprojekten ist zu empfehlen, dass auch alle im weiteren Umkreis beteiligten Personen am Kick-off-Meeting teilnehmen. Diese belasten das Projektgeschehen zumindest indirekt oder sie profitieren vom Projekterfolg.

Teilnehmer eines Kick-off-Meetings:

- Vertreter des Auftraggebers (eventuell der Chef der auftraggebenden Firma)
- Geschäftsleitung des Auftragnehmers (je nach Bedeutung des Projekts)
- Projektmanager und Projektteam, eventuell Projektkernteam und Subteams
- Ansprechpartner aus relevanten Abteilungen, eventuell weitere Projektbeteiligte

Gestalten Sie ein Kick-off-Meeting nach Bedarf: Man kann sich auf Präsentationen der Führungsebene (Auftraggeber, Auftragnehmer, Projektleiter) beschränken, man kann aber auch in einem Workshop die Teilnehmer aktiv einbeziehen.

Ein mittelgroßer Hersteller von Brillenfassungen will sich nicht mehr allein auf den Fachhandel, sprich auf die Empfehlungen der Augenoptiker verlassen. Eine Marketinginitiative wird ins Leben gerufen. In einer ersten Projektphase erarbeitet der neue Marketingleiter, der von einem Markenartikler aus dem Food-Bereich kommt und zuvor Damendessous erfolgreich vermarktet hat, mit einem internen Projektteam das Briefing, also das Lastenheft für die zu findende Agentur. Das Team ist bewusst interdisziplinär ausgewählt. Fachleute vom Materialeinkauf, aus der Brillenproduktion, aus Logistik und Vertrieb sind mit von der Partie. Schließlich soll die Marketinginitiative später auf allen Ebenen zünden. ▶

Den obligatorischen „Pitch" gewinnt dann eine neue Werbeagentur – mehr oder weniger zufällig kennt der Agenturchef den Marketingleiter von früher. Neuer Etat, die Agentur legt sich ins Zeug – „neue Besen kehren eben gut". Eine erste Grobkonzeption wird erarbeitet, sozusagen das Pflichtenheft.

Der Marketingleiter bereitet mehrere Kick-off-Meetings vor. Schließlich geht es darum, die bisherige „Push-Strategy" über den Fachabsatzmittler um eine „Pull-Strategy" zu ergänzen. Ein Nachfragesog soll vom „Enduser" ausgehen!

Im internen Kick-off-Meeting ist es Ziel, den neuen Marketingansatz in die „Hardheads" des traditionsorientierten Vertriebs zu bekommen. Nach einem kurzen Rollenspiel mit externen Schauspielern und resümierenden Worten des Geschäftsführers und des Marketingleiters geht es in „Active-Workshops".

Die Teilnehmer, weit über internes Projektteam und externe Agentur hinaus, lernen spielerisch, welche Trends es auf dem Brillenmarkt gibt, was der neue „Customer" wirklich will, wie Brillenträger von heute nahezu unwiderstehlich angesprochen werden. In abschließenden „Sessions" werden alle auf die neue, noch zu kreierende Kampagne eingeschworen.

Aber es soll nicht bei „Ads" bleiben. Bei regionalen Kick-off-Meetings sind Außendienstler und auch Optiker vor Ort eingeladen. Diesmal spielen AV-Medien zum nachmittäglichen Einstieg, Ambiente zwischendrin und Catering zum abendlichen Ausklang eine noch größere Rolle für den Projektstart. Während für das interne Kick-off noch das Foyer der Firma genügte, bilden nun schicke Hotels in der Region den richtigen „Background".

Die Kick-Off-Meetings bringen den gewünschten Erfolg: Die Geschäftsleitung ruft begeistert „GO", der Vertrieb zieht offiziell mit und wartet heimlich ab, die eingeladenen Optiker sind höflicherweise sicher, dass die Branche so etwas schon lange gebraucht hat, Marketingleiter und Agentur erhalten Applaus auf offener Szene ...

5 Projektplanung: Kommen Sie mit wenigen Instrumenten und Computerhilfe aus

„Keep it small and simple", sollte das Grundprinzip jeder Projektplanung sein. Denn Komplexität entsteht von allein. Ihr Job als Projektmanager ist es, nach einfachen und überschaubaren Lösungen zu suchen. Aufgabe eines Projekts ist in aller Regel nicht, besonders raffinierte Lösungsverfahren zu ersinnen, sondern das Projektziel zu erreichen.

> Verfallen Sie nicht in Planungsorgien. Im Gegenteil: Halten Sie den administrativen Planungsaufwand so knapp wie möglich! Nehmen Sie sich aber im Team die Zeit, mögliche Lösungswege und nötige Aufwendungen mit klarem Menschenverstand kritisch zu durchdenken! Aber verlieren Sie sich nicht zu früh im planerischen Detail. Böse Zungen sagen: „Planung ist nichts anderes als das Ersetzen des Zufalls durch den Irrtum!"

Oft wird bereits am Anfang eines Projekts sofort in Lösungen gedacht. Spontan werden Details liebevoll geplant. Später ist man von der eigenen Planung enttäuscht. Vieles erweist sich als zu kompliziert, hat sich im Laufe der Zeit verändert. Eine Aktualisierung ist aufwendig.

„Die größten Chancen zur Verbesserung der Projektleistung und der Projektergebnisse liegen bei allen Projektarten in der Anfangsphase. Die Möglichkeiten, das Projekt zu beeinflussen, die Projektkosten zu reduzieren, eine Wertsteigerung zu erreichen, die Leistung zu erhöhen und die Flexibilität zu steigern, sind im Konzept- und Entwurfsstadium am größten. In dem Moment, wo die Ausführung begonnen hat, verringert sich die Möglichkeit, die Kosten zu beeinflussen, erheblich." (Quelle: Burke: Projektmanagement) Also: Arbeiten Sie sich sorgfältig Schritt für Schritt an das Detail heran! Wie ein Tischler, der das Holz zunächst sägt, dann hobelt oder drechselt, anschließend Bohrungen anbringt, schleift und zum Schluss poliert: vom Groben zum Detail.

Das A und O ist saubere Projektplanung	
• Hauptphasen • Meilensteine • Arbeitspakete • Zeitübersichten • Zuständigkeiten	• Personaleinsatz • Arbeitskosten • Materialkosten • Investitionen • Risiken

Stufen der Projektplanung

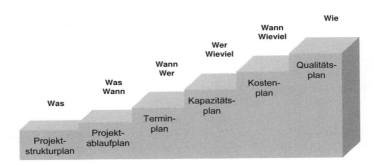

Bild 5.1: Hauptelemente der Projektplanung (Quelle: Boy. Projektmanagement)

Die Grobplanung ist der erste Schritt der Top-down-Planung. Hier machen Sie sich Phasen, Meilensteine und das Projektbudget klar und schreiben diese Gedanken auf. Zugleich werden Projektgegenstand und Projektziel bzw. Projektergebnis mit ihren wesentlichen Eigenschaften spezifiziert. Die Grobplanung dient auch dazu, erst die Realisierungschancen des Projekts zu beurteilen, bevor weiterer Arbeitsaufwand für die Detailplanung entsteht. Arbeiten Sie zunächst nur die Grobplanung aus, denn: In aller Regel müssen Sie jetzt wieder zum Chef oder vor den Lenkungsausschuss: Grobplanung präsentieren, Argumente vorbringen, auf das endgültige „Go" hoffen. Kommt vom Boss oder seinen Mannen grünes Licht, geht es an die Detailplanung!

In der Detailplanung plant man das Projekt dann bis zu konkreten Arbeitspaketen: gewünschtes Arbeitspaketergebnis, voraussichtliche Zeitdauer, einzelne Termine, anteiliger Aufwand, benötigte Ressourcen, genaue Zuständigkeiten und Kosten. Manche Planungsfetischisten gliedern Arbeitspakete sogar in einzelne Aufgaben.

Eine solche Detailplanung braucht später oft Korrekturen. Sie setzt nämlich voraus, dass der Projektablauf weitgehend prognostizierbar ist. Bei Projekten, wo es um etwas Neues geht, ist das aber nicht der Fall. Anders bei Bauprojekten, bei denen man auf Erfahrungsstandards zurückgreifen kann. Bei großen Bauprojekten entsteht als Ergebnis der Detailplanung unter anderem das Leistungsverzeichnis für die Ausschreibung.

Vielfach ist jedoch der Projektablauf umso unsicherer, je weiter er in der Zukunft liegt, insbesondere bei Forschungs- und Entwicklungsprojekten. Weit verbreitet ist daher die rollierende Planung, bei der man die Details immer nur für einen begrenzten und überschaubaren Zeitraum vorausplant. Das geht nur dann, wenn die Grobplanung des Projekts robust gegenüber Änderungen in der Detailplanung ist.

5 Projektplanung: Kommen Sie mit wenigen Instrumenten und Computerhilfe aus

Projektziele	Was konkret soll erreicht werden?
Lastenhefte	Die Anforderungen genau festlegen!
Grobplanung	Hauptphasen und Meilensteine planen!
Arbeitspakete	Die Gesamtarbeit in Pakete unterteilen!
Feinplanung	Die Arbeitspakete detailliert planen!
Verantwortung	Festlegen, wer was zu tun hat!
Schnittstellen	Welche mit normalen Abteilungen?
Kostenkalkulation	Was kosten Personal und Material?
Risikoanalyse	Woran könnte das Projekt scheitern?

Falls Sie bei Ihrem Gesamtvorhaben davon nicht ausgehen können, sollten Sie lediglich kurzfristige Teilprojekte daraus planen. Die langfristigen Gesamtziele formulieren Sie in einem Programm. Bei der rollierenden Planung steht zu Projektbeginn nur die Grobplanung fest, die Detailplanung erfolgt erst während der Projektdurchführung. Der Projektstrukturplan sollte bei der Grobplanung nur bis zur dritten, maximal vierten Strukturebene erstellt werden. Der Zeitplan beschreibt dann höchstens die Hauptphasen und die Meilensteine. Die Aufwandsschätzung zur Ermittlung des ungefähren Budgetbedarfs kann grob durch erfahrene Experten und/oder Analogieschlüsse aus ähnlichen Projekten oder Projektteilen erfolgen. Solche „rollierende" Planung ist zunehmend gängige Praxis.

Allerdings gilt fast immer: Projekte, die mit grober fehlerhafter Planung beginnen, sind zum Scheitern verurteilt. Richtig schätzen im Projektmanagement ist unter anderem so schwierig, weil es zum Teil eine Kunst und zum Teil eine Wissenschaft ist. Der „wissenschaftliche" Teil besteht aus Schätztechniken und Berechnungen, die leicht gelernt und mit etwas Übung auch erfolgreich angewandt werden können.

Der „künstlerische" Teil der Schätzungen ist schwieriger. Hier geht es um vage Entscheidungen und um menschliche Aspekte. Erfolgsrezept bei der Planung ist es, die Schätzungen so weit wie möglich auf wissenschaftlicher Grundlage zu basieren und gleichzeitig mit Feingefühl und Erfahrung auch die „weichen Faktoren" zu berücksichtigen. Also bitte auch auf die „irrationale" Seite der Aufgabe achten!

5 Projektplanung: Kommen Sie mit wenigen Instrumenten und Computerhilfe aus

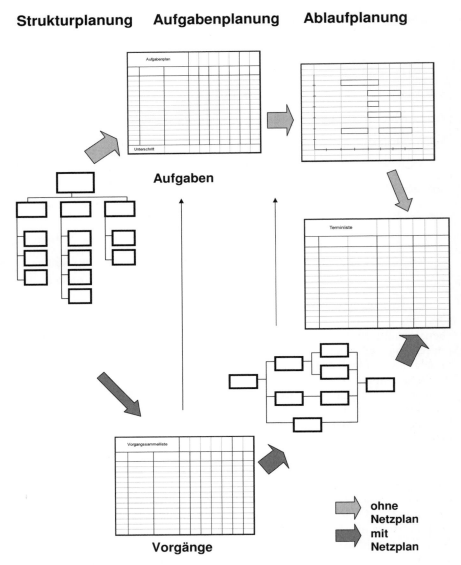

Bild 5.2: Instrumente der Projektplanung (Quelle: Burghardt. Projektmanagement)

Bild 5.3: Projekte mit Computerhilfe planen und umsetzen

5.1 Lösen Sie die dunkle Wolke gedanklich auf

Am Anfang eines Projekts erscheint die Aufgabe noch recht abstrakt. Worum geht es eigentlich und was gehört alles dazu? Das Projektteam trifft sich, diskutiert mögliche Aspekte, aber so richtig findet sich kein roter Faden. Ganz cool bleiben! Das analytische Durchdenken von unbekannten

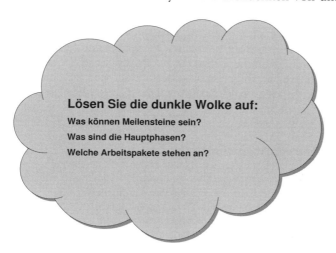

Bild 5.4: Die Projektaufgabe erscheint anfangs wie eine dunkle Wolke

Themenfeldern macht jedem mehr oder minder Probleme. Und Sie sind schließlich im Berufsstress, den ganzen Tag in Routineaufgaben eingespannt. Keiner, der ausgeruht Gedanken kreisen lassen kann. Ein Tipp: Lichten Sie den Nebel, indem Sie sich auf mögliche Teilziele der Gesamtaufgabe konzentrieren. Was könnten hier wichtige Etappen, Meilensteine sein? Versuchen Sie, möglichst wenige große Stepps in kurze Worte zu fassen!
Ein nächster Tipp: Gedanklich von den Meilensteinen ausgehend, lösen Sie die dunkle Wolke weiter auf. Beginnen Sie, Teilaufgaben zu beschreiben, die Ihnen für das Projekt notwendig erscheinen! So strukturieren Sie die komplexe Projektaufgabe immer weiter. Sie brechen sie quasi herunter in detaillierte Arbeitspakete. Nur Mut beim Brainstorming! Wenn mal einer Ihrer Gedanken korrigiert werden muss, nicht verzagen: Irren ist menschlich!

Projektstrukturplan

Der Projektstrukturplan (PSP) wurde ursprünglich in den 60er Jahren entwickelt. Schon bald war er die Grundlage sämtlicher Planungs- und Kontrollsysteme. Bis heute ist er eines der wichtigsten Werkzeuge im Projektmanagement. Er dient zur Feststellung des konkreten und messbaren Arbeitsinhalts. Mit diesem Plan unterteilt man den gesamten Arbeitsumfang in handhabbare Arbeitspakete, die geschätzt, geplant, gesteuert, einer für die Umsetzung verantwortlichen Person oder Abteilung übertragen und kontrolliert werden können.

(Quelle: Burke. Projektmanagement; Planungs- und Kontrolltechniken)

Nach DIN 69901-5: 2009-01 ist die Projektstruktur die „Gesamtheit aller Elemente (Teilprojekte, Arbeitspakete, Vorgänge) eines Projekts sowie der wesentlichen Beziehungen zwischen diesen Elementen". Projektstrukturpläne visualisieren logische Zusammenhänge.
Theoretikern gilt der Projektstrukturplan (PSP) als „die vollständige hierarchische Anordnung aller Elemente eines Projekts". Als Darstellungsform wird das Baumdiagramm mit grafischen Feldern gewählt, alternativ die Listendarstellung mit Nummerierung und eingerücktem Text. Logisch dem Baumdiagramm gleich, aber visuell anders findet sich zunehmend die Mind Map als Format für den Projektstrukturplan. (Quelle: Projekt-Magazin)

 Aufgaben des Projektstrukturplans:

- Definition des Projektziels bzw. Überprüfung der Zieldefinition
- Vorgabe einer Struktur für möglichst alle Projektaufgaben
- Nahezu vollständige Darstellung des Projektgegenstands
- Bestimmung der zum Projekt gehörenden Arbeitspakete
- Ordnen der Arbeitspakete in geeigneter Systematik
- Schaffung von Transparenz für die Projektbeteiligten
- Aufstellen der Gliederung für die Projektdokumente

"HOBER-Spedition 50 Jahre"

1 HOBER-Spendenaktion "Kinder fahren für Kinder"
1.1 Prominente Schirmherren
1.1.1 Landrat
1.1.2 ADAC
1.1.3 Kinderbund
1.2 Empfänger Waisenhaus
1.3 Kinder
1.3.1 Kundenkinder
1.3.2 Nachbarkinder
1.3.3 Mitarbeiterkinder
1.4 Werbung für Aktionstage
1.5 Fahrttermine
1.6 Presseeinladungen
1.7 Scheckübergabe H. Hober jun.

2 Jubiläums-Kundenabend
2.1 Einladungsverteiler
2.2 Ehrengäste/Redner
2.3 Unterhaltungsprogramm
2.4 Festareal mit LKW
2.5 Bewirtung Essen/Trinken
2.6 Informationsmaterial
2.7 Hotelübernachtungen
2.8 Spendenaufruf
2.9 Gästefotos

3 Internet
3.1 Aktualisierung Homepage
3.2 Jubiläumsseiten
3.3 Aktionsseiten

4 HOBER-Firmenbroschüre
4.1 Texte
4.1.1 Vorwort H. Hober sen.
4.1.2 Kundenstimmen
4.1.3 Kinderaktion
4.2 Fotos (1. LKW / Flotte)
4.3 Fahrrouten, Illustrationen
4.4 Grafik/ Layout
4.5 Druck/ Auflage
4.6 Verteilung/Versand

5 Pressearbeit
5.1 Fachaufsatz "Logistik heute"
5.2 Lokalpresse Spendenaktion
5.3 Interview H. Hober jun. zu Toll-Collect

6 Jubiläums-Messestand
6.1 Haus + Wohnen
6.2 Transport Logistic

7 Belegschaftsfest
7.1 Lagerhalle
7.2 Tische / Bänke
7.3 Bewirtung
7.4 Ansprache
7.5 Musikband
7.6 Zauberer
7.7 Tanz

Bild 5.5: Projektstruktur eines Firmenjubiläums als Listendarstellung

Die Erstellung eines für alle verbindlichen Projektstrukturplans zu Anfang des Projekts dient somit der Effizienzsteigerung bei Planung, Durchführung und Abschluss des Projekts, da alle Elemente (Vorgänge, Ressourcen, Risiken, Berichte, Kosten, Ergebnisse usw.) in die gleiche Systematik eingeordnet werden. Zu diesem Zweck erhalten die Elemente des Projektstrukturplans eindeutige Bezeichnungen den so genannten Projektstrukturplan-Code (PSP-Code).

Projektstrukturplan

Der Projektstrukturplan wird gemäß DIN 69901 in Form eines Baumdiagramms dargestellt. Auch für alle anderen Arten von Strukturen eignet sich das hierarchische Baumdiagramm. Üblich sind Strukturpläne des Projekts, der Ressourcen, der Kosten, der Unternehmens- und der Projektorganisation.

Für die Darstellung im Baumdiagramm gelten als Regeln:
- Es gibt genau einen Startknoten.
- Der Startknoten liegt in der obersten Strukturebene.
- Jeder Knoten kann sich zu beliebigen Knoten in die unter ihm liegende Ebene verzweigen.
- Die Strukturebenen überschneiden sich nicht und haben keine gemeinsamen Knoten.
- Jeder Knoten hat zu einem Knoten aus der über ihm liegenden Ebene eine Verbindung.

Das Baumdiagramm erlaubt eine klare und schnelle Orientierung, insbesondere für Entscheidungsstrukturen und Systematiken. Die hierarchische Sichtweise ist jedoch für die Darstellung komplexer Systeme mit netzartigen Zusammenhängen nicht geeignet. Eine Sonderform ist die MindMap, die auch Querverbindungen als Assoziationen zulässt.

(Quelle: Projekt-Magazin)

In der Strukturierungsphase wird auch spürbar, ob eine Aufteilung in Teilprojekte notwendig wird. Und ob man dementsprechend Subteams bilden muss. Übrigens: Der Projektstrukturplan muss grundsätzlich im Projekthandbuch dokumentiert sein.

Bei einem kleineren Projekt können Sie den Projektstrukturplan als grobe Übersicht erstellen – z.B. komfortabel mit PowerPoint von Microsoft. Bei einem mittelgroßen Projekt gehen Sie weiter, brechen detailliert herunter – z.B. mit Excel grafisch dargestellt. Wenn auch bei Puristen des Projektmanagements verpönt, ist doch die MindMap gerade bei Mittelständlern für die interne und externer Darstellung anschaulicher. Macht Ihrem Team garantiert Freude.

5.1.1 Strukturplan locker mit MindMap erstellen

Eine beliebte Kreativitätsmethode zur strukturierten Ideensammlung ist das „Mindmapping". Charakteristisch ist eine Visualisierung von Assoziations-

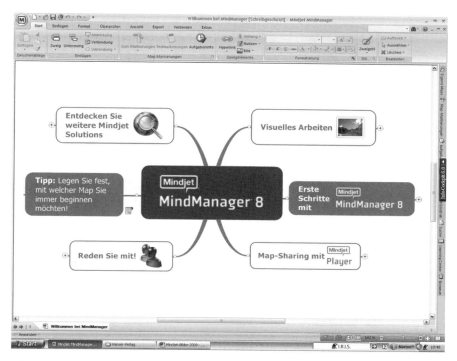

Bild 5.6: Basismaske von MindManager (Quelle: Mindjet LLC)

ketten in Form neuronaler Strukturen, ausgehend von einem Zentrum. Im Prinzip so, wie der Lehrer den Schülern die Aufgabe stellt, das Elternhaus in die Mitte des Papierblattes zu malen und drum herum aufzuzeichnen, wer und was alles dazugehört. Das Instrument kommt einem also sehr vertraut vor. Sowohl Einzelpersonen als auch Gruppen können es nutzen. Für Projektteams eignet es sich gut, sobald die gestalterisch-technische Umsetzung locker von der Hand geht und nicht von der eigentlichen Aufgabe der Ideenfindung und Strukturierung ablenkt.
Unter dem eingetragenen Warenzeichen „MindManager" geht die Programmsoftware längst über die reine Strukturierung hinaus – bis zum Komplett-Tool für einfache Projekte.
Der Softwareanbieter selbst, die Firma Mindjet LLC, schreibt: „Bei MindManager handelt es sich um ein Software-Tool, von dem das visuelle Denken (Visual Thinking) mit Hilfe „gehirnfreundlicher" Funktionen forciert

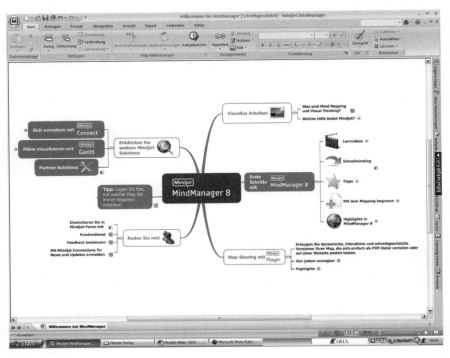

Bild 5.7: Wie man mit MindMaps umgeht (Quelle: Mindjet LLC)

und damit die Entwicklung und Vermittlung von Ideen auf natürliche Art und Weise unterstützt wird. Bei Verwendung von MindManager wandeln Sie Ihre Ideen in so genannte MindMaps um. Bei diesen ... handelt es sich um grafische Abbilder Ihrer Gedankenwelt." (Quelle: Mindjet LLC)

> MindManager hat eine Vielzahl von Funktionen und Einsatzmöglichkeiten. Es kann natürlich eine Zeit dauern, beim Einsatz in einem Spezialgebiet Erfahrungen zu sammeln. Wenn der Ausgangspunkt eines umfangreichen neuen Projekts eine leere Seite bildet, ist es mitunter schwierig, zu entscheiden, wo man beginnen soll und in welche Richtung sich die Dinge entwickeln sollen. Häufig hilft es dabei, sich anzuschauen, wie ein anderer Nutzer einen vergleichbaren Sachverhalt in Angriff genommen hat. Dieser Ansatz lässt sich dann vielleicht auf die eigene Situation übertragen.

(Quelle: Mindjet LLC: MindManager-Hilfe)

Der Anbieter Mindjet LLC gibt für das Anlegen einer MindMap klare Richtlinien. Einige davon werden von MindManager automatisch berücksichtigt. Nach einer kurzen Eingewöhnungszeit findet man sich meist schnell zurecht. Einige Beispiele:

5.1 Lösen Sie die dunkle Wolke gedanklich auf

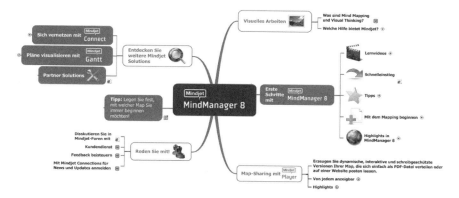

Bild 5.8: MindMap in eine PDF-Datei exportieren. (Quelle: Mindjet LLC)

 Checkliste der MindManager-Richtlinien:

- Beginnen Sie im Zentrum (Maps öffnen standardmäßig im Zentrum)!
- Wählen Sie Schlüsselbegriffe und Schriftarten!
- Arbeiten Sie mit Bildern, Symbolen, Codes und Dimensionen!
- Setzen Sie jedes Wort oder Bild auf eine eigene Zeile!
- Verbinden Sie die Linien, von den zentralen Bildern aus beginnend. Zentrale Linien sind stärker, haben eine organische Form und sind frei beweglich. Mit wachsender Entfernung vom Zentrum werden sie dünner.
- Geben Sie den Linien dieselbe Länge wie dem jeweiligen Wort/Bild!
- Arbeiten Sie nach eigenem Muster mit Farben!
- Entwickeln Sie Ihren persönlichen Mindmapping-Stil!
- Heben Sie wichtige Elemente hervor, machen Sie Abhängigkeiten deutlich!
- Halten Sie die Mind Map übersichtlich, indem Sie mit strahlenförmiger Hierarchie, numerischer Reihenfolge oder Gliederungen zum Einschließen der Zweige arbeiten!

(Quelle: Mindjet LLC: MindManager-Hilfe)

94   5 Projektplanung: Kommen Sie mit wenigen Instrumenten und Computerhilfe aus

Bild 5.9: Die Projektbezeichnung steht im Zentrum

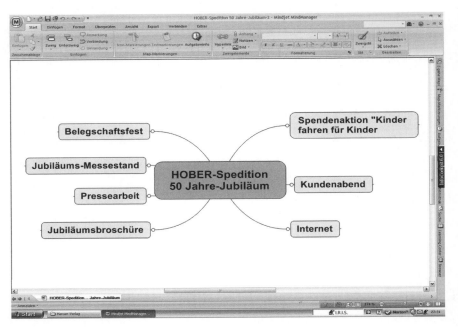

Bild 5.10: Um das Zentrum gliedern sich die Hauptaufgaben des Projekts

5.1 Lösen Sie die dunkle Wolke gedanklich auf

Das Programm entspricht zwar nicht den DIN-Standards für Projektmanagement und ist auch unter Puristen verpönt, eignet sich aber durchaus zur Erstellung eines anschaulichen Strukturplans. Die lebhafte Symbolik gefällt vor allem jüngeren Projektteilnehmern. Ob sie auch Ihrem Chef gefällt, müssen Sie im Einzelfall probieren. Ein Vorteil ist auf jeden Fall, dass Mind-Manager-Dateien in PowerPoint von Microsoft rübergeladen werden können. Das gestaltet Projektpräsentationen locker. Wie das Beispiel der Phasendarstellung zeigt, proklamiert die Anbieterfirma selbst MindManager als kreative Alternative für eine Projektmanagementanwendung.

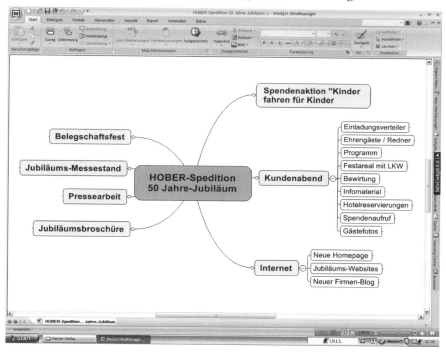

Bild 5.11: Die Hauptaufgaben werden schrittweise in Aufgaben untergliedert

Projekte wie beispielsweise ein Hausbau oder Renovierungsvorhaben lassen sich mit MindManager übersichtlich strukturieren. Durch seine freundliche Anmutung eignet sich das Programm für Generalbauunternehmer, die dem privaten Bauherrn und seiner Familie anschaulich zeigen wollen, was alles zu tun ist. Geeignete Felder sind auch Projekte wie die Einrichtung einer Lehrwerkstatt, die Eröffnung eines Szene-Cafés, ein Verkaufsförderungswettbewerb oder ein Firmenjubiläum.

Arbeiten Sie mit MindManager besonders dann, wenn Sie ein Projekt mit wenigen Hauptaufgaben; daraus abgeleitet den Aufgaben und ein paar mehr Unteraufgaben präsentieren wollen. Die sympathische Visualisierung trägt zu einer freundlichen Atmosphäre bei.

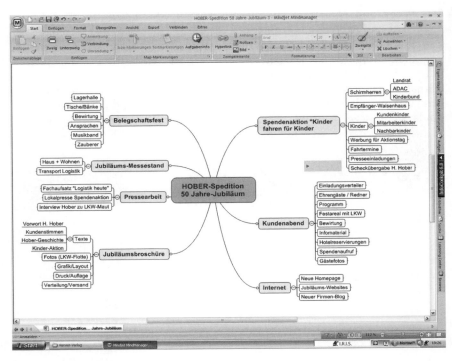

Bild 5.12: Die Aufgaben werden weiter detailliert

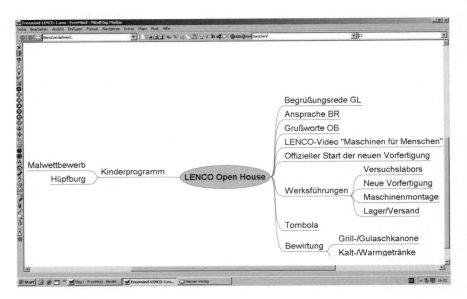

Bild 5.13: MindMap eines Event-Projekts mit Freemind

Eine kostenlose Alternative ist die Software „Freemind", die man sich als Freeware aus dem Internet herunterladen kann. Sie leistet zwar einiges weniger als das entgeltpflichtige MindManager-Programm, bietet aber dessen Grundfunktion. Die Handhabung ist recht einfach. Mit Datei „Neu" starten Sie das Projekt, mit dem Einfügen von Unterknoten bzw. Geschwisterknoten stellen Sie Hauptaufgaben, Aufgaben und Unteraufgaben dar. So gestalten Sie rasch eine MindMap.

5.1.2 Strukturplan rasch mit PowerPoint erstellen

„Microsoft Office Small Business ist die Lösung für selbständige Unternehmer und kleine bis mittelständische Unternehmen. Gewohnte und einfach zu benutzende Programme unterstützen Sie bei der Verwaltung Ihrer Kundendaten und Geschäftsabläufe, beim Gestalten von professionellen Verkaufs- und Marketingmaterialien, bieten Ihnen eine übersichtliche E-Mail-Konten-Verwaltung und gewährleisten effiziente und sicherere Kommunikationsabläufe." Weiter wirbt Microsoft auf seinen Internetseiten: „PowerPoint hilft Ihnen, professionelle Präsentationen zu erstellen. Mit Grafiken, Animationen und Multimedia-Effekten lassen sich Informationen ansprechend verpacken. So versteht selbst der unbedarfte Zuschauer Ihre Botschaft."
Für einen einfachen und sachlichen Strukturplan mit maximal drei- bis vierfacher Untergliederung eignet sich das PowerPoint-Programm des Office-Pakets perfekt. Wenn der Strukturplan komplexer gerät, sind mehrere hintereinander folgende Charts vonnöten. Als Präsentationssoftware ist PowerPoint so ausgelegt, dass ein Publikum von weitem Grafik und Schrift gut erkennen kann.
So gehen Sie vor: Klicken Sie auf das rote Icon von PowerPoint. Das Menü fragt: Neue Präsentation erstellen? Ja! Schon haben Sie Ihr erstes Blanko-Chart.
Nun unter dem Button „Grafik" die Variante „Organigramm" auswählen. Es erscheint ein farbiges Diagramm mit einer Unterebene. Mit einem Klick in jeweils eines der Kästchen können Sie dort hineinschreiben. Die Projektaufgabe in das zentrale oberste Kästchen, deren Hauptelemente eine Ebene darunter. Nun haben Sie die erste Strukturierung Ihres Projekts analytisch bewältigt. Aber es geht weiter: Die Hauptelemente müssen sicher noch gedanklich weiter runtergebrochen werden. Sie klicken auf „Hinzufügen von Unterabteilungen". Und schreiben die Detailaufgabe hinein. So kreieren Sie Schritt für Schritt, bis Sie auf der untersten Ebene zu konkreten Arbeitspaketen angelangt sind. Fertig ist Ihr einfaches Strukturplan-Chart.

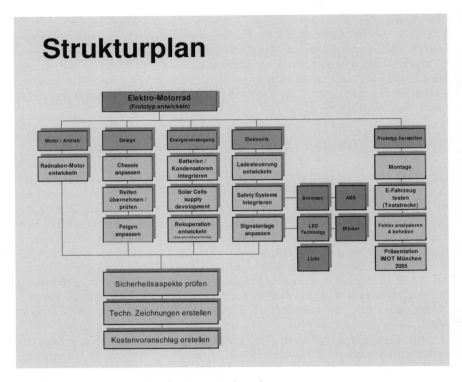

Bild 5.14: Präsentations-Chart für einen Strukturplan

Wenn Ihr Strukturplan ausführlicher oder vom Grundschema des Baumdiagramms abweichend sein soll, bietet Microsoft eine alternative Erstellungsmöglichkeit an:
„Im Lieferumfang von PowerPoint ist eine Reihe vorgefertigter Formen enthalten. Die können Sie drehen, kippen, einfärben und in der Größe ändern. Darüber hinaus ist es möglich, durch Kombination von Formen komplexere Formen zu erstellen (wie beispielsweise ein Baumdiagramm als Strukturplan). Viele Formen verfügen über einen Korrektur-Ziehpunkt, mit dem Sie charakteristische Eigenschaften einer Form, z.B. die Größe eines Rechtecks oder die Ausrichtung einer Verbindungslinie, bearbeiten können. Das Menü ‚AutoFormen auf der Symbolleiste Zeichnen' enthält mehrere Kategorien mit Formen, unter anderem Linien und Rechtecke."
Sie bestimmen also Form, Größe, Rahmen und Farbe der Kästchen selbst, ebenso die Typen, Stärken, Größen und Farben der Schrift innerhalb der Kästchen. Durch Ziehen der vertikalen und horizontalen Verbindungslinien entsteht ihr Strukturplan als klassisches Baumdiagramm. Bei Bedarf können Sie die Ebenen auch variieren.

Tipps von Microsoft:

- Um ein Rechteck zu zeichnen, klicken Sie auf der „Zeichnen"-Symbolleiste auf „Rechteck" und dann auf das Dokument.
- Um dem Rechteck Farben, Schatten oder 3-D-Effekte hinzuzufügen, die Rahmenlinien zu ändern oder zu drehen, markieren Sie das Objekt, und verwenden Sie dann die Schaltflächen auf der „Zeichnen"-Symbolleiste.
- Um eine Verbindung zu zeichnen, klicken Sie auf der Symbolleiste „Zeichnen" auf „Verbindungen", und wählen Sie die gewünschte Linie aus.
- Zeigen Sie auf die Stelle, an der die Verbindung beginnen soll.
- Verbindungspunkte werden als blaue Quadrate angezeigt.
- Klicken Sie auf den ersten gewünschten Verbindungspunkt, zeigen Sie mit dem Mauszeiger auf das andere Objekt und klicken Sie dann auf den zweiten Verbindungspunkt.
- Belegte oder angehängte Verbindungen werden als rote Quadrate, freie Verbindungen als grüne Quadrate angezeigt.
- Wenn Sie eine Verbindungslinie verschieben möchten, ziehen Sie eines ihrer beiden Enden und verbinden es mit einer anderen Site oder einem anderen Objekt.
- Um die automatische Sperre des Endes aufzuheben, halten Sie die „ALT"-Taste gedrückt, während Sie das Ende ziehen. Sie können das Ende an einer beliebigen Stelle des Objekts positionieren. Dabei wird jedoch keine Verbindung hergestellt.
- Um die gesamte Verbindungslinie zu lösen, ziehen Sie die Mitte der Linie.

(Quelle: Microsoft: MS Office 2003, PowerPoint)

5.1.3 Strukturplan visualisieren mit Visio

Visio ist Bestandteil des Microsoft Office System und eignet sich zur Darstellung komplexer Ideen. Selbst umfangreiche Geschäftsprozesse lassen sich steuern, interpretieren und verbessern. Anschauliche Bildsprache erleichtert die Vermittlung von Informationen ungemein. Mit dieser Software erstellen Sie eine Vielzahl von Diagrammen für betriebswirtschaftliche oder technische Anwendungen. Microsoft Office Visio ist in zwei Editionen verfügbar. Visio Standard ermöglicht Benutzern die Visualisierung, Dokumentation, Vermittlung und den Austausch von Ideen, z.B. mit Hilfe von aussagekräftigen Flussdiagrammen, Organigrammen, Büroplänen und mehr. Visio Professional bietet Spezialisten, Ingenieuren und Entwicklern aus der Informationstechnologie zusätzlich die umfassendsten Diagrammerstellungs- und Zeichentools zur Erstellung und gemeinsamen Nutzung von Informationen. Spezielle Funktionen helfen, schnell Diagramme für die unterschiedlichsten geschäftlichen oder technischen Herausforderungen zu erstellen. Fertige Shapes (Symbole) lassen sich dabei einfach per Drag & Drop in Diagramme integrieren. Die fertigen Diagramme eignen sich hervorragend für Präsentationen." (Quelle: Microsoft-Homepage)

100   5 Projektplanung: Kommen Sie mit wenigen Instrumenten und Computerhilfe aus

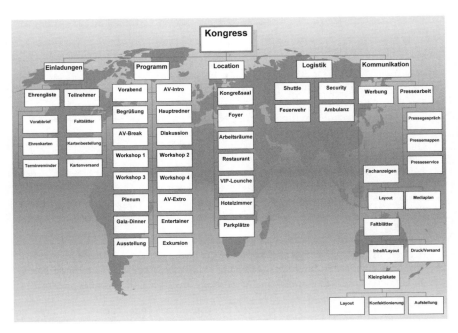

Bild 5.15: Strukturplan für einen Kongress

Visio hat eine lange Geschichte. Mit den Jahren wurde das Programm systematisch weiterentwickelt. Aktuell präsentiert es sich als ein praktischer Multiproblemlöser. Wenn Sie damit einen Strukturplan erstellen wollen, gehen Sie folgendermaßen vor:
Klicken Sie auf das blaue Icon. „Zeichnungstyp auswählen" mit verschiedensten Kategorien erscheint. Klicken Sie auf „Organigramm", dann auf eine der beiden erscheinenden Vorlagen „Organigramm" oder „Organigramm-Assistent". Nun bekommen Sie eine reichhaltige Auswahl von Symbolen präsentiert, unterteilt in drei Rubriken: „Ränder und Titel", „Hintergründe" und „Organigramm-Shapes". Sobald Sie letztere Rubrik wählen, merken Sie an den Symbolbezeichnungen „Führung", „Manager", „Position", „Assistent" oder anderen, dass es sich um ein Programm zur Erstellung von Organisationsdiagrammen handelt. Jetzt nicht müde werden, Projektstrukturpläne klappen mit Visio beinahe genauso gut.
Klicken Sie mit dem Cursor auf eines der Symbole, halten Sie die linke Maustaste gedrückt und ziehen es einfach auf das Zeichenblatt. Loslassen, schon ist das Symbol an seinem Platz. Falls nicht optimal, können Sie es drehen, hin und her, rauf und runter schieben, bis es passt. Die nächste Ebene des Strukturplans erhalten Sie, indem Sie die passenden Symbole anklicken und mit der Maus auf das Kästchen darüber ziehen, dann die linke Maustaste loslassen. Automatisch erscheint nun das neue Kästchen unter dem hierarchisch höheren Kästchen, dazwischen bildet sich eine

Verbindungslinie. Statt einzelner Kästen können Sie mit „Drag & Drop" auch gleich mehrere zugleich in Ihre Zeichnung einfügen. So gestalten Sie den Aufbau des Strukturplans von den Hauptphasen weiter bis zu den Arbeitspaketen.

Zur Kennzeichnung der Kästchen machen Sie jeweils darauf einen Doppelklick, schon können Sie reinschreiben. Schriftarten, -farben und -größen sind variierbar. Eventuell zusammengehörenden Zweigen des Strukturplans geben Sie mit einem extra angebotenen Symbol einen gestrichelten Rahmen. Auch für die Beschriftung des Charts als Ganzes stehen spezielle Shapes zur Verfügung, ist also kein Problem.

Mit der Rubrik „Hintergründe" können Sie für Ihren Strukturplan den passenden Hintergrund auswählen, verschieden einfärben und seinen Helligkeitsgrad festlegen. Probieren Sie es einfach aus!

5.1.4 Strukturplan detailliert mit Excel erstellen

„Vom reinen Kalkulationsprogramm hat sich Excel zur leistungsfähigen Anwendung gemausert, die Ihnen hilft, Unternehmensdaten unter den verschiedensten Gesichtspunkten zu betrachten. Während Sie über den Analyseansatz nachdenken, holt Excel schon die Daten per XML aus verschiedenen Datenbanken auf Ihr Arbeitsblatt. Excel ist eine der Grundlagen funktionierender Unternehmensprozesse." (Quelle: Microsoft-Homepage)

Das Programm eignet sich durch sein Matrixprinzip besonders zum Erstellen sehr komplexer Strukturpläne. Allerdings ist das etwas aufwendiger. So gehen Sie vor:

Auf das grüne Icon mit dem X klicken, es erscheint eine Microsoft Excel-Mappe mit ihrer typischen Netzgitterstruktur. Oben ungefähr mittig der Bildschirmmaske schreiben Sie in eine Zelle die Projektaufgabe, die es zu strukturieren gilt. Vermutlich reicht die Zellenfläche für den Arbeitstitel nicht. Dann können Sie die Schriftgröße verkleinern. Oder besser – Sie passen die Zellen dem Platzbedarf an.

Klicken Sie dazu auf „Format". Sie sehen unter anderem „Zelle", „Zeile", „Spalte". Nach einem Klick auf „Zeile" und dann auf „Höhe" können Sie entweder die Zeilenhöhe selbst eingeben und mit „OK" bestätigen. Oder Sie entscheiden sich für „Optimale Höhe" und das Programm passt die Zeilenhöhe automatisch Ihrer Schriftgröße an. Entsprechend gehen Sie zur Festlegung der Spaltenbreite vor. Sie gehen mit dem Cursor auf „Spalte", klicken dann auf „Breite". Nun können Sie entweder ihr Wunschmaß selbst eingeben und mit „OK" bestätigen oder aber sich für „Optimale Breite" entscheiden. Damit haben Sie nun die erste Zelle formatiert, aber auch die gesamte zugehörige Zeile und die entsprechende Spalte. Wenn Sie nun unter „Format" auf „Zelle" klicken, erscheint „Zellen formatieren". Nach dem Klick auf „Ausrichtung" bestimmen Sie durch Aufziehen der Fenster „Horizontal" und „Vertikal" die Position Ihrer Schrift in der Zelle, üblich ist „Zentriert". Gehen Sie nun zwei, drei Zeilen unter Ihre erste Zelle und

schreiben Sie mit großen Abständen nebeneinander die erste Gliederungsebene Ihrer Struktur. Ziehen Sie aber noch keine Verbindungslinien, das ist erst später sinnvoll.
Zur Formatierung der Zellen können Sie wieder, wie beschrieben, vorgehen. Wenn diese erste Unterteilung gedanklich und grafisch erstellt ist, geht es wiederum zwei, drei Zeilen darunter an die nächste Strukturierungsebene. Das Vorgehen ist entsprechend. Dann kommen die nächsten Unterteilungsebenen, nach den Hauptelementen Ihres Projekts dann die daraus abzuleitenden Phasen, irgendwann dann die konkreten Arbeitspakete.
Schritt für Schritt wird Ihre Excel-Tabelle immer größer, vor allem wesentlich breiter. Am Ende soll ja schließlich auch ein Baumdiagramm entstehen. Vergessen Sie übrigens nicht, zwischendurch mal zu speichern. Und noch ein Tipp:
Sie können entweder – wie dargestellt – jede beschriftete Zelle mühsam einzeln auf die passende Größe formatieren oder sich von vornherein diese Aufgabe wesentlich leichter machen. Dazu setzen Sie, nachdem Sie den Projekttitel in eine normale mittige Zelle hineingeschrieben haben, den Cursor auf die erste Zelle links oben, drücken auf die linke Maustaste, halten diese gedrückt und ziehen mit der Maus nach rechts und unten quasi ein Markierungsfeld über die gesamte voraussichtlich benötigte Fläche. Wenn Sie nun – wie beschrieben – Zeilenhöhe, Spaltenbreite und Zellenausrichtung formatieren, gelten Ihre Einstellungen für die ganze markierte Fläche und für Ihr darin entstehendes Strukturbaumdiagramm komplett. Achtung: Speichern nicht vergessen!
Die beschrifteten Zellen können Sie in einem nächsten Schritt mit Rahmen versehen oder mit Farbe ausfüllen. Dazu klicken Sie auf eine davon, dann unter „Format" auf „Zellen". Im Fenster „Zellen formatieren" wählen Sie „Rahmen". Hier können Sie sich jetzt Art und Stärke des Rahmens aussuchen, dann mit „OK" bestätigen. Unter „Schrift" bekommen Sie diverse Schriftarten und Schriftgrößen angeboten – die Schriftfarbe lässt sich natürlich auch variieren. Und unter „Muster" finden Sie die Wunschfarbe für das Ausfüllen des Kästchens. „OK" und dann am besten speichern. Entweder klicken Sie die beschrifteten Zellen einzeln an und versehen sie durch Klick auf die entsprechenden Symbole mit Rahmen und Füllfarbe – empfohlen, wenn die Strukturkästen verschieden aussehen sollen. Oder Sie ziehen wieder ein Markierungsfeld über das Ganze und formatieren so Schriften, Rahmen und Farben aller Kästchen gleich.
Um die fertigen Kästchen zu einem Strukturdiagramm zu verbinden, drücken Sie auf die Schaltfläche „Linie", gehen mit dem nun kreuzartigen Cursor auf Ihr Bild, setzen unten mittig beim obersten Kasten an und ziehen gerade zum Kasten eine Gliederungsebene tiefer. Genauso gestalten Sie auch Querverbindungen oder Abzweigungen. Bei Bedarf können Sie durch Variieren von Linienart, Linienstärke und Linienfarbe unterschiedliche Strukturbeziehungen ausdrücken. Falls Sie es plastisch mögen, verleihen Sie den Kästchen gern Schatten oder dreidimensionale Anmutung. Ihr Diagramm

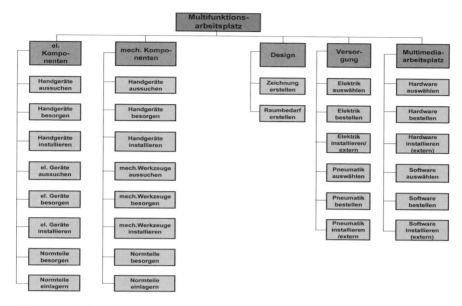

Bild 5.16: Strukturplan eines Maschinenbauprojektes

nimmt Gestalt an. Jetzt stört Sie vermutlich nur noch das obligatorische Excel-Gitternetz. Auch kein Problem: Unter „Extras" auf „Optionen" klicken, dann auf „Ansicht". Das Häkchen aus „Gitternetzlinien" entfernen, „OK" drücken. Ihr Strukturplan auf nunmehr neutralem Hintergrund ist perfekt erstellt.

5.2 Zur Zeitplanung reichen oft einfache Übersichten

Nach der Projektstrukturierung planen Sie einen realistischen Zeitablauf. Das Projekt als Ganzes, Hauptphasen, Meilensteine und Arbeitspakete müssen mit Start- und Endterminen versehen werden. Die zeitliche Anordnung ist abhängig von der Dauer der Arbeitspakete und ihrer Beziehung untereinander, von Zeitpuffern, von der Verfügbarkeit personeller Kapazitäten und Finanzmittel und von vorgegebenen Randbedingungen. Die Terminplanung wird möglichst mit der Ressourcen- und Kostenplanung kombiniert. Grundsätzlich können Sie die Terminplanung mit Hilfe einer Vorwärts- oder Rückwärtsrechnung vornehmen.

Die Vorwärtsrechnung liefert die früheste mögliche zeitliche Lage der Vorgänge ab Projektstart. Die Rückwärtsrechnung ermittelt die spätestmöglichen Lagen vom feststehenden Projektendzeitpunkt aus. Etwaige Differenzen zwischen frühesten und spätesten Lagen können zeitliche Puffer für Terminverschiebungen ergeben.

Kleine Projekte mit wenigen gut kalkulierbaren Arbeitspaketen lassen sich zeitlich einfach planen, oft genügen simple Übersichten.

Status- und Terminplan (26.05.03)
VIEGA ROADSHOW OST 2003

Pos	Projektbaustein	Status/nächste Maßnahmen	verantwortlich	erledigt bis	erl.
1	Auftragsvergabe	1. Angebot liegt vor.	TK		√
		2. Entscheidung Location-unabhängig	Viega	23.KW	
		3. Auftrag an TK	Viega	24.KW	
		4. Buchungen: Technik, Künstler, Personal und Transport.	TK	24. KW	
		5. Hotelreservierungen: -Crew - Viega-Mannschaft	TK	24.KW	
2	Location	1. Location-Pre-Tour	TK	24.KW	
		2. Mieten und Leistungen verhandelt	TK	24.KW	
		3. Verträge liegen vor. Freigabe	Viega	25.KW	
		4. Grundrissplanung pro Location	TK/Dialog	26.KW	
3	Einladungen	1. Auf Basis der bisherigen Einladungen werden, die Einladungen hinsichtlich Termine und Locations überarbeitet: - Bildmaterial und Anfahrtskizzen an Grafiker - PDF_Datei zur Freigabe an Viega - Druckdateien an Viega	 TK TK TK	 25.KW 25.KW 26.KW	
		2. Druck und Versand der Einladungen	Viega	28.KW	
		3. Druck Versand Erinnerung	Viega	31.KW	
		4. Druck Versand Eintrittskarten	Viega	34.KW	

Bild 5.17: Status- und Terminplan für Viega Roadshow (Quelle: TechnoKom)

Bei mittelgroßen Projekten empfiehlt sich bereits der Einsatz einfacher Software. Die Terminplanung großer Projekte mit vielen zahlreichen voneinander abhängigen oder parallel laufenden Arbeitspaketen erfordert den Einsatz von professioneller Software. Leistungsfähige Programme sind auch zur kapazitätsbezogenen Terminplanung in der Lage. Die Anzahl der Ressourcen geht in die Berechnung mit ein. Ergebnis der Terminplanung vor Beginn des Projekts ist der Basisplan. Theoretisch beschreibt er den idealen Projektverlauf zum Zeitpunkt der Planung. Bei Vertragsprojekten mit verbindlichen Terminen werden Teile des Basisplans (z.B. Endtermin, Meilensteine oder Hauptphasen) als Vertragsterminplan festgeschrieben und zum Vertragsbestandteil.

Die Terminplanung liefert die Grunddaten für das terminbezogene Controlling (z.B. durch Soll-Ist-Stichtagsvergleiche oder Meilensteintrendanalyse). Während der Projektdurchführung werden meist Aktualisierungen der Zeitplanung erforderlich, da sich durch zu optimistische Kalkulation, mangelnde Disziplin der Beteiligten, eintretende Risiken oder höhere Gewalt zeitliche Verschiebungen ergeben.

5.2 Zur Zeitplanung reichen oft einfache Übersichten

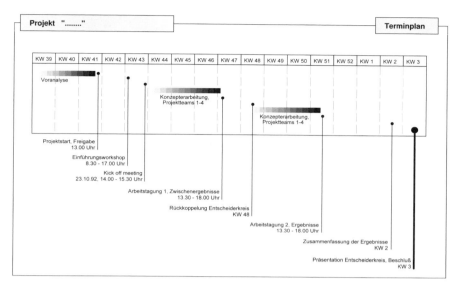

Bild 5.18: Phasenplan (Quelle: Boy. Projektmanagement)

Ein Ablaufplan ist die Dokumentation der logischen und zeitlichen Planung des Projektablaufes. Er kann im einfachsten Fall aus den Einträgen der Terminkalender der Projektbeteiligten bestehen, im aufwendigsten Fall in einem vollständigen Netzplan. Die gängigste Form des Ablaufplans ist das Balkendiagramm, nach dem amerikanischen Schiffsbauer Henry Gantt (1861–1919) auch Gantt-Chart genannt.
Das Gantt-Diagramm hat eine x-Achse und eine y-Achse. In der oberen Zeile ist die Zeit unterteilt, üblicherweise in Kalendertagen oder Kalenderwochen. Aber auch Stunden, Monate oder Jahre sind als Skalierung möglich. In der linken Spalte stehen die Vorgänge bzw. Arbeitspakete untereinander aufgeschrieben. Die zeitliche Planung für jeden Vorgang wird durch einen waagerechten Balken dargestellt, der vom Anfangszeitpunkt des Vorgangs bis zu seinem Endzeitpunkt reicht. Die Länge des Balkens zu jedem Vorgang entspricht also proportional seiner geschätzten Dauer. Darüber hinaus benutzte Gantt sein Balkendiagramm, um den tatsächlichen Fortschritt zu überwachen, indem er parallel zur ersten eine zweite Linie zog, um die Vorgänge zu markieren, die erledigt waren. Die relative Position der Fortschrittslinie zur geplanten Linie gab an, welcher Anteil des Vorgangs bereits erledigt war und welcher Zeitraum noch verblieb. Gleichzeitig gab die relative Position der Fortschrittslinie zur Datumslinie Auskunft darüber, wie sich der tatsächliche Fortschritt zum geplanten Fortschritt verhielt.
Das Gantt-Balkendiagramm hat sich bewährt und gilt heute als effektivste Methode zur Darstellung von Planungsinformationen. Die meisten Menschen zeichnen es leicht und verstehen es gut. Für Projektmanagementsoftware wie Microsoft Project ist daher das Gantt-Chart standardmäßiges

106 5 Projektplanung: Kommen Sie mit wenigen Instrumenten und Computerhilfe aus

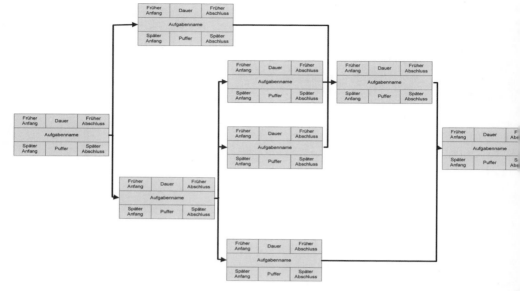

Bild 5.19: Muster eines Netzplans

Startbild. Elemente des Ablaufplans sind Vorgänge, Ereignisse und ihre wechselseitigen Anordnungsbeziehungen. Viele Projektmanager planen lieber mit Balkendiagrammen als mit Netzplänen.

Netzpläne sind nämlich deutlich komplizierter. Um die gängigste Variante, einen PERT-Plan zu erstellen, ist erheblich mehr Aufwand erforderlich. Spätestens seit Ende der 1950er Jahre jedoch gelten Netzpläne für große Projekte als obligatorisch.

 Praxisbeispiel:

TECHNOKOM: Viega tourt per Roadshow zum Kunden

Das Familienunternehmen Viega GmbH aus dem sauerländischen Attendorn wollte sich nicht nur auf die „Internationale Messe Sanitär-Heizung-Klima" (ISH) verlassen. Schließlich findet diese große Branchenmesse nur alle zwei Jahre statt und die Besucherzahlen aus dem Inland waren angesichts schwacher Konjunktur rückläufig. Vor diesem Hintergrund kamen Marketing und Vertrieb den wichtigen Absatzmittlern entgegen – im wahrsten Sinne des Wortes. Der Hersteller von Sanitär- und Heizungssystemen beauftragte die mittelständische Messe- und Veranstaltungsagentur TECHNOKOM GmbH aus Wuppertal mit der Entwicklung und Durchführung regionaler Promotion-Events. Das Projekt mit dem Arbeitstitel „Viega Roadshow" war geboren. In mehreren Nachmesse-Präsentationen sollten die Fachkunden über die Neuheiten von Viega informiert werden. So wollte man die Marktposition festigen, dabei hohe Erinnerungswerte schaffen und ein kompetentes und sympathisches Firmenimage vermitteln. ▶

Das Agenturteam von TECHNOKOM entwickelte ein Konzept von regionalen Veranstaltungen jeweils mit Ausstellung, Fachinformation, Entertainment und Gästebewirtung in einem Raum auf einer Ebene, damit sich alle jeweils 400 bis 600 Teilnehmer angesprochen fühlten.

In einem engen Terminkorsett ging es im Mai 2003 in die Donau-Arena nach Regensburg, in die Bavaria-Filmstudios bei München, das Reithaus in Ludwigsburg, die Gartenhalle von Karlsruhe und die Frankenhalle in Nürnberg: „Viega Highlights 2003 on Tour". So eine Mammut-Tournee war nur mit eisernem Zeitmanagement zu schaffen.

Projektleiterin Gabriele Renery nutzte einfache Zeitübersichten, die von allen Beteiligten seitens Viega, bei TECHNOKOM als auch von unterbeauftragten Dienstleistern kontinuierlich verfolgt und leicht verstanden werden konnten:

„Planerischer Overkill wäre hier fehl am Platze gewesen, die Verantwortung für Teilaufgaben jedoch war eisernes Gesetz, die Zeitplanungen mussten strikt befolgt werden." Die Projektleiterin kontrollierte täglich die Arbeit, für jedes erledigte Arbeitspaket gab es ein Lob und ein Häkchen in der Planungsübersicht – nicht mehr und nicht weniger. Das galt auch für die minutiöse Tagesplanung einer solchen Veranstaltung. Hier wurden die Übersichten zu genauen Regieanweisungen für Begrüßungsredner, Referenten, Darstellungskünstler, Musiker, Gastronomen und Servicepersonal.

Am Ende der gelungenen Roadshow in Süddeutschland gab es ein Review mit Viega: 13.200 Adressaten waren eingeladen, insgesamt 1.880 Gäste kamen zu den ersten fünf Veranstaltungen. Auf Grund dieses Erfolges entschied die Viega Geschäftsleitung, die Roadshow fortzusetzen. Ab Herbst 2003 ging es auf Tour in das Estrel Convention-Center Berlin, nach Media-City Leipzig, in den Alten Schlachthof von Dresden. Krönender Abschluss der Roadshow wurde ein Abend in der Fischauktionshalle von Hamburg. Und stets waren es der Teamgeist und die Disziplin aller Beteiligten, die konsequent umgesetzte Zeitplanung an Hand einfacher Übersichten, die das Projekt erfolgreich machten.

Meilensteine und Gantt-Chart mit Visio

Einfache Terminpläne und Zeitübersichten helfen bei der täglichen Arbeit und dürfen als Organisationsinstrumente bei keinem Projekt fehlen. Mit dem Programm Visio von Microsoft erstellen Sie mühelos Zeitplanungshilfen, z.B. übersichtliche Meilensteinpläne und Gantt-Balkendiagramme. Die Erstellung von Kalendern mit Visio ist zu aufwendig, hier nimmt man besser gleich Outlook.

Sie klicken auf eine der Vorlagenkategorien und beginnen die Erstellung eines Diagramms durch Öffnen einer Vorlage. Sie enthält alle Formatvorlagen, Einstellungen und Tools, die zum Erstellen einer bestimmten Diagrammart erforderlich sind. Zugleich mit der Vorlage werden eine oder mehrere Schablonen seitlich des Zeichenblattes geöffnet. Die Schablonen enthalten gängige Symbole (Shapes), die Sie zum Erstellen des Diagramms benötigen. Wenn Sie beispielsweise eine Flussdiagrammvorlage öffnen, werden ein Zeichenblatt und Schablonen mit Flussdiagramm-Shapes geöffnet. Die Vorlage enthält weiterhin Tools zum Erstellen von Flussdiagrammen, z.B. ein Tool zur Nummerierung der Shapes sowie die entsprechenden Formatvorlagen,

108 5 Projektplanung: Kommen Sie mit wenigen Instrumenten und Computerhilfe aus

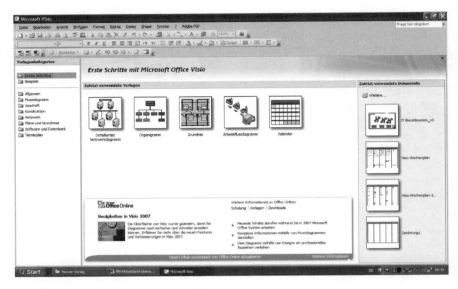

Bild 5.20: Startmenü von MS Visio 2007

beispielsweise Pfeilspitzen. Ähnlich ist es bei der Erstellung eines Meilensteinplans.

Die Kalendervorlage erstellt und formatiert Kalender für Tage, Wochen, Monate und Jahre. Sie fügt Ereignis-, Termin- und Kunst-Shapes als Anmerkungen zum Kalender hinzu. Gehen Sie am besten in folgenden Schritten vor: Klicken Sie auf die Kategorie „Projektpläne". Nach dem Öffnen der Vorlage „Kalender" ziehen Sie zunächst eines der Symbole für Tages-, Wochen- oder Monatskalender auf das Zeichenblatt – bei mehr Platzbedarf vergrößern Sie auf das ganze Blatt. Nun klicken und ziehen Sie die Shapes aus den Schablonen auf das Kalenderblatt, die Sie benötigen, um Ihr spezielles Diagramm zu erstellen: Symbole für Telefon- oder Besprechungstermine, für Auto-, Bahn- oder Flugzeugreisen, für Erinnerungen an wichtiges Berufliches oder Privates. Zugleich können Sie jeweils beschriften.

Die Shapes in den Schablonen wurden speziell für bestimmte Zeichnungstypen entwickelt. Manche sind nur grafische Symbole, viele aber sind „intelligent", sie verfügen über ein Verhalten, das im Kontext von Zeichnungen sinnvoll ist. Das wird auch bei der Vorlage „Zeitplan" deutlich. Sie enthält Shapes zum Erstellen von linearen Zeitplänen mit Meilensteinen und Intervallmarkern. Das Vorgehen ist identisch dem Vorgehen bei anderen grafischen Übersichten, Diagrammen und Planungshilfen mit Visio.

Klicken Sie die Kategorie „Projektplan" an. Öffnen Sie die Vorlage „Zeitplan", zugleich erscheinen die Schablonen „Hintergründe", „Ränder und Titel" sowie „Zeitplan-Shapes". Ziehen Sie aus letzterer Kategorie ein Zeitplan-Shape, z. B. einen Blockzeitplan oder zylindrischen Zeitplan, auf das Zeichenblatt. Geben Sie im Dialogfeld „Zeitplan konfigurieren" den Datums- und Uhrzeitbereich, die Skala und das Format an.

Tipps zur Zeitplankonfigurierung mit Visio:

- Geben Sie auf der Registerkarte „Zeitperiode" Anfangsdatum, Startzeit, Abschlussdatum und Abschlusszeit an. Wählen Sie die Zeitskala aus, die Sie verwenden möchten.
- Geben Sie auf der Registerkarte „Zeitformat" die Formatierungs- und Anzeigeoptionen für den Zeitplan an.
- In der Standardeinstellung ist das Kontrollkästchen „Daten bei Verschieben des Markers automatisch aktualisieren" aktiviert. Deaktivieren Sie es, wenn Datumsangaben und Uhrzeiten beim Verschieben von Marker-, Meilenstein- und Intervall-Shapes nicht automatisch aktualisiert werden sollen.
- Klicken Sie auf „OK".

(Quelle: Microsoft)

Wenn Sie nun einen Meilensteinplan erstellen wollen, machen Sie weiter wie folgt: Ziehen Sie aus „Zeitplan-Shapes" ein Meilensteinsymbol an eine beliebige Stelle auf dem Zeitplan. Geben Sie im Dialogfeld „Meilenstein konfigurieren" das Meilensteindatum und die Beschreibung ein, wählen Sie ein Datumsformat aus, und klicken Sie dann auf „OK". Ziehen Sie aus „Zeitplan-Shapes" ein Intervall-Shape an eine beliebige Stelle auf dem Zeitplan. Wählen Sie im Dialogfeld „Intervall konfigurieren" Anfangsdatum, Startzeit, Abschlussdatum und Abschlusszeit für das Intervall aus. Geben Sie die gewünschte Beschreibung ein, wählen Sie ein Format aus, und klicken Sie dann auf „OK". Wiederholen Sie diese Schritte für so viele Meilensteine bzw. Intervalle, wie Sie hinzufügen möchten.

Meilenstein

Ein Orientierungspunkt in einem Projekt, der ein wichtiges Ereignis markiert und Ihnen hilft, den Projektfortschritt zu überwachen. Jeder Vorgang mit einer Dauer von null wird automatisch als Meilenstein angezeigt; Sie können auch jeden anderen Vorgang mit jeder beliebigen Dauer als Meilenstein markieren.

(Quelle: Microsoft)

Wenn Sie jetzt feststellen, dass die Meilensteintermine noch korrigiert werden müssen, ist das auch kein Problem. Klicken Sie den Meilenstein an und ziehen Sie ihn mit der gedrückten linken Maustaste an seinen neuen Platz. Die Datumsangaben folgen den Korrekturbewegungen automatisch. Wenn die Beschriftung noch nicht optimal ist, klicken Sie auf das Schriftfeld, schreiben neu oder ergänzen das Geschriebene.

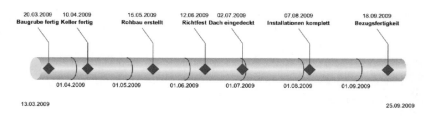

Bild 5.21: Muster eines Zeitplans mit Meilensteinen (Quelle: Microsoft)

Bei der Erstellung einer kompletten Zeitplanung mit Hilfe eines Gantt-Diagramms wird die Rechenfähigkeit der Visio-Elemente noch deutlicher. So wird es gemacht:
Klicken Sie in der Kategorie „Projektplan" die Vorlage „Gantt-Diagramm" an. Es erscheinen „Gantt-Diagramm-Shapes" und das Menü „Gantt-Diagrammoptionen". Geben Sie auf der Registerkarte „Datum" die Anzahl der Aufgaben ein, mit der Sie beginnen möchten, die anzuzeigenden Zeiteinheiten sowie den Datumsbereich für das Projekt. Sie können auch auf die Registerkarte „Format" klicken und dann die Optionen für die Darstellung der Taskleisten, Meilensteine und Sammelleisten auswählen. Übrigens: Sie können diese Formatoptionen jederzeit ändern.
Klicken Sie im Menü „Gantt-Diagramm" auf „Optionen" und dann auf die Registerkarte „Format". Ersetzen Sie die Standardnamen durch die Aufgabennamen für Ihr Projekt. Ersetzen Sie außerdem die Datumsangaben für Anfang, Abschluss und Dauer der Aufgaben. Klicken Sie in dem Gantt-Diagramm unter „Aufgabenname" auf die Zelle mit der Aufgabe, die umbenannt werden soll. Und geben Sie dann den Namen ein. Klicken Sie in dem Gantt-Diagramm auf die Zelle mit dem Datum, das geändert werden soll. Geben Sie dann das neue Datum ein.
Das Anfangsdatum kann außerdem geändert werden, indem die Taskleiste so gezogen wird, dass ihr linkes Ende an einem neuen Datum auf der Zeitskala bündig ausgerichtet ist. Klicken Sie in dem Gantt-Diagramm auf die Zelle, die die zu ändernde Dauer enthält, und geben Sie dann die neue Dauer ein. Verwenden Sie dabei die Abkürzungen „m" für Minuten, „h" für Stunden, „t" für Tage und „w" für Wochen. Eine Dauer kann auch geändert werden, indem Sie die Taskleiste auswählen und dann den Auswahlpunkt am rechten Ende der Taskleiste ziehen, bis dieser an einem neuen Abschlussdatum auf der Zeitskala bündig ausgerichtet ist.
Fügen Sie nun Ihrem Gantt-Diagramm weitere Aufgaben hinzu: Wählen Sie den Projektrahmen aus, indem Sie auf die durchgezogene Linie klicken, die das Gantt-Diagramm umgibt. Ziehen Sie den Auswahlpunkt an der unteren Mitte des Rahmens nach unten. Neue Aufgabenzeilen werden erstellt, um den Platz auszufüllen. Klicken Sie für eine neue Aufgabe auf die Zelle „Aufgabenname" und geben Sie dann den Aufgabennamen ein. Sie können die Aufgaben in einem Gantt-Diagramm neu anordnen, indem Sie Aufgabenzeilen im Rahmen ziehen.

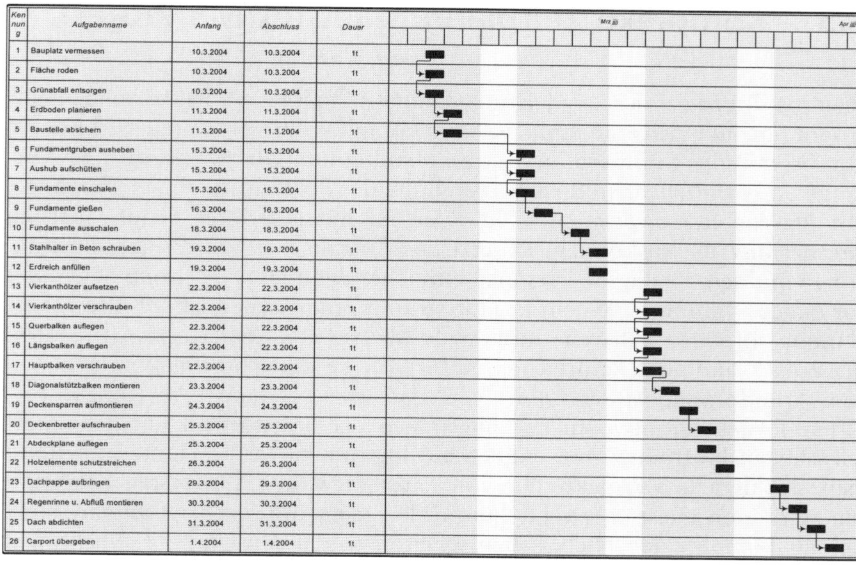

5.2 Zur Zeitplanung reichen oft einfache Übersichten 111

Bild 5.22: Zeitplan für ein Carport-Bauprojekt

Fügen Sie Ihrem Gantt-Diagramm bei Bedarf auch Meilensteine hinzu. Ziehen Sie aus „Gantt-Diagramm-Shapes" ein Meilensteinsymbol auf das Zeichenblatt, und positionieren Sie es zwischen die Aufgaben, die dem Meilenstein vorhergehen und folgen sollen. Geben Sie einen Namen und ein Datum für den Meilenstein ein. Nun wird der nächste Meilenstein in entsprechender Weise gesetzt usw.

Nächster Schritt: Zeichnen Sie die Abhängigkeiten zwischen Aufgaben im Gantt-Diagramm. Klicken Sie zuerst zur Auswahl auf die Symbolleiste oder den Meilenstein, von wo aus Sie die Verknüpfungen einrichten möchten, drücken Sie dann die Umschalttaste und klicken Sie zur Auswahl auf die abhängige Aufgabe oder den abhängigen Meilenstein. Klicken Sie mit der rechten Maustaste auf eines der Shapes und dann auf „Aufgaben verknüpfen".

Sie können Abhängigkeiten außerdem auf folgende Weise festlegen: Wählen Sie zwei Taskleisten (oder Aufgabenzellen) aus und klicken Sie dann auf der Symbolleiste „Gantt-Diagramm" auf die Schaltfläche „Aufgaben verknüpfen". Ziehen Sie den Kontrollpunkt am rechten Ende einer Taskleiste und kleben Sie ihn an einen Verbindungspunkt am linken Ende der nachfolgenden Taskleiste an. Ziehen Sie ein Verknüpfungsliniensymbol auf das Zeichenblatt und kleben Sie seine Enden an Verbindungspunkte auf zwei Taskleisten.

Schrittweise wird Ihr Gantt-Diagramm immer perfekter. Probieren Sie es selbst aus. Aber denken Sie daran: Visio ist als Programm zur grafischen Darstellung mit unterstützender Rechenleistung für überschaubare Projekte im Mittelstand geeignet: „Keep it small and simple!"

5.3 Komplexe Zeitplanung leistet MS Project

„Microsoft Project ist ein leistungsfähiges, flexibles Projektmanagementprogramm, mit dem Sie einfache und komplexe Projekte steuern können. Microsoft Project hilft bei der Terminplanung und Überwachung aller Vorgänge und ermöglicht so die Überwachung des Fortschritts dieser Vorgänge. Mit Microsoft Project Central, das Sie im Intranet Ihrer Firma oder im Internet installieren können, ist jetzt das Austauschen von Projektinformationen mit den beteiligten Personen einfacher denn je." So schrieb Microsoft vor einigen Jahren in seinem Lernprogramm. Inzwischen ist MS Project als Planungssoftware weltweit etabliert. In der Version „Microsoft Office Project 2007" sind noch zahlreiche komfortable Features hinzugekommen. Seinem Grundprinzip ist der Anbieter bis dato treu geblieben. Allerdings: „Viele Projektverantwortliche nähern sich der Software ... mit der unterschwelligen Hoffnung, nun endlich ein Instrument in die Hand zu bekommen, mit dem sich Projekte fast von selbst verwalten. Die ersten Erfahrungen sind dann meist eher ernüchternd. Der Umgang mit der Software stellt sich als komplex dar. Nicht selten scheitert so der erste Anlauf, ein Projekt mit Hilfe einer Software zu verwalten." (Quelle: Kuppinger/Reinke/Jäger: Handbuch Microsoft Project)

Wenn Sie einen Projektplan erstellen, berechnet und erzeugt MS Project einen Arbeitsterminplan, basierend auf Informationen, die Sie über die durchzuführenden Vorgänge, die bearbeitenden personellen Ressourcen und die damit verbundenen Arbeitskosten bereitstellen.

Vorgang
Eine Aktivität mit einem Anfang und einem Ende. Projekte bestehen aus einzelnen Vorgängen. Der Abschluss der einzelnen Vorgänge spielt für die termingerechte Beendigung eines Projekts eine große Rolle.

(Quelle: Microsoft)

Wenn Sie mit einem neuen Projekt in MS Project beginnen, können Sie entweder den Anfangs- oder den Endtermin des Projekts eingeben. Es wird empfohlen, dass Sie nur den Anfangstermin des Projekts eingeben und das Programm den Endtermin berechnen lassen, nachdem Sie die Vorgänge eingegeben und geschätzt haben. Wenn das Projekt bis zu einem bestimmten Datum beendet sein muss, geben Sie nur den Endtermin des Projekts ein. Auch wenn Sie das Projekt zunächst ausgehend vom Endtermin berechnen, ist es besser, das Projekt ausgehend vom Anfangstermin zu kalkulieren.

5.3.1 Meilensteinplan und Phasenplan mit MS Project

Die wohl effektivste und daher häufigste Darstellungsform der Zeitplanung ist ein Balkendiagramm. Man kann den Projektablauf einfach Schritt für

5.3 Komplexe Zeitplanung leistet MS Project

Schritt verfolgen. Das Diagramm ist noch übersichtlicher, wenn man sich auf die voraussichtlichen Hauptphasen (auch Sammelvorgänge genannt) und die Meilensteine konzentriert. Machen Sie sich also erst ein Meilensteinbalkendiagramm, bevor Sie mit der detaillierten Zeitplanung beginnen. So gehen Sie am besten vor:
Klicken Sie auf das grüne Icon „Microsoft Office Project 2003". Die Startmaske „Gantt-Balkendiagramm" nebst Anleitungen erscheint. Tragen Sie in die Spalte „Vorgangsname" erst die Projektbezeichnung und darunter die Bezeichnungen für die vorgesehenen Meilensteine ein, einfach nacheinander. Mit den folgenden Schritten legen Sie dann die Termine fest:

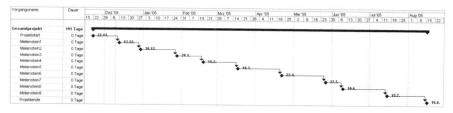

Bild 5.23: Muster eines Meilensteinplans mit MS Project

Gehen Sie mit dem Cursor auf die Spalte „Dauer", ziehen Sie durch Klicken jeweils die Frage nach der Tagedauer auf. Runter auf „0 Tage", schon wird der Vorgang automatisch als Ereignis und damit als Meilenstein dargestellt. Und nun der nächste Vorgang: Dauer anklicken, runter auf „0 Tage" fahren, wieder haben Sie einen Meilenstein definiert. Und so weiter, bis alle Meilensteine als kleine schwarze Rauten dargestellt werden. Nehmen Sie sich jetzt die Spalte „Anfang" vor und klicken Sie auf die oberste Zelle in dieser Spalte. Aufziehen bringt einen Kalender zum Vorschein. Hier wählen Sie genau den Tag aus, für den Sie den ersten Meilenstein planen. Dann Klick darunter, der zweite Meilenstein wird terminiert, danach der dritte, vierte, fünfte Meilenstein.

 Sie können eine Aufgabe in einen Meilenstein umändern, indem Sie deren Dauer auf null festlegen. Analog können Sie einen Meilenstein in eine Aufgabe umändern, indem Sie die Dauer auf eine positive Zahl festlegen.

(Quelle: Microsoft)

So positionieren Sie im Diagramm alle Meilensteine auf den vorgesehenen Termin. Die Spalte „Ende" brauchen Sie hierbei übrigens nicht, da der Anfang definiert und die Dauer jeweils zuvor auf null Tage festgelegt ist. Sollten Sie mal das Plandatum eines Meilensteins korrigieren wollen, kein Problem: Klicken Sie auf die Raute, halten Sie die linke Maustaste gedrückt und ziehen Sie sie in der Grafik nach links oder rechts, das Datum wird sich

laufend ändern. Wenn es nun passt, lassen Sie die Maustaste einfach los, der Meilenstein ist neu terminiert.
Wenn Sie wollen, können Sie die Meilensteine außerdem verknüpfen. Nur wenn der erste Meilenstein erreicht ist, soll auf den zweiten Meilenstein zugearbeitet werden. Wenn man diesen geschafft hat, macht es Sinn, den dritten Meilenstein anzugehen usw. Um Verknüpfungen, in diesem Fall Ende-Anfang-Beziehungen herzustellen, gibt es mindestens zwei Möglichkeiten. Die einfachste Variante, nacheinander folgende Vorgänge zu verbinden, besteht darin, in der Spalte „Vorgangsname" einen Vorgang anzuklicken, mit der gedrückten Maustaste auf den nächsten Vorgang runterzuziehen – quasi zu markieren – und dann auf das Symbol „Kette" oben in der Schaltleiste zu klicken. So werden Schritt für Schritt die aufeinander folgenden Vorgänge, hier Meilensteine, rasch verknüpft. Die sorgfältigere Variante besteht darin, die Spalte „Vorgänger" zu nutzen. Sie können für jeden Vorgang hier die Nummer seines Vorgängers oder seiner Vorgänger eingeben, der oder die fertig sein müssen, bevor dieser Vorgang beginnen kann. Wenn Sie die Ziffern eintragen, bilden sich die entsprechenden Verknüpfungslinien. Das gilt natürlich für Ihre Meilensteine genauso. Wenn man es ganz sorgfältig machen will, kann man so vorgehen: Auf Vorgangsname bzw. Meilensteinbezeichnung doppel klicken, es erscheint ein Fenster. An dessen oberen Rand „Vorgänger" klicken. In die dann angebotenen Zeilen den Namen eines oder mehrerer Vorgänger hineinschreiben, danach „OK" drücken, schon sind die Verknüpfungen entstanden. Bitte speichern! Wenn Sie jetzt über alle Ihre definierten Meilensteine eine neue Zeile einfügen, mit dem Namen Ihres Projekts versehen und alle Vorgangsnamen bzw. Meilensteine darunter durch Anklicken des nach rechts weisenden grünen Pfeils oben in der Schaltleiste „tiefer stufen", wird Ihr Projekt zum Projektsammelvorgang definiert.

Projektsammelvorgang
Ein Vorgang, der die Dauer, die Arbeit und die Kosten aller Sammelvorgänge und Vorgänge in einem Projekt umfasst und zusammenfasst. Wenn der Projektsammelvorgang angezeigt wird, befindet er sich oberhalb des Projekts. Er erhält die ID 0 und zeigt die Projektzeitskala vom Projektanfang bis zum Projektende an. Der Projektsammelvorgang muss als solcher definiert werden, er wird nicht standardmäßig angezeigt..
Sammelvorgang
Ein Vorgang, der aus Teilvorgängen besteht und diese zusammenfasst. Sammelvorgänge können Sie mit Hilfe der Gliederungsfunktion von Microsoft Project erstellen. Damit werden Sammelvorgangsdaten (Dauer, Kosten usw.) automatisch aus den Daten für die Vorgänge ermittelt.

(Quelle: Microsoft)

5.3 Komplexe Zeitplanung leistet MS Project

 Das Datum einer Sammelaufgabe kann nicht bearbeitet werden. Sammelaufgabendaten ändern sich nur, wenn das Datum einer oder mehrerer Aufgaben, die unterhalb der Sammelaufgabe eingerückt sind, geändert wird.

(Quelle: Microsoft)

Automatisch werden Anfang und Ende sowie die Gesamtdauer in Tagen berechnet. So – nun ist Ihr Meilensteinplan fertig. Der nächste Schritt kann nun darin bestehen, eine grafische Übersicht über alle Hauptphasen Ihres Projekts zu erstellen, ohne bereits alle einzelnen Arbeitspakete detailliert zu planen. Um diese so genannten Sammelvorgänge, zu erhalten, können Sie ähnlich vorgehen wie bei der Erstellung des Meilensteinplans. So wird „top-down" eine Hauptphasenzeitplanung gemacht.

Schreiben Sie in die Spalte „Vorgangsname" untereinander die Bezeichnungen für die Hauptphasen. Legen Sie den voraussichtlichen Zeitbedarf für jede Hauptphase durch Einstellung der „Dauer" in Tagen fest. Definieren Sie in der Spalte „Anfang" das jeweilige Anfangsdatum. Die zunächst in blauen Balken dargestellten Vorgänge sind die Hauptphasen Ihres Projekts. Im nächsten Schritt können Sie weitergehen:

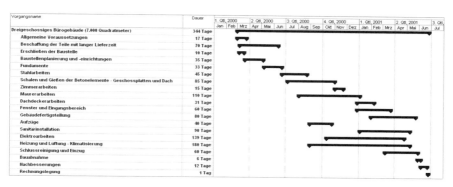

Bild 5.24: Planung der Projektphasen als Sammelvorgänge „bottom-up" aus den Arbeitspaketen

Genauer ist es nämlich, die Hauptphasen „bottom-up", als von den Arbeitspaketen her berechnete Sammelvorgänge, zu schätzen. Erstellen Sie – die Hauptphasen ergänzend oder unabhängig von dieser ersten Darstellung – ein Gantt-Diagramm als ausführlichen Zeitplan für sämtliche Arbeitspakete. Das ist vom Prinzip her einfach, es braucht lediglich mehr Arbeitsaufwand und Geduld. Auf ein Nächstes!

5.3.2 So erstellen Sie ein Gantt-Diagramm mit MS Project

„Wenn Sie die Projektziele definiert und die Hauptphasen des Projekts überdacht haben, können Sie mit dem Erstellen des Detailplans beginnen. Geben Sie zunächst die Liste der durchzuführenden Vorgänge zusammen mit der Dauer jedes einzelnen Vorgangs ein und organisieren Sie diese Liste. Fügen Sie dem Plan anschließend Personen, Sachmittel und Materialien sowie die jeweiligen Kosten hinzu. Ordnen Sie diese Ressourcen dann den Vorgängen zu. Mit Hilfe dieser Informationen wird in Microsoft Project ein Terminplan erstellt." So schreibt Microsoft richtig, aber für Programmneulinge nur schwer nachvollziehbar. Zur Erstellung eines Gantt-Charts sollten Sie mit Ihren Vorgängen beginnen und danach schrittweise vorgehen, denn:
Das Gantt-Balkendiagramm visualisiert Ablauf und Reihenfolge aller Arbeitspakete bzw. Vorgänge. Sie werden auf einer Zeitachse als horizontale Balken gezeichnet. Jeder Vorgang ist mit Anfang, Dauer und Ende angegeben, ferner wird ein Verantwortlicher benannt. Die Vorgänge sind durch Beziehungen verknüpft. Außerdem lassen sie sich zu Sammelvorgängen, den Hauptphasen, grafisch und rechnerisch zusammenfassen. Meilensteine sind darstellbar. Das Balkendiagramm ist nicht nur die zeitlich normierte Darstellung des Projektablaufplans. Während der Realisierung lässt sich an den Balken abtragen, welcher Vorgang wie weit fertig ist.

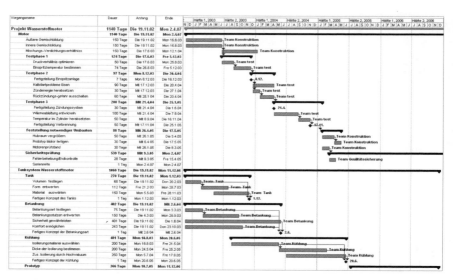

Bild 5.25: Gantt-Chart mit Projektsammelvorgang, Sammelvorgängen, Vorgängen und Meilensteinen

5.3 Komplexe Zeitplanung leistet MS Project

Vorgangsliste
Im Tabellenbereich der Ansicht Gantt-Balkendiagramm angezeigte Informationskategorien, die Einzelheiten über einen Vorgang angeben, beispielsweise Vorgangsname, Dauer, Anfangs-, Endtermin, Vorgänger und Ressourcennamen. Weitere Vorgangsinformationen sind verfügbar, wenn Sie eine andere Tabelle auf die Ansicht anwenden.
Vorgangsart
Eine Vorgangskategorie, die dadurch gekennzeichnet ist, welcher Aspekt des Vorgangs feststehend ist und welcher variabel. Es gibt drei Vorgangsarten: Vorgänge mit festen Einheiten, Vorgänge mit fester Arbeit und Vorgänge mit fester Dauer.
Die Standardvorgangsart für Vorgänge in Microsoft Project ist „Feste Einheiten". Dies bedeutet, dass die zugeordneten Ressourcen immer gleich bleiben, wenn der Arbeitsumfang eines Vorgangs steigt und sinkt. Um den veränderten Arbeitsumfang zu kompensieren, wird bei einem solchen Vorgang die Dauer verändert, da diese nicht feststehend ist.
Vorgang mit festen Einheiten
Ein Vorgang, dessen zugeordnete Einheiten (oder Ressourcen) einem festen Wert entsprechen. Alle Änderungen, die am Arbeitsumfang oder der Dauer des Vorgangs vorgenommen werden, wirken sich nicht auf die Einheiten des Vorgangs aus.
Einheiten = Arbeit : Dauer
Vorgang mit fester Arbeit
Ein Vorgang, dessen Arbeitsumfang einem festen Wert entspricht. Alle Änderungen, die an der Dauer des Vorgangs oder an der Anzahl der zugeordneten Einheiten (oder Ressourcen) vorgenommen werden, wirken sich nicht auf die Arbeit des Vorgangs aus.
Arbeit = Dauer   Einheiten
Vorgang mit fester Dauer
Ein Vorgang, dessen Dauer einem festen Wert entspricht. Alle Änderungen, die am Arbeitsumfang oder den zugeordneten Einheiten (d.h. den Ressourcen) vorgenommen werden, wirken sich nicht auf die Dauer des Vorgangs aus.
Dauer = Arbeit : Einheiten

(Quelle: Microsoft)

Der Vorteil eines Balkendiagramms ist die intuitive Terminplanung, sein Nachteil ist die oft missverständliche Interpretation der Vorgangsdauer: Lange Balken zeigen weder hohen Aufwand noch besondere Bedeutung auf, sondern nur einen Zeitraum inklusive Wartezeiten. Üblich als Darstellung ist: Am linken Rand werden in Form eines hierarchischen Verzeichnisses die Vorgänge untereinander aufgelistet, die im rechten Diagramm als Balken über der Zeitachse aufgetragen sind. In der Praxis werden Meilensteine gemeinsam mit Vorgängen im Balkendiagramm dargestellt.

118   5 Projektplanung: Kommen Sie mit wenigen Instrumenten und Computerhilfe aus

> **MS Project-Balkendiagramm (Gantt) gibt folgende Möglichkeiten:**
>
> - Projekt erstellen, indem Sie Vorgänge mit der jeweiligen Dauer eingeben.
> - Sequentielle Abhängigkeiten zwischen Vorgängen definieren, indem Sie die Vorgänge miteinander verknüpfen. Wenn Sie Vorgänge miteinander verknüpfen, wirkt sich die Änderung einer Vorgangsdauer auf Anfangs- und Endtermine anderer Vorgänge sowie auf den Projektendtermin aus.
> - Vorgängen Personal und andere Ressourcen zuordnen.
> - Eine grafische Darstellung der Vorgänge anzeigen und gleichzeitig auf detaillierte Informationen zu den Vorgängen zugreifen.
> - Einen Vorgang unterbrechen, so dass er momentan zurückgestellt und zu einem späteren Zeitpunkt wieder aufgenommen wird.
> - Sie können den Fortschritt überwachen, indem Sie die geplanten mit den aktuellen Anfangs- und Endterminen vergleichen und prüfen, zu wie viel Prozent die einzelnen Vorgänge bereits abgeschlossen sind.

(Quelle: Microsoft)

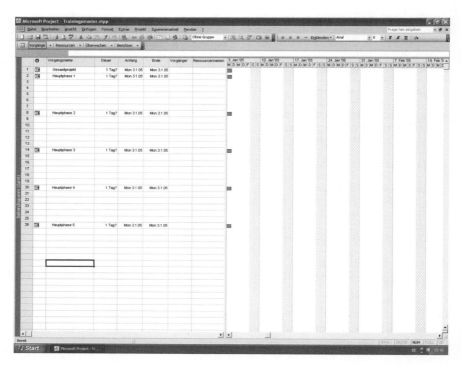

Bild 5.26: Erster Schritt zum Gantt-Chart: Hauptphasen mit Leerzeilen untereinander schreiben

5.3 Komplexe Zeitplanung leistet MS Project

Erstellen Sie jetzt mit einfachen Schritten ein komplettes Gantt-Balkendiagramm:

- Schritt 1: Schreiben Sie die Begriffe erster Ordnung aus Ihrem Strukturplan in die Spalte „Vorgangsname". Lassen Sie zwischen den Hauptbegriffen viele Zeilen frei. Überlegen Sie, was Meilensteine sein könnten. Eventuell fügen Sie die Namen ein.
- Schritt 2: Schreiben Sie nun unter jeden Hauptbegriff die Begriffe zweiter Ordnung, darunter dann jeweils die Begriffe dritter Ordnung usw., bis Sie auch die einzelnen Arbeitspakete als Vorgänge aufgelistet haben. Ergänzen Sie weitere Arbeitspakete. Wenn der Platz nicht reicht, klicken Sie auf „Einfügen" in der oberen Schaltleiste, dann „Neuer Vorgang", schon erhalten Sie zusätzliche Zeilen.

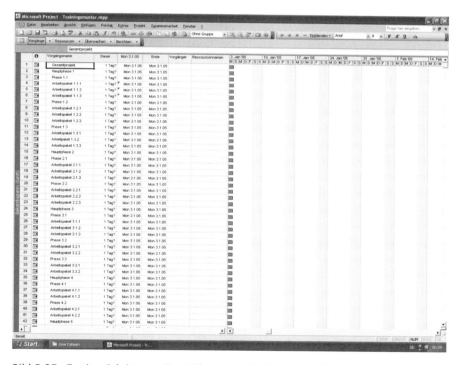

Bild 5.27: Zweiter Schritt zum Gantt-Chart: Jeweils Phasen und Arbeitspakete darunter schreiben

- Schritt 3: Überlegen Sie noch mal in Ruhe, ob alle Arbeitspakete aufgeschrieben sind. Gegebenenfalls ergänzen Sie. Wenn die Auflistung nun komplett ist, ordnen Sie in Projektsammelvorgang, Sammelvorgänge und Vorgänge. Klicken Sie auf die Bezeichnung der ersten Hauptphase unter dem Projektnamen, dann oben in der Leiste auf den kleinen grünen Pfeil nach rechts „Tiefer stufen". Schon ordnet sich die erste Hauptphase optisch sichtbar unter den Projektsammelvorgang. Nun kommt die erste Phase unter der ersten Hauptphase dran: Zweimal auf den grünen Pfeil „Tiefer stufen" drücken. Jetzt das erste Arbeitspaket darunter dreimal „Tiefer stufen", das zweite Arbeitspaket auch dreimal „Tiefer Stufen", alle weiteren zur ersten Phase gehörenden Pakete ebenso. Sie sehen augenblicklich, was passiert:

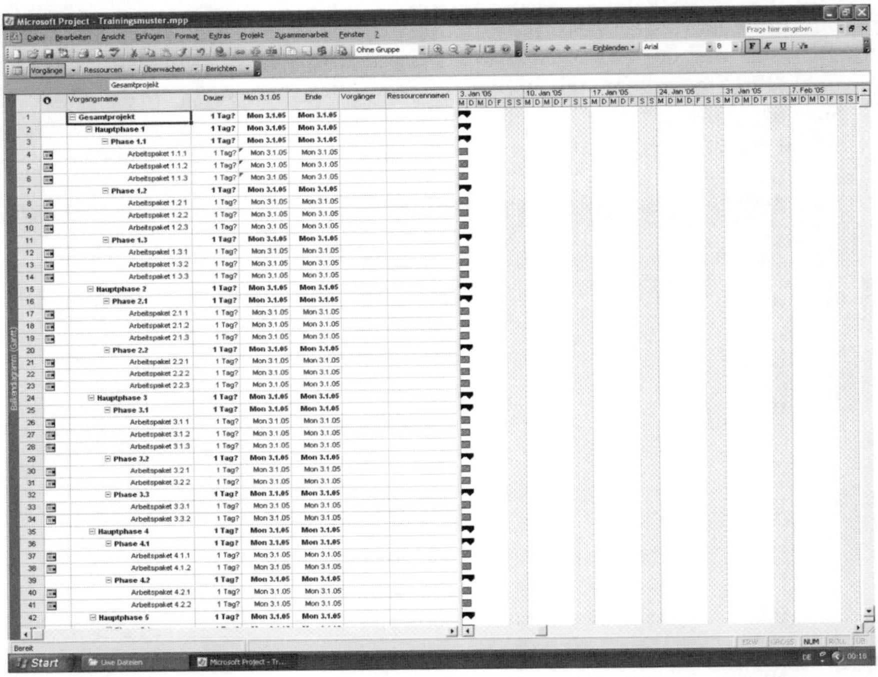

Bild 5.28: Dritter Schritt zum Gantt-Chart: In Projekt, Sammelvorgänge und Vorgänge ordnen

Die Hauptphasen werden zu Überpunkten der Phasen, diese zu Überpunkten der Arbeitspakete. So ordnen Sie die Auflistung von oben bis unten möglichst komplett. Spätestens jetzt – sinnvoll am Ende einer Hauptphase – sollten Sie Meilensteine definieren und eingeben. Nachdem Sie Ihre Vorgangsliste komplett strukturiert haben, geben Sie an, wie die Vorgänge mit bestimmten Terminen verbunden sind.

5.3 Komplexe Zeitplanung leistet MS Project

Höherstufen
Verschieben eines Vorgangs auf eine höhere Gliederungsebene im Feld „Vorgangsname", d.h. Ausrücken des Vorgangs nach links.
Tieferstufen
Verschieben eines Vorgangs auf eine niedrigere Gliederungsebene im Feld „Vorgangsname", also Einrücken des Vorgangs nach rechts. Durch Tieferstufen wird der Vorgang zum Untervorgang des nächstliegenden Vorgangs auf einer höheren Gliederungsebene.

(Quelle: Microsoft)

- Schritt 4: Jetzt erst beginnen Sie mit der Zeitplanung. Schätzen Sie die Dauer der einzelnen Arbeitspakete, gehen Sie „bottom-up" vor. Standard sind Arbeitstage von morgens acht Uhr bis nachmittags 17 Uhr inklusive Mittagspause, Wochenenden und Feiertage ausgenommen. Klicken Sie dazu auf die Zellen unter „Dauer". Dreieck nach oben erhöht die Anzahl der Tage, Dreieck nach unten vermindert die Tage.

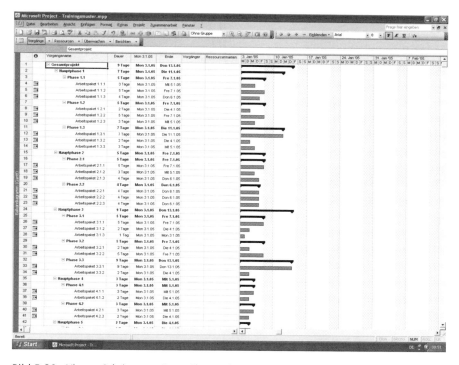

Bild 5.29: Vierter Schritt zum Gantt-Chart: Die Dauer der Vorgänge bzw. Arbeitspakete schätzen

- Schritt 5: Wenn Sie eine Dauer auf „0 Tage" herunterfahren, wandelt sich der Vorgang zum Ereignis und wird automatisch als Meilenstein dargestellt. Den Zeitbedarf für die Phasen, Hauptphasen und das gesamte Projekt brauchen Sie nicht zu kalkulieren, diese Größen berechnet das Programm und weist den Zeitbedarf aus. Wenn Sie sich bei der Planung verschätzen, kein Problem: Sie können korrigieren!

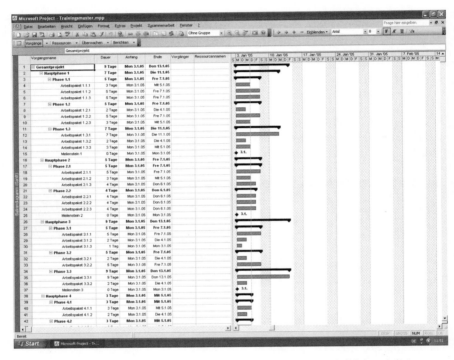

Bild 5.30: Fünfter Schritt zum Gantt-Chart: Meilensteine in der Zeitabfolge definieren

5.3 Komplexe Zeitplanung leistet MS Project

Dauer
Die reine Arbeitszeit, die zur Erledigung eines Vorgangs insgesamt benötigt wird. Diese ergibt sich in der Regel aus dem Anfang und dem Ende des Vorgangs, die im Projekt festgelegt sind, sowie dem Ressourcenkalender. Die fortlaufende Dauer ist die Zeit, die zur Erledigung eines Vorgangs noch benötigt wird, basierend auf einem 24-Stunden-Tag und einer 7-Tage-Woche, einschließlich der Feiertage und arbeitsfreien Tage. Die fortlaufende Dauer kann in Minuten, Stunden, Tagen und Wochen eingegeben werden.

Arbeitsdauer	Fortlaufende Dauer
Min = Minute	fMin = fortlaufende Minuten
Std = Stunde	fStd = fortlaufende Stunden
T = Tag	fT = fortlaufende Tage
W = Woche	fW = fortlaufende Wochen
M = Monat	fM = fortlaufende Monate

(Quelle: Microsoft)

- Schritt 6: Nun fehlt noch die Angabe, wann genau jedes Arbeitspaket beginnen soll. Bisher zeigt der Computer für alle Arbeitspakete dasselbe aktuelle Tagesdatum an. Beginnen Sie mit dem ersten Arbeitspaket, nicht mit einer Phase oder Hauptphase. Unter „Anfang" tragen Sie den Beginn des ersten Arbeitspakets ein und legen damit zugleich den Starttermin für das Gesamtprojekt fest. Klicken Sie das kleine Dreieck in der Datumszelle an. Ein Kalender erscheint. Mit den Pfeilen können Sie vor- und zurückrollen, das Wunschdatum anklicken. Jetzt die Zelle „Anfang" für das nächste Arbeitspaket genauso behandeln. Schrittweise ändert sich die Lage der Balken im Diagramm. Unter der Spalte „Ende" brauchen Sie übrigens nichts einzustellen. Da die Dauer der Arbeitspakete bereits eingegeben wurde, rechnet das Programm das Ende jedes Arbeitspakets selbst. Auch die Phasen und Hauptphasen werden angepasst.

Anordnungsbeziehungen	
Die Art der Beziehungen zwischen zwei verknüpften Vorgängen. Sie verknüpfen Vorgänge miteinander, indem Sie zwischen dem Endtermin und dem Anfangstermin eine Beziehung definieren. In MS Project gibt es vier Typen von Anordnungsbeziehungen:	
Ende-Anfang (EA)	Vorgang B kann erst anfangen, wenn Vorgang A beendet ist.
Anfang-Anfang (AA)	Vorgang B kann erst anfangen, wenn Vorgang A angefangen hat.
Ende-Ende (EE)	Vorgang B kann erst enden, wenn Vorgang A beendet ist.
Anfang-Ende (AE)	Vorgang B kann erst enden, wenn Vorgang A angefangen hat.

(Quelle: Microsoft)

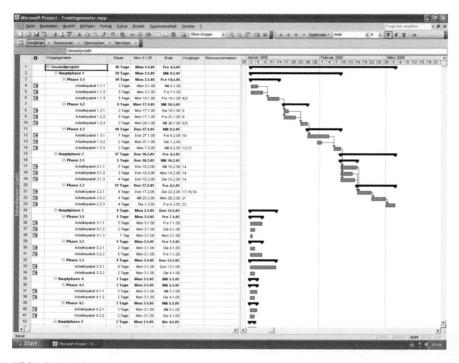

Bild 5.31: Sechster Schritt zum Gantt-Chart: Die Anfangstermine der Vorgänge bestimmen

- Schritt 7: Es gibt viele Arten von Vorgangsbeziehungen, so etwa Verknüpfungen, die anzeigen, dass ein Vorgang anfängt, sobald ein anderer Vorgang endet. Diese Verknüpfungen werden Anordnungsbeziehungen genannt. Die Software legt die Anfangs- und Endtermine für Vorgänge, die Anordnungsbeziehungen zu anderen Vorgängen haben, automatisch fest. Der Vorteil von Anordnungsbeziehungen oder „verknüpften" Vorgängen liegt darin, dass bei einer Änderung eines Vorgangs die Termine für die verknüpften Vorgänge automatisch neu berechnet werden. Also: Es gibt eine alternative und manchmal schnellere Vorgehensweise, um die Zeitlagen der Arbeitspakete zu bestimmen: Überlegen Sie von vornherein Paket für Paket, welches beendet sein muss, bevor das nächste beginnen kann. Dafür kann es ablauftechnische, räumliche oder kapazitätsbezogene Gründe geben. Bilden Sie die entsprechenden Verknüpfungen in Ihrem Diagramm. Und das geht auf dreierlei Art:

5.3 Komplexe Zeitplanung leistet MS Project 125

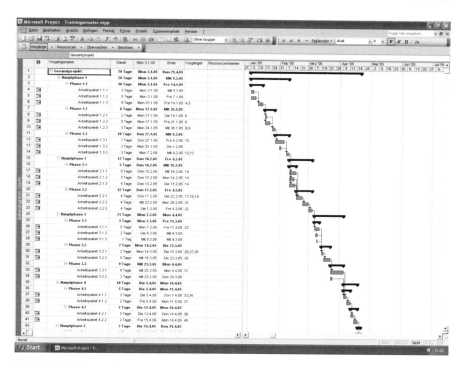

Bild 5.32: Siebter Schritt zum Gantt-Chart: Vorgänge durch Anordnungsbeziehungen verknüpfen

Klicken Sie in der Spalte „Vorgangsname" ein Arbeitspaket an, halten Sie die linke Maustaste gedrückt und ziehen Sie rauf oder runter auf das nächste Arbeitspaket. Jetzt oben in der Schaltleiste das kleine Symbol „Kette" anklicken, schon sind die hintereinander liegenden Arbeitspakete verknüpft. Die Alternative klappt wie folgt: Klicken Sie in der Spalte „Vorgänger" die Zelle eines Arbeitspakets an, das mit einem vorhergehenden Arbeitspaket verbunden werden muss. In diese leere Zelle schreiben Sie einfach die laufende Nummer des Vorgängers. Sobald Sie die Zelle mit dem Cursor wieder freigegeben haben, bildet sich die Anordnungsbeziehung.

Mehrfache Verknüpfungen allerdings bilden Sie am besten wie folgt: In der Spalte „Vorgangsname" einen Doppelklick auf das Arbeitspaket, welches zu verknüpfen ist. Ein Menüfenster erscheint. Hier auf „Vorgänger" drücken. In die angebotenen freien Zeilen schreiben Sie entweder die Nummern oder die Namen der Vorgänge, mit denen das Arbeitspaket die Anordnungsbeziehungen erhalten soll.

Übrigens: Wenn Sie so schrittweise von oben nach unten sinnvolle Verknüpfungen herstellen, müssen Sie meist die Anfangszeiten der nachfol-

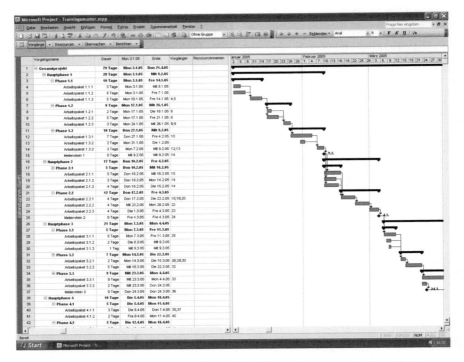

Bild 5.33: Siebter Schritt zum Gantt-Chart: Mehrfachanordnungen zwischen Arbeitspaketen planen

genden Arbeitspakete nicht einzeln schätzen. Das Programm sucht automatisch den jeweils raschesten Anfangstermin und platziert die Balken entsprechend im Diagramm. Sie können den Terminplan mit Hilfe von Einschränkungen, Überlappen, Verzögern, Aufteilen von Vorgängen bei einer vorübergehenden Unterbrechung der Arbeit weiter abstimmen. Das können Sie später noch durch Angabe von Zeitabständen bedarfsgerecht anpassen.

- Schritt 8: Zeitplanung schön und gut, entscheidend ist, wer die Arbeit macht. Das können Sie direkt bestimmen. Schreiben Sie für jedes Paket einen Verantwortlichen auf. Die Spalte „Ressourcenname" ist dafür da. Klicken Sie die diesbezüglichen Zellen an und tragen Sie für jedes Arbeitspaket einen Zuständigen ein. Der Name erscheint im Diagramm rechts neben dem entsprechenden Balken. Weisen Sie aber nur den einzelnen Vorgängen, nicht aber den Sammelvorgängen eine Ressource zu. Alternativ und detaillierter können Sie die Ressourcen definieren, indem Sie einen Doppelklick auf den Vorgangsnamen machen. Im Menüfenster „Informationen zum Vorgang" wählen Sie „Ressource". Nun tragen Sie hier den Namen desjenigen ein, der das Arbeitspaket stemmen soll. Bei

5.3 Komplexe Zeitplanung leistet MS Project

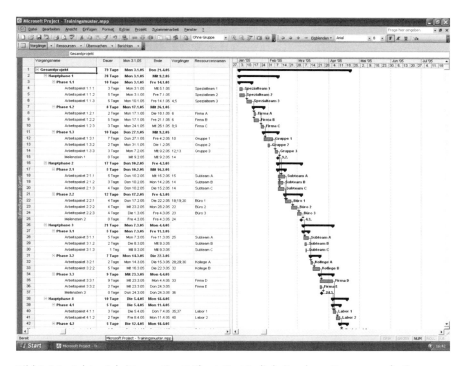

Bild 5.34: Achter Schritt zum Gantt-Chart: Zuständigkeiten bzw. Ressourcen festlegen

Bedarf können Sie auch mehrere Personen, Teams oder Firmen untereinander benennen. Abschließend mit „OK" bestätigen!
- Schritt 9: Verantwortlichkeiten für die Arbeitspakete haben Sie nun benannt, aber kann das jeweils eine einzelne Person schaffen? Wahrscheinlich nicht. Planen Sie für jeden Vorgang die notwendigen Kapazitäten ein: zwei, drei, vier oder mehr Leute. Das geht im Menü „Informationen zum Vorgang" und „Ressource": Sie bestimmen rechts in der Zeile neben der bereits eingetragenen Ressource die „Einheiten". Raufklicken zeigt Ihnen 200, 300, 400 und mehr Prozent. Das bedeutet zweifache, dreifache, vierfache Kapazität. Die Prozentangabe erscheint standardgemäß rechts neben dem Ressourcennamen in Klammern in Ihrem Chart. Das ist verwirrend, daher machen Sie sich die Übersicht klarer: Klicken Sie oben auf die Schaltfläche „Extras", dann auf „Optionen". Ein Fenster erscheint. Bei „Terminplan" sehen Sie „Zuordnungseinheiten anzeigen als". In dem schmalen Fenster stellen Sie „Dezimalwert" ein und bestätigen mit „OK". Ab jetzt werden alle Ressourcen in Ihrem Diagramm als Absolutzahl angezeigt: ein Team von drei Personen durch eine „3" in Klammern, vier Leute als „4" usw. Das ist für manche übersichtlicher. Berücksichtigen Sie aber, dass es immer eine Beziehung zwischen der Ressourcenkapazität und der benötigten Zeitdauer für eine Arbeitsaufgabe gibt.

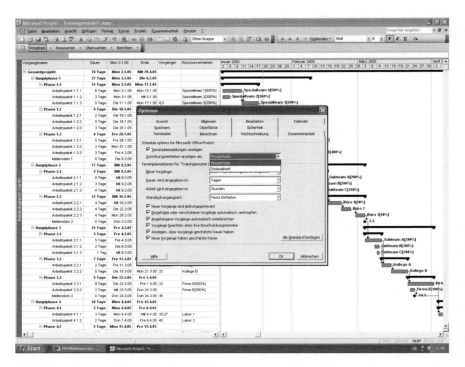

Bild 5.35: Neunter Schritt zum Gantt-Chart: Anzeige der Kapazitäten auf Personenzahl einstellen

Zwei Leute machen eine Aufgabe doppelt so schnell wie einer, fünf Leute fünfmal so schnell. So linear rechnet zumindest das Programm. Für Sie bedeutet das, dass Sie sich Ihre geplanten Vorgangsdauern noch mal unter diesem Aspekt anschauen und eventuell korrigieren müssen. Wie viele Leute können Sie für welches Arbeitspaket einsetzen und wie lange dauert es dann jeweils? Das planen Sie im Balkendiagramm fest ein.

Nachdem Sie alle Basisdaten für das Projekt eingegeben haben, überprüfen Sie sie. Können geplante Stichtage eingehalten werden? Wenn nicht, überprüfen Sie die Vorgänge, die zu Meilensteinen führen, und vergewissern Sie sich, dass diese optimal geplant sind. Sehen Sie sich zunächst das Gesamtbild an: den Anfangs- und Endtermin. Überprüfen Sie anschließend die Einzelheiten. Zeigen Sie Vorgänge und Ressourcen in Ansichten an, die Sie gemäß Ihren Bedürfnissen ändern können.

Wenn Sie nach der Überprüfung Ihres Terminplans feststellen, dass das Projekt nicht termingerecht beendet werden kann, können Sie die Vorgänge anpassen, so dass der Terminplan verkürzt wird. Beachten Sie besonders die verknüpften kritischen Vorgänge. Veränderungen daran können sich direkt auf den Endtermin auswirken. Kann ein Vorgang eher

5.3 Komplexe Zeitplanung leistet MS Project

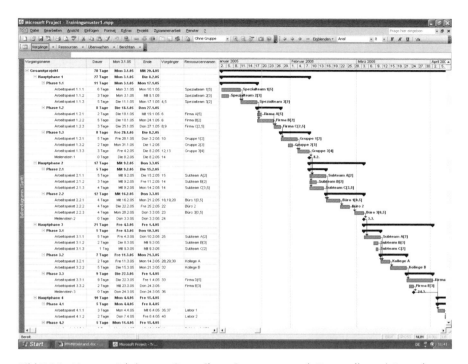

Bild 5.36: Neunter Schritt zum Gantt-Chart: Ressourcen nach Personalkapazitäten planen

beginnen? Verwenden Sie einen negativen Zeitabstand. Gibt es einen Termin, zu dem ein Vorgang unbedingt beginnen muss? Fügen Sie eine Einschränkung hinzu. Sind einige Ressourcen überlastet und andere frei? Weisen Sie Ressourcen neu zu, um Vorgänge zu verkürzen. Und schließlich:

Zeitabstände
Sie können positive und negative Zeitabstände in Form einer Dauer oder als Prozentsatz der Dauer des Vorgängervorgangs festlegen. Zeitabstände werden als Zahlen eingegeben.

Positiver Zeitabstand
Ein positiver Zeitabstand ist eine Verzögerung zwischen zwei Vorgängen, zwischen denen eine Anordnungsbeziehung besteht. Wenn Sie z. B. einen zweitägigen Zeitabstand zwischen dem Ende eines Vorgangs und dem Anfang des nächsten Vorgangs benötigen, können Sie eine Ende-Anfang-Beziehung und einen positiven Zeitabstand von zwei Tagen festlegen. Der positive Zeitabstand wird stets als positive Zahl eingegeben. ▶

Negativer Zeitabstand
Ein negativer Zeitabstand bezeichnet eine Überschneidung von Vorgängen, zwischen denen eine Beziehung besteht. Wenn z. B. ein Vorgang beginnen kann, sobald sein Vorgänger zur Hälfte erledigt wurde, können Sie für den Nachfolgevorgang eine Ende-Anfang-Beziehung mit einem negativen Zeitabstand von 50% festlegen. Ein negativer Zeitabstand wird als Zeitabstandswert mit negativem Vorzeichen eingegeben.

(Quelle: Microsoft)

Wie erhält der Terminplan das gewünschte Format? Wenn Sie mit einer großen Vorgangsliste arbeiten, kann es schwierig sein, sich auf die relevanten Bereiche zu konzentrieren. Zur Hervorhebung wichtiger Bereiche können Sie das Format der Vorgangsliste und der Gantt-Balken anpassen. Sie können Kategorien von Informationen formatieren, beispielsweise alle Vorgänge, die zu einem bestimmten Termin beendet sein müssen. Darüber hinaus können Sie einige Vorgänge fett formatieren oder für diese Vorgänge eine andere Schrift verwenden. Die Palette der Möglichkeiten ist bei weitem zu breit, um sie Ihnen hier vollständig aufzuführen.

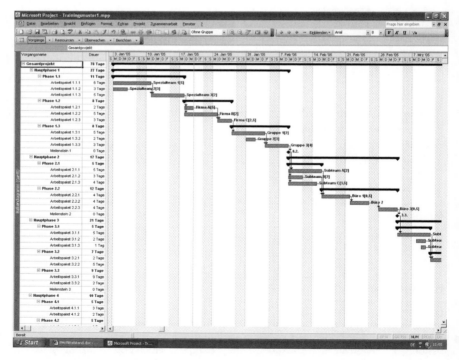

Bild 5.37: Zehnter Schritt zum Gantt-Chart: Optimale Darstellung des Diagramms einstellen

5.3 Komplexe Zeitplanung leistet MS Project

- Schritt 10: Ihr Gantt-Balkendiagramm ist fertig. Jetzt kommt es darauf an, die beste Ansicht zu erhalten, z.B. für eine Zwischenpräsentation vor dem Lenkungsausschuss. Sie können auf jede Vertikallinie klicken, die linke Maustaste gedrückt halten und in die gewünschte Richtung ziehen. So verdecken Sie Spalten, die im Detail verwirren. Konzentrieren Sie sich auf die wesentlichen Informationen!

5.3.3 So erstellen Sie Einsatzkalender mit MS Project

Das Gantt-Balkendiagramm haben Sie soeben erfolgreich erstellt: Glückwunsch! Was Sie wahrscheinlich noch nicht wissen: Mit den eingegebenen Daten ist bereits ein Einsatzkalender angelegt. Falls Sie den sehen wollen, ganz einfach: Klicken Sie in der oberen Schaltleiste auf „Ansicht", dann auf „Kalender". Sofort werden alle Arbeitspakete auf die betreffenden Kalendertage verteilt dargestellt. Zugleich wird angegeben, wer für die Arbeitspakete zuständig ist. So erkennen Sie problemlos, wer wann seinen Einsatz hat. Tage mit vielen parallelen Vorgängen erscheinen, starke Ballungen an bestimmten Tagen werden sichtbar. Der Einsatzkalender steht: Sie können den Projektkalender so bearbeiten, dass er die Arbeitstage und -stunden für

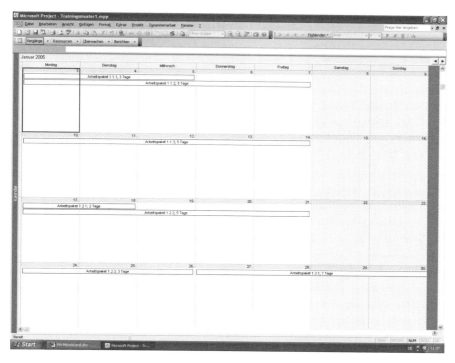

Bild 5.38: Mit den Daten des Gantt-Charts ist ein Projektkalender erstellt

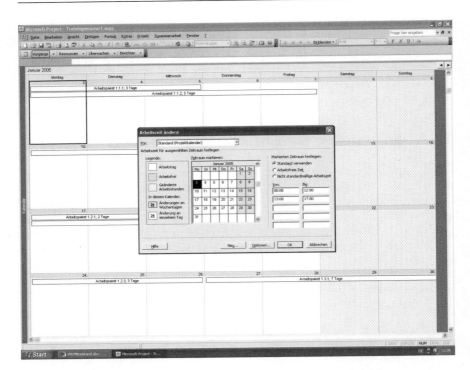

Bild 5.39: Die Arbeitstage oder Arbeitszeiten im Kalender lassen sich leicht anpassen

jede an Ihrem Projekt beteiligte Person anzeigt. Die Standardwerte für den Kalender sind Montag bis Freitag, acht Uhr bis 17 Uhr, mit einer Stunde Mittagspause. Sie können arbeitsfreie Zeiten wie Wochenenden zu Arbeitszeiten erklären, aber auch Feiertage oder besondere Tage zu freien Tagen machen. So gehen Sie vor:
Klicken Sie zuerst „Balkendiagramm (Gantt)". Klicken Sie im Menü „Extras" auf „Arbeitszeit ändern". Wählen Sie dann ein Datum im Kalender aus:

- Um einen Wochentag für den gesamten Kalender zu ändern, z.B. um freitags um 16 Uhr die Arbeitszeit zu beenden, klicken Sie oben im Kalender auf die Abkürzung für diesen Tag.
- Um alle Arbeitstage zu ändern, damit die Arbeitstage von Dienstag bis Freitag z.B. um neun Uhr beginnen, klicken Sie auf die Abkürzung (z.B. Di für Dienstag) für den ersten Arbeitstag der Woche. Halten Sie die Taste „UMSCHALT" gedrückt und klicken Sie anschließend auf die Abkürzung für den letzten Arbeitstag der Woche (z.B. Fr für Freitag).

Klicken Sie auf „Arbeitsfreie Zeit", um freie Tage anzugeben, oder auf „Angepasste Arbeitszeit", um die Arbeitsstunden zu ändern. Wenn Sie auf

5.3 Komplexe Zeitplanung leistet MS Project

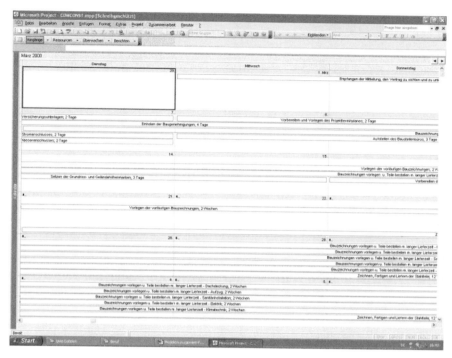

Bild 5.40: Beispiel für einen vollen Arbeitskalender bei einem Bauprojekt
(Quelle: Microsoft)

„Angepasste Arbeitszeit" geklickt haben, geben Sie die Zeiten, an denen die Arbeit beginnen soll, in die Felder „Von" und die Zeiten, an denen die Arbeit enden soll, in die Felder „Bis" ein. Zum Schluss bestätigen Sie mit: „OK"!
Nun sind Sie ja nicht nur Projektmanager. Gerade als Mittelständler haben Sie noch zahlreiche weitere Aufgaben. Da ist es übersichtlicher, nicht zwei, drei oder noch mehr Kalender zu haben, sondern nur einen, in dem alle Termine stehen. Falls Sie Ihren „normalen" Terminkalender mit Microsoft Outlook führen, können Sie diesen entweder an MS Project senden oder den Projektkalender in Outlook importieren.
Gut geht das über eine E-Mail-Datei quasi an sich selbst. Am besten aber legen Sie den fertigen Projektkalender für alle Teilnehmer, Teammitglieder oder Abteilungen auf den Firmenserver. Von dort kann sich jeder Arbeitspaketverantwortliche die Termine aus dem Projektkalender in seinen persönlichen Outlook-Kalender laden.
Als Projektmanager müssen Sie in den Projektsitzungen dazu auffordern, dass alle Teilnehmer diesen Service zur Terminplanung diszipliniert nutzen.
Einschränkung:
Da bestimmte Voraussetzungen und diverse Schritte die Zusammenführung einer MS Project-Datei und eines MS Outlook-Kalenders relativ „kompli-

ziert" machen, ist sie hier nicht näher beschrieben. Nutzen Sie für Details die Hilfe des Anbieters!

Hinzufügen von Microsoft Project-Vorgängen zur Outlook-Aufgabenliste

Wenn der Projektmanager für die Arbeitsgruppenkommunikation E-Mail oder E-Mail und Web eingerichtet hat, werden die Nachrichten „Ressourcen anfragen", „Projekt aktualisieren" und „Status abfragen" zu Ihrem Outlook-Posteingang gesendet. Wenn Sie diese Nachrichten öffnen und beantworten, werden die entsprechenden Vorgangsinformationen zur Outlook-Aufgabenliste hinzugefügt oder von Outlook an Microsoft Project weitergegeben.

Doppelklicken Sie auf eine Ressourcenanfrage, um sie zu öffnen. Wenn Sie die Zuordnung bestätigen und auf die Nachricht antworten, wird der Vorgang in Microsoft Outlook zu Ihrer Aufgabenliste hinzugefügt.

(Quelle: Microsoft)

5.4 Einen Netzplan rasch mit MS Project erstellen

Inhouse-Projekte kleiner und mittlerer Unternehmen sind normalerweise keine Großprojekte. Es kann aber sein, dass Sie als mittelständischer Unternehmer oder Manager im Unterauftrag in Projekte oder Projektphasen von Großunternehmen eingebunden werden. IT-Dienstleister, Lohnfertiger, Automotive-Zulieferer oder Anlagenbauer beispielsweise wissen ein Lied davon zu singen. Dann wird Expertise verlangt und es ist gut zu wissen, warum die Auftraggeber mit Netzplänen arbeiten:
Ist ein Projekt groß und komplex, reicht das Gantt-Balkendiagramm als Planungs- und Kontrollinstrument nicht aus. Es ist ziemlich schwierig, damit die vielfachen Anordnungsbeziehungen zahlreicher Vorgänge noch anschaulich darzustellen. Ein verknüpftes Balkendiagramm wird mit stark zunehmender Zahl von Vorgängen und Anordnungsbeziehungen leider immer unübersichtlicher. Man greift zum Netzplan!

5.4 Einen Netzplan rasch mit MS Project erstellen

Netzplantechnik
Netzplantechnik ist nach DIN 69900: 2009-01 definiert als auf Ablaufstrukturen basierende Verfahren zur Analyse, Beschreibung, Planung, Steuerung, Überwachung von Abläufen, wobei Zeit, Kosten, Ressourcen und weitere Größen berücksichtigt werden können.
Nach DIN 69900: 2009-01 ist der Netzplan eine „graphische oder tabellarische Darstellung einer Ablaufstruktur, die aus Vorgängen bzw. Ereignissen und Anordnungsbeziehungen besteht".
Aufgrund des hohen Aufwandes bei der Erstellung, vor allem aber bei Veränderungen wurde die Netzplantechnik früher selten eingesetzt. Leistungsfähige Software macht es längst auch für kleinere und dynamische Projekte möglich, Netzplantechnik sinnvoll und problemlos einzusetzen.

Quellen: DIN 69900: 2009-01 und Projekt-Magazin

Die beiden bekanntesten Arten von Netzplänen sind der Vorgangspfeilnetzplan (CPM – Critical-Path-Methode) und der Ereignisknotennetzplan (PERT – Program Evaluation and Review Technique). Der Hauptunterschied ist die Darstellung der Vorgangsdauer. Ein CPM-Plan eignet sich für Projekte, bei denen man die Vorgangsdauer aus Erfahrung mit ähnlichen Aufgaben recht gut vorhersagen kann. Das ist z.B. bei Bau- oder IT-Projekten oft der Fall. Beim PERT-Netz geht man von bestimmten Wahrscheinlichkeiten aus. Dieser Plan empfiehlt sich für Vorhaben auf unbekanntem Terrain, wo die Vorgangsdauer stark variieren kann, z.B. bei F&E-Projekten. Aber es gibt noch mehr Arten von Netzplänen:

Unterscheidung der wichtigsten Netzplantechniken:
• Program Evaluation and Review Technique (PERT) • Methode des kritischen Wegs (Critical-Path-Methode = CPM) • Precedence Diagramming Method (PDM) • Metra-Potential-Methode (MPM) • Graphical Evaluation and Review Technique (GERT)

Am weitesten verbreitet, insbesondere durch die Projektmanagementsoftware, sind der Vorgangsknotennetzplan und der MPM-Netzplan bzw. PDM-Netzplan. Einen anderen Zweck erfüllt der Entscheidungsknotennetzplan (GERT), da er künftige Entscheidungen schon bei der Planung berücksichtigt. In der Pionierzeit wurden Netzpläne mühsam mit Klebezetteln aufgebaut oder per Hand hingabevoll gezeichnet. Mit Planungssoftware von heute haben Netzpläne ihre Schrecken verloren. Selbst berechnen ist überflüssig. Per Computer wird die Erstellung von Vorgangsknoten- und Ereignisknotennetzplänen denkbar einfach. Zum Beispiel:

Projektnetzplandiagramm

Ein Diagramm, welches die Beziehungen zwischen Projektvorgängen anzeigt. Vorgänge werden durch Kästchen, auch Knoten genannt, dargestellt. Anordnungsbeziehungen sind durch Linien dargestellt, die die Knoten miteinander verbinden.

(Quelle: Microsoft)

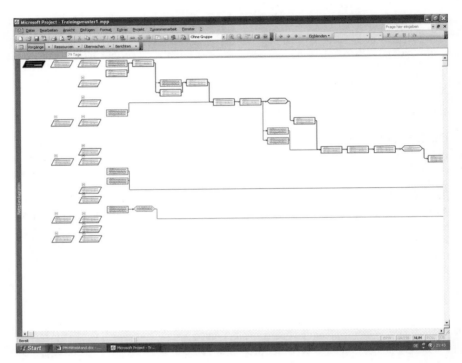

Bild 5.41: Vom fertigen Gantt-Chart mit nur zwei Mausklicks zum kompletten Netzplan

In MS Project wird mit der Dateneingabe für ein Gantt-Chart automatisch auch ein Netzplan aufgebaut. Klicken Sie einfach oben auf die Schaltfläche „Ansicht", dann auf „Netzplandiagramm": Schon wird Ihr Netzplan angezeigt – ist doch wirklich easy, oder?
Die Alternative besteht darin, einen Netzplan – kombiniert aus Vorgangsknoten und Ereignisknoten – von Grund auf selbst aufzubauen. Bei komplexeren Beziehungen und Abhängigkeiten zwischen Hauptphasen, Arbeitspaketen und Meilensteinen ist dieses Vorgehen empfehlenswert. Und in den folgenden Schritten wird es gemacht:

- Schritt 1: In MS Project eine neue Datei aufrufen, oben die Schaltfläche „Ansicht", dann „Netzplandiagramm" drücken. Eine leere weiße Bildschirmfläche erscheint, Ihre Ausgangsmaske steht bereit. Mit „Einfügen"

5.4 Einen Netzplan rasch mit MS Project erstellen

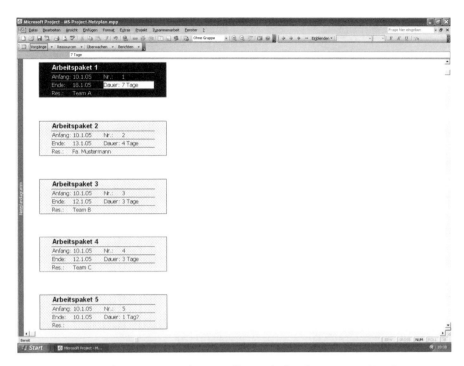

Bild 5.42: Erster Schritt zum Netzplan: Erstellen und Hinzufügen neuer Vorgänge

und „Neuer Vorgang" erzeugen Sie den ersten Netzknoten, genauso alle weiteren Knoten.
- Schritt 2: Der Doppelklick auf einen Knoten ruft ein Menüfenster „Informationen zum Vorgang" auf. Unter „Allgemein" tragen Sie den Namen des Arbeitspakets ein, schätzen die Dauer in Tagen und legen sie durch eine Ziffer im kleinen Fensterchen fest. Nach Aufziehen von „Anfang" geben Sie mittels des erscheinenden Kalenders an, wann das erste Arbeitspaket beginnen, also die Projektrealisierung starten soll. So können Sie Paket für Paket durchgehen, bis alle Vorgänge einzeln geplant sind.
- Schritt 3: Legen Sie Anordnungsbeziehungen fest: Klicken Sie in dem Menüfenster auf „Vorgänger". Leere Zeilen werden angeboten. Nun überlegen Sie sorgfältig, welche Arbeitspakete komplett abgeschlossen oder großteils beendet sein müssen, bevor das Paket beginnen darf. Diese gedankliche Mühe kann Ihnen der Computer nicht abnehmen. Sie planen ja per Netzplan, damit die vielfachen Abhängigkeiten zwischen den Vorgängen gut erkennbar werden. Also tragen Sie jetzt in die Zeilen entweder die laufenden Nummern oder die Namen der Vorgänger ein. Die Normalfolge verbindet Vorgänge innerhalb eines Netzplans auf einfachste Weise:

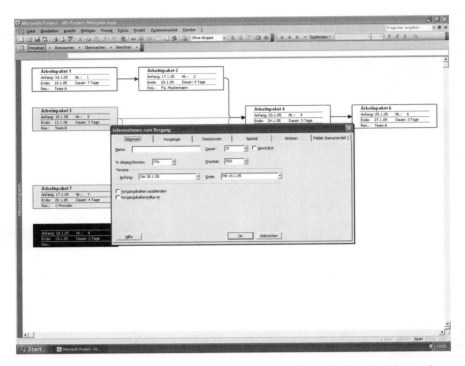

Bild 5.43: Zweiter Schritt zum Netzplan: Name, Dauer, Anfang, Ende jedes Arbeitspakets planen

Das Ende des Vorgängervorganges wird mit dem Anfang des Nachfolgervorganges verbunden. Das heißt, dass der folgende Vorgang erst dann beginnen kann, wenn der erste Vorgang beendet ist. In Projektmanagementprogrammen wie MS Project ist für die einfache Anfangsfolge der Begriff „Ende-Anfang-Beziehung" üblich. Es gibt natürlich auch noch andere Abfolgebeziehungen zwischen Arbeitspaketen. So bisweilen die „Anfang-Anfang-Beziehung", die bedeutet, dass zwei Arbeitspakete zusammen starten müssen. Oder die „Anfang-Ende-Beziehung", die die notwendige Reihenfolge quasi umdreht. Oder eine seltenere „Ende-Ende-Beziehung".

Über die Verbindung der Vorgänge hinaus können Sie durch „Zeitabstand" etwaige Puffer bestimmen. Standard ist ein Zeitabstand von „0", dann soll das Arbeitspaket, sobald der Vorgänger fertig ist, direkt am nächsten Tag beginnen. Das Einstellen von „1" bedeutet einen Tag Zeitabstand, ein negativer Zeitabstand „–1" drückt aus, dass das Arbeitspaket sich mit dem Vorgänger einen Tag überschneiden kann. Bei „–2" darf es zwei Tage Überschneidungen geben, bei „–3" sogar drei Tage usw. Durch knapp angesetzte Vorgangsdauern, minimale oder gar keine Puffer

5.4 Einen Netzplan rasch mit MS Project erstellen

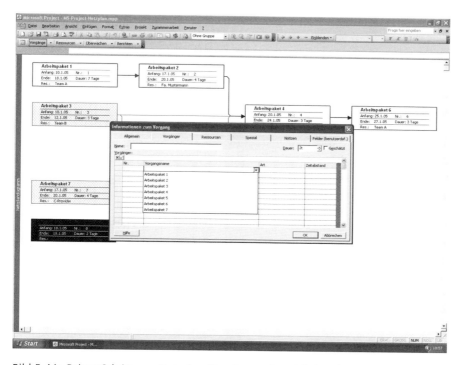

Bild 5.44: Dritter Schritt zum Netzplan: Vorgänger eines Arbeitspakets und Zeitpuffer planen

Puffer
Eine Zeitspanne, die zu einer erwarteten Vorgangs- oder Projektdauer hinzugefügt wird. Dieser Puffer ermöglicht es, dass für den Vorgang oder das Projekt mehr Zeit aufgewendet wird, ohne eine Verschiebung des Vorgangs- oder Projektendtermins zu verursachen.
Freie Pufferzeit
Die Zeitspanne, um die sich ein Vorgang verzögern kann, ohne dass der Nachfolger verzögert wird. Bei einem Vorgang ohne Nachfolger ist die freie Pufferzeit die Zeit, um die der Vorgang verzögert werden kann, ohne dass der Endtermin des Projekts gefährdet ist.
Gesamte Pufferzeit
Die Zeitspanne, um die ein Vorgang verzögert werden kann, ohne dass der Endtermin des Projekts dadurch gefährdet ist. Wenn die gesamte Pufferzeit eines Vorgangs negativ ist, heißt das, dass der Vorgang zu lange dauert, als dass der Vorgänger an dem durch eine Einschränkung geforderten Datum beginnen könnte.

(Quelle: Microsoft)

Bild 5.45: Vierter Schritt im Netzplan: Ressourcen und Einheiten für die Arbeitspakete zuteilen

und sogar Teilüberschneidungen sparen Sie planerisch am meisten Zeit. Bedenken Sie aber, dass Sie dann Ressourcen teils parallel einsetzen müssen, geht das sachlich oder personell überhaupt? Und Verzögerungen bei so eng kalkulierten und verknüpften Arbeitspaketen wirken sich sofort „kritisch" auf die Gesamtdauer des Projekts aus.

- Schritt 4: Durch Anklicken des Begriffs „Ressourcen" im Menüfenster tragen Sie jeweils Verantwortliche für die Arbeitspakete ein. Natürlich ist dabei für die Dauer wichtig, wie viele Leute an einem Paket arbeiten. Es gibt eine Wechselbeziehung zwischen Ressourcenkapazität, Vorgangsdauer und Kosten. Bestimmen Sie die „Einheiten" realistisch anhand Ihrer spezifischen Situation und Möglichkeiten.
- Schritt 5: Das Menü „Informationen zum Vorgang" bietet ferner unter „Spezial" die Möglichkeit, Einschränkungen bezüglich des Anfangs oder Endes festzulegen.
- Schritt 6: Um Meilensteine festzulegen, stellen Sie entweder die Vorgangsdauer auf „0 Tage" oder es genügt ein kleines Häkchen links unten in dem angebotenen Fenster. Abschließend mit „OK" bestätigen und der

5.4 Einen Netzplan rasch mit MS Project erstellen

Meilenstein erscheint als Raute. Selbstverständlich kann man den Meilenstein mit den Vorgängen verknüpfen, die erledigt sein müssen, bevor er erreicht ist.

Frühester Endtermin
Der früheste Termin, an dem ein Vorgang beendet werden kann, basierend auf den frühesten Endterminen von Vorgänger- und Nachfolgervorgängen, anderen Einschränkungen und Abgleichsverzögerungen.
Spätester Endtermin
Der späteste Termin, an dem ein Vorgang beendet werden kann, ohne das Ende des Projekts zu verzögern. Dieser Termin basiert auf dem spätesten Anfangstermin des Vorgangs und auf den spätesten Anfangs- und Endterminen von Vorgänger- und Nachfolgervorgängen sowie anderen Einschränkungen.

(Quelle: Microsoft)

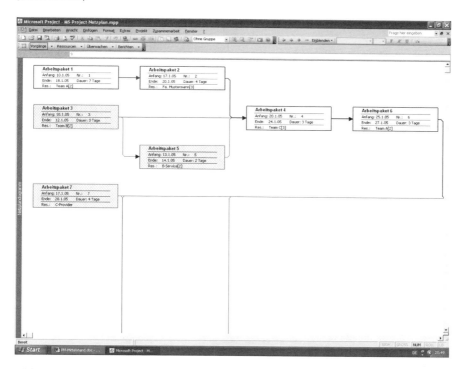

Bild 5.46: Im Netzplan sind Verantwortliche und Personenzahlen für die Arbeitspakete dargestellt

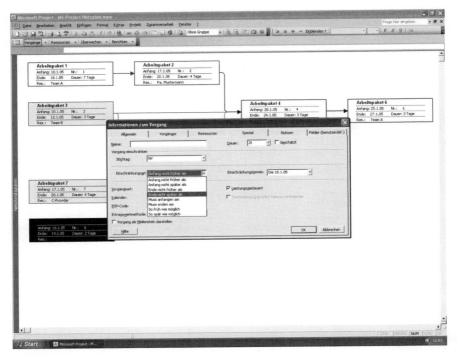

Bild 5.47: Fünfter Schritt zum Netzplan: Spezielle Einschränkungen für Arbeitspakete bestimmen

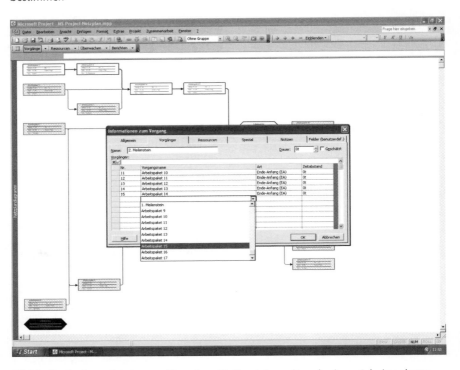

Bild 5.48: Sechster Schritt zum Netzplan: Meilensteine mit vorherigen Arbeitspaketen verknüpfen

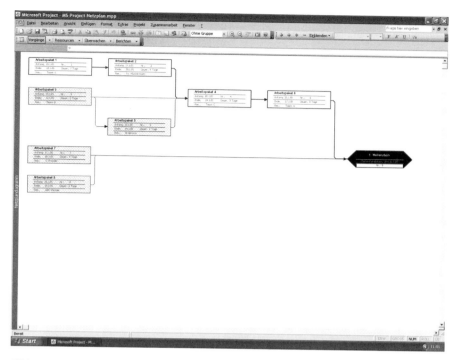

Bild 5.49: Meilensteine werden im Netzplan als Raute dargestellt

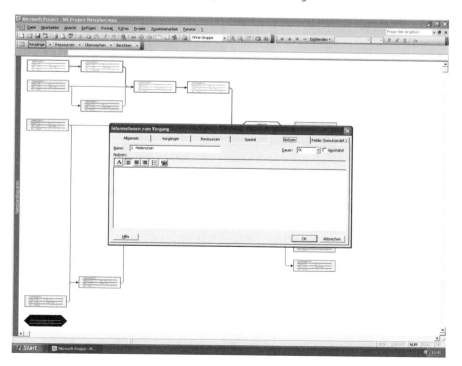

Bild 5.50: Siebter Schritt zum Netzplan: Notizen zu den Arbeitspaketen direkt eintragen ...

144   5 Projektplanung: Kommen Sie mit wenigen Instrumenten und Computerhilfe aus

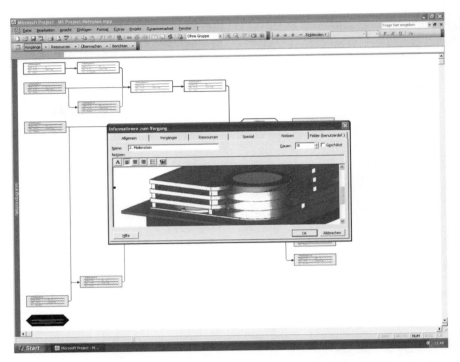

Bild 5.51: ... oder fertige Dateien mit Texten, Bildern oder technischen Zeichnungen hinterlegen

- Schritt 7: Zu jedem Netzknoten können Sie unter „Informationen zum Vorgang" relevante „Notizen" hinzufügen: z.B. Adressen für Beteiligte am Arbeitspaket oder Entwürfe für Texte, Ansichtsskizzen zu Grundrissen oder auch detaillierte Fotos.
So gehen Sie vor: Doppelklick auf den Netzknoten, wo Information zu hinterlegen ist. Im Menüfenster unter „Notizen" erscheint eine weiße Fläche, in die Sie direkt schreiben können. Dann „OK" drücken, schon ist die Information für den Vorgang gespeichert. Falls Sie lieber komplette Text- oder Bilddateien für das Arbeitspaket hinterlegen wollen, auch kein Problem. Nach dem Öffnen von „Notizen" das rechte kleine Symbol „Objekt einfügen" anklicken. „Aus Datei erstellen" drücken, dann „Durchsuchen". Jetzt haben Sie die Möglichkeit, die Festplatte, die Laufwerke oder die Wechseldatenträger durchzugehen. Oder Sie tragen den Namen der Datei direkt ein. „OK", schon erscheint der Dateiinhalt im Notizenfenster. Rechts unten noch mal „OK" bestätigen, nun ist die Grafik oder Fotografie zum Arbeitspaket oder Meilenstein gespeichert. Zum späteren Wiederaufrufen auf den Netzknoten, dann „Notizen" drücken, in das Bild einen Doppelklick zum Maximieren – ganz einfach!

5.4 Einen Netzplan rasch mit MS Project erstellen

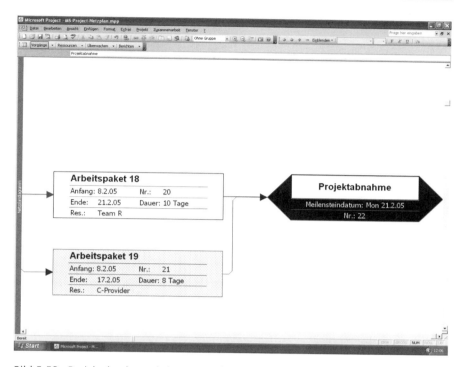

Bild 5.52: Projektabnahme als letzten Meilenstein des Netzplans deutlich darstellen

MS Project bietet noch zahlreiche weitere Möglichkeiten der detaillierten Planung und Ansicht – beispielsweise was die Zeitoptimierungen und die Ressourcengrößen betrifft –, bis Sie das Netzplandiagramm bis zum allerletzten Ereignis, der Projektabnahme bzw. dem Projektende, erstellt haben. Am besten probieren Sie das alles einmal selbst aus. Nur Mut, es ist ganz einfach!

5.4.1 Der kritische Pfad berechnet sich automatisch

Bevor Sie starten, noch ein paar ergänzende Worte zum so genannten „kritischen Pfad", der unzähligen Neulingen des Projektmanagements wie eine geheimnisvolle „Wunderwaffe" vorkommt, aber in Wirklichkeit ganz simpel ist: Es ist die Abfolge von Arbeitspaketen, die termingerecht erledigt werden müssen, damit man das gesamte Projekt plangemäß schafft. Nicht mehr und nicht weniger!

Methode des kritischen Weges
Eine Methode im Projektmanagement, bei der die Gesamtdauer eines Projekts basierend auf den einzelnen Vorgangsdauern und den Anordnungsbeziehungen der Vorgänge untereinander berechnet wird.
Kritischer Weg
Die Abfolge von Vorgängen, die termingerecht abgeschlossen werden müssen, damit das gesamte Projekt planmäßig abgeschlossen wird. Jeder Vorgang auf dem kritischen Weg ist ein kritischer Vorgang.
Kritischer Vorgang
Ein Vorgang, der termingerecht abgeschlossen werden muss, damit das gesamte Projekt planmäßig abgeschlossen wird. Wird ein kritischer Vorgang verzögert, so ist auch der Projektendtermin gefährdet. Die Abfolge der kritischen Vorgänge in einem Projekt bildet den kritischen Weg des Projekts.
Nichtkritischer Vorgang
Ein Vorgang, der über Pufferzeit verfügt und somit den geplanten Endtermin um eine der Pufferzeit entsprechende Zeitspanne überschreiten kann, ohne dass dies zu einer Verzögerung des Projektendtermins führt. Als Puffer wird der Zeitraum bezeichnet, um den sich ein Vorgang verzögern kann, bevor sich diese Verzögerung auf die Termine anderer Vorgänge oder den Projektendtermin auswirkt.
Mehrere kritische Wege
Eine Reihe von Vorgängen, die fristgerecht abgeschlossen werden müssen, damit ein Projekt wie geplant beendet werden kann. Durch die Identifizierung und Überwachung mehrerer kritischer Wege können Sie Situationen effizienter verwalten, die sich auf den Endtermin des Projekts auswirken könnten. In Microsoft Project wird in einem Terminplan standardmäßig nur ein kritischer Weg angezeigt. Sie können dieses Verhalten jedoch ändern, so dass Microsoft Project mehrere kritische Wege anzeigt.

(Quelle: Microsoft)

„Die Critical-Path-Methode (CPM) entstand Mitte der 1950er Jahre in den USA. Ursprünglich wurde sie entwickelt, um das Dilemma der Zeit-Kosten-Wechselbeziehung zu lösen, vor dem viele Projektmanager stehen. Durchführungszeit und Durchführungskosten sind nämlich eng miteinander verbunden. Wenn die Projektdauer verkürzt wird, kostet das Projekt dann mehr oder weniger? Einige Kosten sinken, beispielsweise die Miete für Arbeitsräume, Labore oder Testanlagen, andere Kosten dagegen steigen, z.B. die Zuschläge für Überstunden oder Samstagsarbeit. Für große, komplexe Projekte braucht man eine Darstellungsmöglichkeit wie die CPM, um sämtliche Auswirkungen solcher Veränderungen ermitteln zu können."

Mittlerweile gilt CPM als Standardmethode zur Bestimmung der voraussichtlichen Projektdauer. Die Methode setzt voraus, dass alle Vorgänge des Projekts mit ihren individuellen Dauern in einem Netzplan richtig zueinan-

5.4 Einen Netzplan rasch mit MS Project erstellen

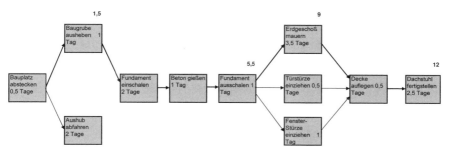

Bild 5.53: „Kritischer Pfad" am einfachen Beispiel

der in Beziehung gesetzt sind. Durch Vorwärtsrechnung werden die frühestmöglichen Lagen der Vorgänge und durch Rückwärtsrechnung ihre spätestmöglichen Lagen berechnet, woraus sich durch Differenzbildungen die Pufferzeiten ergeben.

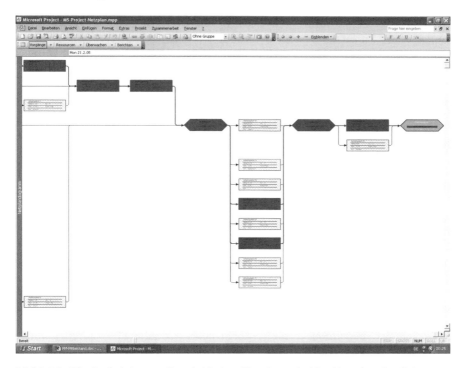

Bild 5.54: Die dunkel dargestellten kritischen Vorgänge sind im Netzplan deutlich sichtbar

Mit einer Software wie MS Project ist es kinderleicht, „kritische" Vorgänge zu erkennen. Die Anwendung komplizierter mathematischer Formeln ist unnötig, der „kritische Pfad" wird vom Programm automatisch berechnet und in Rot dargestellt.

Alle „kritischen" Vorgänge, also die in einer Abfolge geplanten Arbeitspakete ohne Zeitreserve, werden als rote Netzknoten dargestellt. Planen Sie Vorgangszeiten, Ressourceneinheiten oder Zeitabstände um, weist Ihr Netzplan möglicherweise eine andere Abfolge und andere Vorgänge als „kritisch" in Rot aus. Das ist schon fast alles zum Thema „kritischer Pfad", was Sie beachten und sich merken sollten.

5.4.2 Praxisuntauglich ist die kritische Kette

„Bei einem Critical-Chain-Projekt akzeptiert das Management die Tatsache, dass der Zeitbedarf für die Fertigstellung von Aufgaben nicht deterministisch ist. Das Management kümmert sich nicht darum, ob die einzelnen Aufgaben rechtzeitig abgeschlossen werden. Wichtig ist der Endtermin des Projekts." (Quelle: Kerzner. Projektmanagement)

Bei einer Projektplanung nach Critical Chain erhalten die einzelnen Vorgänge keine Pufferzeiten mehr, sondern werden nach ihrer optimistischen Dauer, also extrem knapp geplant. Dem liegt die Erfahrung zugrunde, dass viele Menschen nur unter Zeitdruck wirklich effizient arbeiten. Wissen sie jedoch, dass reichlich Zeitreserve vorhanden ist, tendieren sie dazu, die Aufgabe erst spät anzufangen, parallel etwas anderes zu machen oder schlichtweg langsamer zu arbeiten. Hand aufs Herz – das Phänomen kennt sicherlich so mancher aus seiner eigenen Studentenzeit ...

Bei der Critical-Chain-Methode werden also die zeitlichen Puffer (die Differenz zwischen optimistischer Dauer und pessimistischer Dauer) aus den einzelnen Arbeitspaketen konsequent herausgenommen, kumuliert und an das Ende des Projekts als gemeinsame Reserve angehängt. Dieser gemeinsame Puffer ist nicht notwendigerweise die Summe aller Einzelpuffer, sondern kann – beispielsweise bei parallelen Netzpfaden – auch kürzer ausfallen.

Die Idee, alle Puffer kumuliert an das Projektende zu legen, ist genial und fatal zugleich: Genial, weil planerisch einfach. Jeder halbwegs vernünftige Mensch plant beispielsweise im Rahmen eines Jahresbudgets eine Reserve ein. Nichts anderes tut die „Critical Chain Methode" bezüglich der Zeit. Fatal, weil bei Projekten mit termingenau beauftragten externen Dienstleistern schon leichte Verzögerungen einzelner Arbeitspakete mangels zeitlicher Ausgleichspuffer zum Chaos führen.

Falls Sie das Instrument für interne Projekte trotzdem probieren wollen, bitte sehr: Im Netzplan erhalten die einzelnen Arbeitspakete keine Puffer, also die Netzknoten keine positiven Zeitabstände zubemessen. Beim Vorgang oder Ereignis am Schluss wird der Gesamtpuffer eingeplant. Also lediglich der letzte Netzknoten bekommt einen großen Zeitabstand „en bloc" eingetragen. Das geht so:

5.4 Einen Netzplan rasch mit MS Project erstellen

Machen Sie einen Doppelklick auf den letzten Knoten. Im Menüfenster „Informationen zum Vorgang" unter „Vorgänger" stellen Sie unter „Zeitabstand" eine Gesamtreserve in Tagen für das Projekt ein. Nun nur noch mit „OK" bestätigen – so einfach lassen sich bücherfüllende Theorien mit MS Project unterstützen.

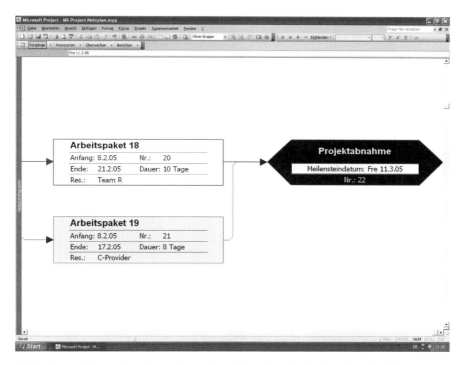

Bild 5.55: „Kritische Kette" summiert alle positiven Zeitabstände auf das Projektende im Netzplan

 Machen Sie die Projektplanung nach der Critical-Chain-Methode:

- Alle Pufferzeiten aus den Schätzwerten für Arbeitspakete herausnehmen!
- Die Mitarbeiter für die Aufgaben sorgfältig und richtig einplanen!
- Mitarbeiter nicht nach pünktlichem Abschluss der Arbeitspakete bewerten!
- Mitarbeiter nicht nach korrekter Zeitbedarfsschätzung bewerten!
- Mitarbeitern erlauben, ausschließlich diese Projektaufgaben zu bearbeiten!
- Gesamtpuffer von 30 bis 50% der Zeit am Projektende einplanen!
- Die Mitarbeiter über diese Zeitreserve nicht informieren!

(Quelle: Kerzner. Projektmanagement)

5.5 Kalkulieren Sie Kosten möglichst realistisch

Die Kostenplanung ist der letzte vorbereitende Schritt des Projektmanagements. Die kalkulierten Kosten sind ein wesentliches Entscheidungskriterium für Beauftragung oder endgültige Genehmigung eines Projekts. Außerdem bilden die Planzahlen die Basis für das Projektcontrolling.

Geplante Kosten
Die ursprünglichen Projektkosten, wie sie im Basisplan festgehalten sind. Die geplanten Kosten sind eine Art Momentaufnahme zum Zeitpunkt der Speicherung des Basisplans.
Die Überwachung der geplanten Kosten und der Vergleich der geplanten Kosten mit den aktuellen Kosten gibt Aufschluss über die Kostenleistung, hilft Ertragswerte zu berechnen.

(Quelle: Microsoft)

Ganz einfach ist eine realistische Kostenplanung allerdings nicht. Es muss geschätzt werden – entweder „top-down" oder „bottom-up" – häufig nach beiden Verfahren.

Top-down-Schätzung
Eine analoge Schätzmethode, bei der die aktuellen Kosten eines früheren, vergleichbaren Projekts als Grundlage für die Schätzung der Gesamtkosten eines aktuellen Projekts verwendet werden. Diese Methode des Anwendens der Gesamtkosten wird häufig verwendet, wenn (z. B. in einer frühen Projektphase) nur begrenzte Detailinformationen zum Projekt verfügbar sind.
Bottom-up-Schätzung
Eine Schätzmethode, bei der die Basiskosten für einzelne Arbeitselemente oder Ressourcen zur Berechnung der Vorgangs-, Ressourcen- und Projektgesamtkosten herangezogen werden.

(Quelle: Microsoft)

Die Zuordnung der Kosten jeweils zu Kostenstellen und zu Kostenträgern ist die Schnittstelle zur Betriebsorganisation. Eine Kostenstelle definiert, wo eine Person verantwortlich ist. Ein Kostenträger sagt, wofür etwas ausgegeben werden soll. Es ist sinnvoll, für ein Projekt eine oder mehrere eigene Kostenstellen einzurichten. Außerdem können sich aus der Projektstruktur spezifische Kostenträger, z. B. für Arbeitspakete, ergeben.

5.5 Kalkulieren Sie Kosten möglichst realistisch

Legen Sie Kostenstellen für das Projekt analog der Verantwortung fest und definieren Sie Kostenträger sinnvoll:
- Kostenstelle Projektmanager
- Kostenstellen Subteamleiter
- Kostenträger Arbeitspakete

Die Kosten sollten nach Projektkostenstellen wie Projektleitung und eventuell Subteamleitungen sowie nach Kostenträgern wie Arbeitspaketen gegliedert sein. Bei kleineren Projekten genügt der Projektmanager als einzige Projektkostenstelle.

Legen Sie Kostengruppen und Kostenarten für das Projekt kompatibel zu den Kategorien im Unternehmen fest:
- Personalkosten (z. B. Gehälter und Personalnebenkosten)
- Personalabhängige Sachkosten (z. B. Kommunikationskosten wie Telefon-, Fax- und Internetgebühren, Fahrt- und Reisekosten, Büromaterialkosten)
- Produktionsmaterialkosten (z. B. Musterbau, Prototyp, Testexemplare)
- Infrastrukturkosten (z. B. Räume, Labors, Testeinrichtungen, EDV)
- Fremdleistungen (z. B. Gutachten, Schulung, Entwicklung)

Um die Kosten eines Unternehmens sinnvoll beurteilen zu können, werden sie in der Regel nach Kostengruppen und Kostenarten unterteilt. Diese Systematik gilt prinzipiell auch für Projektkosten. Eine von der Kostenstruktur des Unternehmens abweichende Organisation der Kosten spezifisch für ein Projekt kann allenfalls in der weiteren Untergliederung einer Kostenart bestehen, wenn das Projekt eine weitere Differenzierung unbedingt erfordert. Ansonsten gilt: Da Projekte von Unternehmen durchgeführt und dort auch die Kosten gebucht werden, ist eine vollständige Kompatibilität der Kostenstruktur des Projekts mit der Kostenstruktur des Unternehmens zwingend erforderlich.

Zusammenfassend ist festzustellen: Die Gliederung nach Kostenstellen, Kostenträgern und Kostenarten definiert die Kostenstruktur des Projekts. Denken Sie dran: Der Kostenplan ist üblicherweise auch ein Bestandteil der Projektdokumentation.

Kostenplanung in EUR

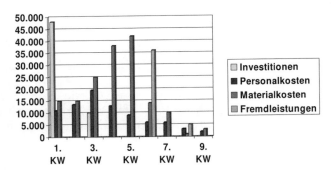

Bild 5.56: Beispiel für die Darstellung von Kostenarten nach dem Zeitverlauf eines Projekts

5.5.1 So planen Sie die Arbeitskosten

In einem traditionellen Betrieb werden Personalkosten meist in Löhne und Gehälter unterteilt. Die Kategorisierung in Arbeiter und Angestellte spielt bei einem Projekt kaum eine Rolle. Sprechen Sie lieber von Arbeitskosten, Personalkosten inklusive aller Nebenkosten. Arbeitskosten sind in Projekten meist die wichtigste Kostenart. Als Projektmanager müssen Sie wissen, ob und wie Sie daran sparen können.

Die Gehälter und Nebenkosten des Teams z.B. sind für die Projektlaufzeit ziemlich unveränderbar, das sind quasi fixe Kosten. Spezialisten aus einzelnen Fachabteilungen oder externe Aushilfen können je nach Kapazitätsbedarf mehr oder weniger stark in Anspruch genommen werden. Sie fallen unter variable Kosten. Mal ist ein genauer Kostensatz pro Zeit- und Leistungseinheit festgelegt, bisweilen muss die Teilnahme pauschal bezahlt werden. Unterscheiden Sie bei den Arbeitskosten:

- Tages- oder Stundensatzermittlung,
- Kalkulation kompletter Leistungen.

Bei internen Projekten planen Sie meist am besten auf der Basis von Tagessätzen. Die Zeit- und Einsatzpläne zeigen, wie viele Arbeitstage pro Teammitglied zu veranschlagen sind. Diese Tage werden dann mit den jeweiligen Tagessätzen multipliziert. So errechnen Sie die Arbeitskosten pro Kopf oder pro Team – bzw. auch pro Arbeitspaket. Alle Teams oder alle Arbeitspakete zusammen addieren ergibt die Arbeitskosten für das gesamte Projekt.

Das Programm MS Project – standardgemäß auf einen Arbeitstag von acht Stunden eingestellt – kalkuliert auf der Basis von Stundensätzen. Hier geben Sie einen Verrechnungsstundensatz pro Berufsgruppe ein, also Tagessatz dividiert durch acht. Diese Werte hat ein guter Controller parat. Er weiß,

5.5 Kalkulieren Sie Kosten möglichst realistisch

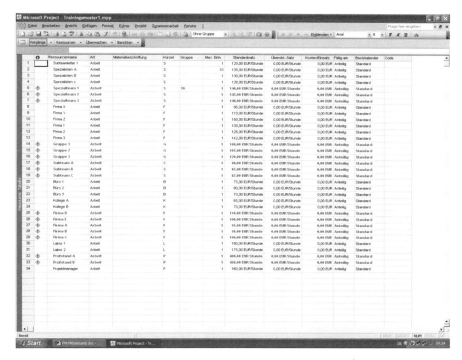

Bild 5.57: Eingabe der Standardstundenverrechnungssätze für Projektmitarbeiter

Überstunden
Überstunden sind die bei einer Zuordnung vorgesehene Arbeit, die über die normale Arbeitszeit der zugeordneten Ressource hinausgeht und für die zum Überstundensatz abgerechnet wird. Überstunden sind nicht als zusätzliche Arbeit anzusehen. Vielmehr wird damit der Anteil der aufgewendeten Arbeit bezeichnet, der in Überstunden festgelegt wurde. Wenn für eine Zuordnung z. B. 40 Stunden Arbeit mit acht Überstunden geplant sind, beträgt die Arbeitszeit insgesamt 48 Stunden: 40 Stunden Regelarbeitszeit und acht Überstunden.
Überstunden können in einer Ressourcenzuordnung angesetzt werden, um den Abschluss der zugeordneten Arbeit zu beschleunigen. Dies wirkt sich häufig auf die Vorgangsdauer aus. Wenn für eine Zuordnung Überstunden eingegeben werden, wird ihre Dauer neu berechnet, indem die Überstunden von der Gesamtarbeitszeit subtrahiert werden.

(Quelle: Microsoft)

was ein Entwicklungsingenieur auf Vollkostenbasis kostet oder ein Marketingexperte oder ein Logistiker oder ein Servicetechniker usw. So gehen Sie zur Projektkalkulation der Arbeitskosten vor: Klicken Sie in MS Project auf „Ansicht", dann auf „Ressource Tabelle". Stellen Sie sicher, dass in der

154 5 Projektplanung: Kommen Sie mit wenigen Instrumenten und Computerhilfe aus

Spalte „Art" durchgängig „Arbeit" eingestellt ist. Nun geben Sie zunächst nur in der Spalte „Standardsatz" für alle Zeilen unter „Ressourcenname" diese internen Verrechnungspauschalen ein.
In Projekten mit starkem Termindruck fallen häufig Überstunden, Samstags- und sogar Sonntagsarbeit an. Eintragen in die Spalte „Überstundensatz" müssen Sie stets dann, wenn bei tariflichen Projektmitarbeitern wirklich Überstundenzuschläge zu bezahlen sind oder Ihrer Kostenstelle belastet werden. Oft verhandelt man nämlich späteren Freizeitausgleich als Kompensation für die Mehrarbeit im Projekt.
Dann müssen Sie das eventuell kalkulieren. Bei außertariflichen oder leitenden Angestellten dagegen sind Überstunden oft arbeitsvertraglich vereinbart. Prüfen Sie also Ihre spezifische Situation und Ihr Projekt und tragen Sie gegebenenfalls zusätzlich Überstundensätze inklusive Nebenkosten ein!
Sind unter einem Ressourcennamen mehrere Personen bzw. ein kleines Team mit identischen Stundenverrechnungssätzen zu kalkulieren, haben Sie das ja schon in Ihrem Ablaufplan unter „Ressource" bei „Einheit" angegeben, erinnern Sie sich?
Falls vergessen oder nicht komplett, holen Sie das jetzt nach. Natürlich können Sie auch Ressourcen teilzeitig oder mit begrenzten Arbeitszeiten an bestimmten Wochentagen einplanen, also gewissermaßen sparen. Dazu bietet die Schaltfläche „Extras" die Möglichkeit „Arbeitszeiten ändern". Nun

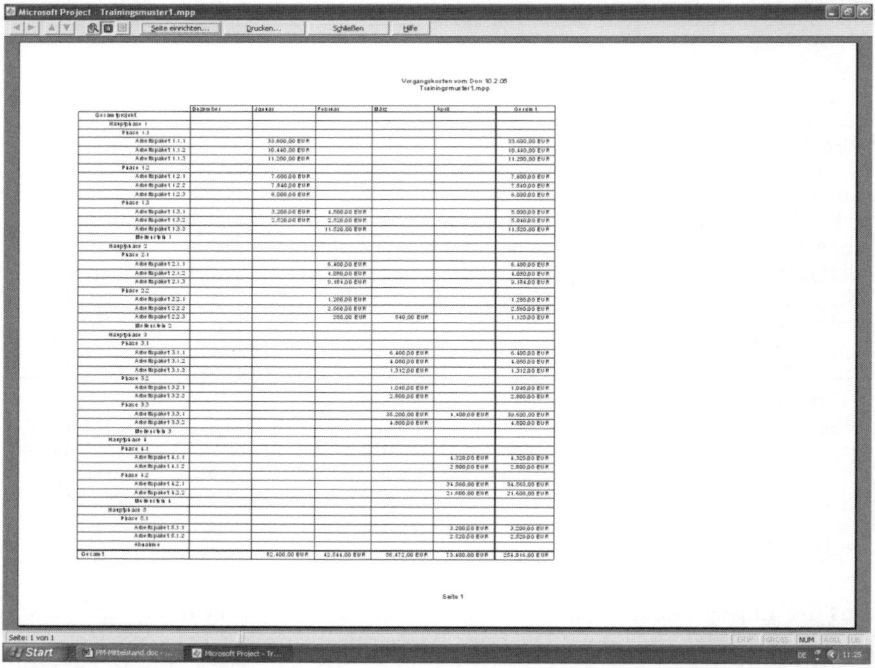

Bild 5.58: Berichtsübersicht der Arbeitskosten, geordnet nach Vorgängen

5.5 Kalkulieren Sie Kosten möglichst realistisch

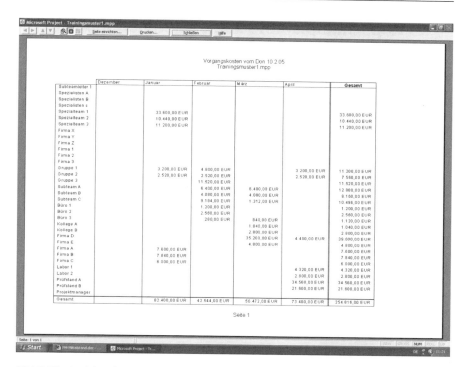

Bild 5.59: Berichtsübersicht der Arbeitskosten geordnet nach Ressourcen

können Sie „Arbeitszeiten ändern für" jede einzelne Ressource. Unter „Ansicht", „Ressource Einsatz" können Sie sogar pro definierter Ressource für jeden Projekttag detailliert teilzeitig planen. Achten Sie aber bei nachträglichen Korrekturen der Ressourcenkapazitäten auf die damit sofort einhergehenden Veränderungen der Zeitplanung. Sobald etwas eingegeben ist, multipliziert das Programm die Stundensätze pro Ressource mit den Einheiten und den vorgesehenen Einsatzzeiten automatisch zu Arbeitskosten.

Die Gesamtübersicht sehen Sie am besten als „Ansicht" unter „Berichte" und dann „Kostenberichte" – unter „Vorgangskosten" und „Bearbeiten" wahlweise nach Ressourcen (Mitarbeiter) oder nach Vorgängen (Arbeitspaketen), Wochen, Monaten oder Jahren ordnen. Nun nur noch „Auswahl" drücken, schon erscheint die Druckansicht „Arbeitskosten" vor Ihren Augen. Ist doch ganz einfach – oder?

Nun werden Sie sich fragen, wie man vorgeht, wenn komplette interne Leistungen wie beispielsweise ein Studio oder ein Labor mit Fachkräften, ein Transporter mit Fahrer, externe Dienstleister oder freie Mitarbeiter zeitweise in das Projekt einbezogen werden. Kann die Software auch Gebühren oder Honorare so planen?

Für technische Ressourcen mit Bedienungskräften gibt es feste Verrechnungssätze. Externe Projektmitarbeiter wie Berater, Moderatoren, Spezialis-

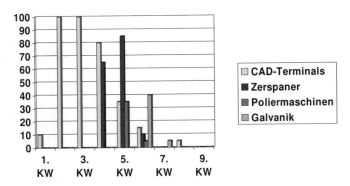

Bild 5.60: Technische Ressourcen nach Stundensätzen planen

ten oder auch Aushilfen kalkulieren häufig ihre Kostensätze selbst, entweder als pauschales Tageshonorar oder als einzelnes Stundenhonorar. Darin sind dann Steuern, Versicherungen und Nebenkosten enthalten. Welcher Honorarsatz angemessen ist, hängt von der Nachfrage nach der speziellen Qualifikation, der Auftragsauslastung des Leistungsanbieters, also der Marktsituation ab. Bei längerem Einsatz können Sie sozusagen Mengenrabatt erwarten. Am besten handeln Sie dann für ein bestimmtes größeres Planvolumen einen günstigen pauschalen Stundensatz aus.

> Lassen Sie sich ein verbindliches Leistungsangebot machen und bestätigen dieses schriftlich. So herrscht für beide Seiten – Projektleiter und externen Mitarbeiter – Klarheit. Klarer ist, wenn Sie einen Vertrag schließen. Bei einem Werkvertrag z. B. muss der Auftragnehmer eine definierte Leistung erbringen. Wird ein höherer Zeitaufwand als kalkuliert notwendig, übernimmt er das Risiko. Wird aber ein Dienstleistungsvertrag auf Zeitbasis vereinbart, trägt der Auftraggeber das Risiko. Überlegen Sie, was für Ihr Projekt besser ist!

Zur Kalkulation interner technischer Einrichtungen oder externer Dienstleistungen geben Sie – sofern nicht Komplettpreis vereinbart – den pauschal angebotenen oder verhandelten Nutzungs- oder Honorarstundensatz eines Anbieters genauso wie die internen Verrechnungsstundensätze unter „Ansicht", „Ressource Tabelle", „Ressourcenname" in die Spalte „Standardsatz" ein. Sind mehrere externe Personen mit identischen Stundensätzen für eine Aufgabe zu kalkulieren, schreiben Sie unter „Ressource" in der Spalte „Einheit" die entsprechende Absolut- oder Prozentzahl rein. Das Programm multipliziert auch diesmal Kapazitäten mit dem Standardstundensatz pro Person und den geplanten Einsatzzeiten automatisch zu Gesamt-

kosten. Die Arbeitskostenaufstellung finden Sie integriert unter „Berichte", „Kostenbericht" – wiederum wahlweise geordnet nach „Ressourcen" (Mitarbeiter) oder nach „Vorgängen" (Arbeitspaketen).
Rechnerisch werden interne und externe Projektmitarbeiter (Ressource Arbeit) von MS Project gleich behandelt. Welche Stundensätze für welche Personen in welch großen Gruppen angemessen sind, müssen Sie als Projektplaner selbst festlegen.

Trainingsplan für Projektmitarbeiter

Name/Kurs	MS-Project	Rhetorik	Englisch	Präsentation
Maier	18.03.05			
Müller		24.04.05		16.05.05
Schulz			19.02.05	
Becker			19.02.05	
Kanter	18.03.05		20.02.05	
Huber				
Stenzel				16.05.05

Bild 5.61: Trainingsplan für Projektmitarbeiter

Sollten sich einige Ihrer Mitarbeiter für den Projektjob noch qualifizieren müssen, vergessen Sie die oft hohen Aufwendungen dafür nicht. Machen Sie gegebenenfalls einen Trainingsplan für Ihr Team. Spezielle Weiterbildungskosten kalkulieren Sie am besten separat und versuchen beim Personalleiter zu erreichen, dass Ihre Projektkostenstelle nur einen Teil davon tragen muss. Schließlich sollen Ihre Leute mit dem wertvollen Zusatzwissen nach dem Projekt woanders eingesetzt werden – alles klar?
Nun noch kurz zu den personalabhängigen Projektkostenarten, wie den „normalen" Büromaterialien, den Kommunikations- und Reisekosten: Hierzulande hat sich ein gängiger Erfahrungswert herauskristallisiert. Rechnen Sie bei durchschnittlichem Schreibpapier- und Kopierverbrauch, normalem Telefonbedarf, täglicher E-Mail- und Internetnutzung auf Flatrate-Basis, kurzen Dienstfahrten und gelegentlichen Dienstreisen einfach rund ein Fünftel auf die Arbeitskosten drauf. In den meisten Fällen liegen Sie goldrichtig!

5.5.2 So planen Sie die Materialkosten

Unterscheiden Sie nur in Materialien für Büro bzw. Verwaltung und in Materialien für Produktion inklusive Entwicklung, Konstruktion, Musterbau und Versuch.

Zunächst zu Ersterem: Bekanntlich macht Kleinvieh auch Mist. Und so sollten Sie auch die laufenden Büroausgaben nicht vergessen. Die Höhe ist wesentlich von der Zahl der Projektmitarbeiter und den Einsatzzeiten abhängig. Sinnvoll ist es – wie gerade gesagt – als personalabhängige Sachkosten neben Kommunikation und Dienstfahrten auch Büromaterial per Aufschlag auf die Arbeitskosten zu planen. Mit 5 % pauschal ausschließlich dafür kalkulieren Sie realitätsnah!

Kalkulieren Sie die Projektmaterialkosten unterschiedlich:

- Büromaterial pauschal als Aufschlag auf die Arbeitskosten
- Produktionsmaterial nur bedarfsgerecht nach Materiallisten

Halten Sie den Planungsaufwand so gering wie möglich!

Während Arbeitskosten immer anfallen und in vielen Projekten die Hauptkostenart darstellen, ist es mit den Materialkosten sehr unterschiedlich. In Dienstleistungs-, Organisations- und Beratungsprojekten fallen außer für Büroverbrauchsmaterial oft gar keine Materialkosten an. In F&E-Projekten müssen oft Modelle gebaut, Muster, Prototypen oder Testexemplare aus Produktionsmaterialien wie Kunststoffen, Metallen, aus Teilen oder Komponenten hergestellt werden. Bei Bauprojekten spielt das Baumaterial bekanntlich eine ganz erhebliche Rolle bei den Kosten.

Zu den Produktionsmaterialkosten zählen alle beschafften Roh-, Hilfs- und Betriebsstoffe sowie fertige Produkte, Komponenten und Bauteile. Rohstoffe und fertige Teile können Sie in aller Regel leicht planen, weil sich die Anzahl und Spezifikationen aus der Produktdefinition ergeben. Hilfs- und Betriebsstoffe gehören klassischerweise zu den Gemeinkosten. Sie verhalten sich meist proportional zu den anderen Bezugsgrößen. Produktionsmaterialkosten werden gemäß der Verbrauchsmenge für eine Einheit, dem Ausschuss und Schwund und gemäß den angebotenen Preisen pro Materialeinheit meist in Excel geplant.

Kalkulieren Sie das Produktionsmaterial am besten nach Material- bzw. Stücklisten, die alle Lieferanten umfassen, von denen gekauft werden soll. Vergessen Sie die Kosten für Transport und Lagerhaltung nicht. Nach den Einkaufsverhandlungen erstellt man einen Beschaffungsplan mit Zeiten. Nun müssen Sie die Preise je nach Projektart individuell – und unabhängig von der Arbeitskostenberechnung in MS Project – addieren, um auf die gesamten Produktionsmaterialkosten zu kommen.

Für die Kalkulation der Produktionsmaterialkosten ist MS Project nicht praktikabel. Es würde einem typischen Projektbedarf nicht gerecht, das Produktionsmaterial mit einem Standardpreis und der Zeit linear multiplizieren zu wollen. Das würde allenfalls für eine Serienproduktion gewissen Sinn machen. Wohl aber können Sie Material- und Stücklisten in Ihre computerbasierte Kapazitäten- und Zeitplanung als Anlage integrieren. Erinnern Sie sich? Beim Balkendiagramm beispielsweise kann man in der Spalte „I" beliebige Dokumente hinterlegen, also auch Materiallisten für jedes einzelne Arbeitspaket. Das gibt Ihnen zeitgerecht eine gute Gesamtübersicht.

5.5.3 Investition oder Leasing präferieren

Die Investitionen für ein Projekt geben oft Anlass zu kontroversen Diskussionen. Häufig wird eine Anschaffung notwendig, die sich aber für das Projekt allein nicht lohnt, sondern vernünftigerweise auch anderswo in der Firma eingesetzt wird. Später ab Projektende steht sie zur Nachnutzung bereit. Typische Investitionen sind Computer, Maschinen, Werkzeuge oder Laborgeräte. Wer trägt nun solch eine Investition? Ausschließlich die Projektkostenstelle? Oder eine zentrale Kostenstelle des Unternehmens, die den Investitionsgegenstand dem Projekt gegen „En-bloc"-Verrechnung oder gegen zeitliche Nutzungsgebühr zur Verfügung stellt? Oder gar nicht kaufen, sondern lieber nur leasen?

 Investitionen im Projekt:

Beispiel 1: Leasing
Für ein F&E-Projekt wird eine Messanlage benötigt, die 100.000 Euro kostet und parallel in der Entwicklungsabteilung oder später für Folgeprojekte eingesetzt werden kann. Das Unternehmen least die Anlage komplett vom Hersteller bzw. seiner Leasingfirma für eine monatliche Rate von 2.500 Euro, tätigt also gar keine Investition. Die Leasingrate wird der Projektkostenstelle anteilig belastet, dort unter „Sachkosten", Kostengruppe „Infrastrukturkosten", Kostenart „Labors und Technische Einrichtungen" verbucht. Ab Projektende übernimmt eine andere Kostenstelle des Unternehmens die Leasingrate. Am Ende der vereinbarten Laufzeit von drei Jahren geht die Messanlage an den Leasinggeber zurück. Vorteil ist die einfache lineare Kostenzuordnung zum Projekt. Nachteil ist die spätere Kostenbelastung einer Abteilung, welche die Messanlage vielleicht nicht so intensiv braucht. Leasing bietet sich besonders dann an, wenn Projektdauer und Leasinglaufzeit korrespondieren.

Beispiel 2: Kauf
Das Projekt benötigt die Messanlage für 100.000 Euro. Das Unternehmen als Rechtsperson kauft sie, tätigt also die Investition. Die Projektleitung plant die Anlage für einen Zeitraum von sechs Monaten ein. Dann hat sie buchhalterisch noch einen Wert von circa 80.000 Euro. Dieser Wert spiegelt Abnutzung und technologische Veralterung wider. Die Differenz ist die anteilige Abschreibung, die das Projekt zu tragen hat. Eventuell kommen noch Finanzierungszinsen für den Zeitraum hinzu. Vorteil ist, dass die Messanlage auch nach kompletter Abschreibung voraussichtlich im Unternehmen nachgenutzt werden kann. Als Nachteil ist der höhere Zuordnungsaufwand bezüglich Kostenstellen zu sehen. Außerdem ist eine Messanlage irgendwann technisch nicht mehr auf der Höhe. Kauf empfiehlt sich besonders, wenn der Investitionsgegenstand sehr speziell ist, weit über das Projekt hinaus ausgelastet oder vielfältig nachgenutzt wird.

Bei der Projektkalkulation ist für den Umgang mit Investitionen entscheidend, ob sie das Projektbudget mit den vollen Anschaffungskosten oder nur mit zeit- und vorhabensanteiligen Abschreibungskosten belasten. Wenn Sie eine gesamte Anschaffungssumme von Ihrem Projektbudget bestreiten sollen, müssen Sie dies natürlich bei der Kalkulation berücksichtigen. Und im Sinne eines fairen Ausgleichs sollte Ihr Projekt in diesem Fall möglichst wenig mit weiteren Abschreibungen bestehender Anlagen belastet werden. Wenn nur die anteiligen Abschreibungen für Ihr Projekt zu Buche schlagen, muss auf einer anderen Kostenstelle die notwendige Liquidität für die Anschaffung rechtzeitig gesichert sein. Kümmern Sie sich mit darum. Achten Sie in der Projektkalkulation immer darauf, dass Ihnen nicht noch weitere Abschreibungskosten vorhandener Anlagen aufs Auge gedrückt werden können.

> **Hinweis:**
> Aus Ihrer Sicht als Projektleiter spricht vieles für Leasing! Ihr Chef als solider und liquider Familienunternehmer kauft lieber ohne Finanzierung? Gerade bei Mittelständlern sind Investitionen oft eine Frage der Philosophie!

5.6 Kalkulieren Sie Risiken ein

Niemand kann den Projekterfolg garantieren. Es gibt Risiken, „mögliche negative Abweichungen im Projektverlauf (relevante Gefahren) gegenüber der Projektplanung durch Eintreten von ungeplanten oder Nicht-Eintreten von geplanten Ereignissen oder Umständen (Risikofaktoren)". (DIN 69901-5: 2009-01)

> **Risiko**
>
> Ein Ereignis oder eine Situation, das bzw. die sich möglicherweise negativ auf den Umfang, den Terminplan, den Kostenrahmen oder die Qualität des Projekts auswirkt.

(Quelle: Microsoft)

Risiken sind künftige Bedingungen oder Situationen, die außerhalb der Kontrolle Ihres Projektteams existieren. Wenn sie eintreten, haben sie negativen Einfluss auf das Projekt. Ein Risiko ist ein potentielles Problem, das noch nicht aufgetreten ist.

5.6 Kalkulieren Sie Risiken ein

 Beispiele für Risikokategorien in Projekten:

- Technische Risiken (z. B. unerwartete Materialeigenschaften)
- Betriebswirtschaftliche Risiken (z. B. Insolvenz von Projektpartnern)
- Personelle Risiken (z. B. Krankheit und Kündigung von Projektentscheidern)
- Politische Risiken (z. B. Strategieänderung bei Organisationsprojekten)
- Marktrisiken (z. B. Konkurrenzprodukt besser und billiger)
- Meteorologische Risiken (z. B. Wetterkatastrophen bei Bauprojekten)

Viele Risiken sind charakteristisch. Mit gründlichem Nachdenken kann man sie voraussehen. Außerdem existieren in vielen Branchen bereits Kategorien typischer Risiken, die aus der Erfahrung vieler Projekte heraus entwickelt wurden.

Tabelle 5.1: Kategorien und Beispiele von Projektrisiken

Externe Risiken	Interne Risiken
Kundenrisiken: • Neue Ansprechpartner • Modifizierte Anforderungen • Veränderte Bonität • Kundeninsolvenz	Konzeptrisiken: • Zieländerungen • Lastenhefterweiterungen • Fehlende Zertifikationen • Sicherheitsprobleme
Vertragsrisiken: • Unklar definierte Arbeitsleistungen • Einbindung Dritter Vertragspartner • Ungünstige Regressregelungen • Zu breite Garantiezusagen • Teure Bürgschaften	Ausrüstungsrisiken: • Verspätete Ausrüstung • Defekte Maschinen • Fehlende Spezialwerkzeuge • Inkompatible Schnittstellen • Laborbrand
Lieferantenrisiken: • Rohstoffverteuerungen • Mangelnde Teileverfügbarkeit • Verspätete Lieferungen • Keine Lieferantenalternative • Lieferanteninsolvenz	Personalrisiken: • Mangelnde Projekterfahrung • Fehlende Spezialisten • Schwere Erkrankungen • Nachlassende Motivation • Fremdsprachenprobleme
Umweltrisiken: • Wettereinbruch • Naturkatastrophen • Strengere Umweltauflagen • Umweltinitiativen	Finanzierungsrisiken: • Knapper Finanzierungsrahmen • Hohe Vorfinanzierungen • Ausbleibende Abschlagszahlungen • Liquiditätsprobleme

Tabelle 5.1: Fortsetzung

Externe Risiken	Interne Risiken
Wirtschaftsrisiken: • Wettbewerbssituation • Konjunktureinbruch • Währungsänderungen	Administrative Risiken: • EDV-Systemausfälle • Wechsel im Topmanagement • Unternehmensverkauf
Politische Risiken: • Genehmigungen • Gesetzesänderungen • Regierungswechsel • Streiks/Ausstände	Andere Risiken: • Keine Lösungsideen • Emissionszwischenfälle • Betriebsunfälle • Widerstand vom Betriebsrat

Zunächst müssen Sie also potentielle Projektrisiken überhaupt erst erkennen. Das ist insofern besonders schwierig, weil viele Risiken außerhalb selbst der kühnsten Vorstellungskraft aller Beteiligten lauern. Wer hätte bei einem Hotelbauprojekt in Indonesien oder Thailand bis dahin überhaupt an eine Tsunami-Welle gedacht?

Die drei Schritte im Risikomanagement von Projekten:

- *Risiko identifizieren:* Suchen Sie nach Branchenerfahrungen, finden Sie heraus, welche Risikolisten schon existieren (vergleichbare Projekte in der Firma, Infos vom Branchenverband, Gespräche auf Fachmessen, Beispiele aus dem Internet). Machen Sie ein Brainstorming, welche Punkte speziell für Ihr Projekt außerdem kritisch werden könnten.
- *Risiko quantifizieren:* Kalkulieren Sie für jedes identifizierte Risiko einzeln, was das Eintreten bedeuten würde hinsichtlich Zeitverzug, Kostenerhöhung und Funktionsnachteil. Machen Sie dazu alternative Zeit- und Kostenpläne mit MS Project oder Materiallisten auf Excel-Basis.
- *Risiko kontrollieren:* Legen Sie fest, wie Sie den Risiken begegnen wollen. Einige Risiken kann man eliminieren, andere abwenden oder abschwächen, manche muss man akzeptieren. Planen Sie Maßnahmen.

Sobald identifiziert, schätzt man ein Risiko hinsichtlich Eintrittswahrscheinlichkeit, Auswirkung und Schaden. Für Risiken mit großen Auswirkungen und hoher Wahrscheinlichkeit planen Sie geeignete Gegenmaßnahmen zur Risikominimierung oder entwickeln Szenarien zur Schadensbegrenzung. Das können beispielsweise Alternativ- oder Notfallpläne sein, die im Fall des Risikoeintritts den alten Plan ersetzen. Risiken mit mittleren Auswirkungen, aber geringer Wahrscheinlichkeit begegnet man gern mit „Augen zu und durch", ohne Fall-back-Pläne zu erarbeiten. Lästig sind Risiken geringer Größe, aber großer Häufigkeit, sie sind „Sand im Getriebe" und behin-

5.6 Kalkulieren Sie Risiken ein

dern immer wieder den Projektablauf. Hier sollten Sie trotz geringer Einzelschäden möglichst früh konkrete Gegenmaßnahmen ergreifen.

> DIN 69901-5: 2009-01 definiert die Risikoanalyse als „Projektmanagement-Prozess, der die Identifikation und Bewertung von Projektrisiken umfasst". Die Risikoanalyse sollte so früh wie möglich stattfinden, am besten vor Beginn des Projekts, nicht erst, wenn das Projekt bereits in einer Krise steckt und dann mit einer Projektanalyse nach Problemursachen und Lösungswegen gesucht wird. Fachleute verwenden den Begriff Risikoanalyse im Sinne der Risikoidentifikation und der qualitativen Risikoanalyse. Die quantitative Risikoanalyse bzw. die Risikobewertung wird auf gleicher Ebene neben die Risikoanalyse gestellt. Projektumfeldanalyse und Machbarkeitsstudien sind Voraussetzungen einer belastbaren Risikoanalyse. Die ausführlichste Methode der Risikoanalyse ist die so genannte Fehlermöglichkeits- und -einflussanalyse (FMEA).

(Quelle: Projekt-Magazin: Glossar)

> **Methoden der Risikovorsorge sind:**
> - Risikovermeidung (Risikofaktoren eliminieren oder Projektplan ändern)
> - Risikoverminderung (Risikofaktoren oder Risikotragweiten reduzieren)
> - Risikoübertragung (Risiken vertraglich auf Projektpartner verlagern)
> - Risikofinanzierung (Rücklagen bilden oder Versicherungen abschließen)
> - Risiko-Fall-back (Alternativpläne für das Eintreten von Risiken entwickeln)
>
> Nach den Maßnahmen der Risikovorsorge bleiben Restrisiken für das Projekt.

Bei Alternativplänen beispielsweise kalkuliert man die Zeitverzögerungen, die Kostenerhöhungen oder die Funktionseinbußen, die im Risikofall wahrscheinlich zu erwarten sind. So geht man alle wesentlichen großen Risiken planerisch durch. Das kann durch Alternativpläne in MS Project geschehen. Speichern Sie den Basisplan und kopieren Sie ihn als Risikoplan 1, Risikoplan 2, Risikoplan 3 usw. Nun gehen Sie so die größten Risiken kalkulatorisch durch. Was könnte das Eintreten bedeuten? Ändern Sie im Balkendiagramm oder Netzplan die Zeiten entsprechend zu befürchtender Verzögerungen. Die Arbeitskosten werden, automatisch erhöht, neu berechnet. Die Materialkosten sind sinnvollerweise in Excel erfasst. Hier kopieren Sie die Materiallisten ebenfalls zu Risikoplan 1, 2, 3 usw.

Kalkulieren Sie nun durch verschiedene Risiken zu erwartende Verteuerungen der Materialkosten in den Materiallisten. Machen Sie pro Hauptrisiko eine Übersicht.

5 Projektplanung: Kommen Sie mit wenigen Instrumenten und Computerhilfe aus

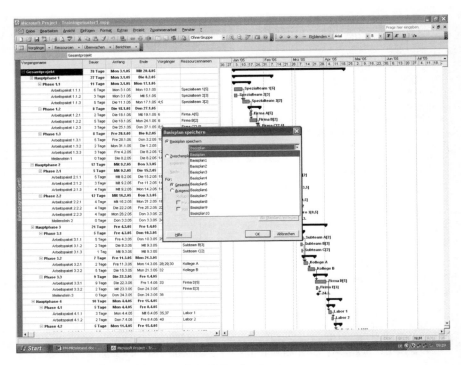

Bild 5.62: Basisplan speichern und als Risikoplan kopieren

Risikomanagementplan
Das Dokument, in dem beschrieben wird, wie auf Risiken im Projektverlauf reagiert wird. Dieses Dokument kann bereits identifizierte Risiken, Risikowahrscheinlichkeiten, einen Alternativplan, eine Methode zum Implementieren des Alternativplans und eine Strategie für die Ressourcenzuteilung im Falle eines Risikoereignisses umfassen.

(Quelle: Microsoft)

Merken Sie sich last, not least: Gerade im Mittelstand wird Risikomanagement verhältnismäßig selten angewandt – und wenn, dann meist nur in Ansätzen. Der Aufwand dafür erscheint unverhältnismäßig hoch – im Gegensatz zu dem relativ geringen Nutzen, der erwartet wird. Darum verzichtet man lieber ganz darauf. Doch Risikomanagement lohnt sich sogar auch bei kleinen und mittleren Projekten. Übertreiben Sie nicht und machen Sie daraus keine planerische Overkill-Orgie!

5.6 Kalkulieren Sie Risiken ein

 Checkliste für die Projektplanung:

- Projektauftrag ist erstellt und genehmigt.
- Mitarbeiter des Projektteams sind ausgewählt.
- Projektstrukturplan ist übersichtlich erstellt.
- Teammitarbeiter kennen Aufgaben und Zeitaufwand.
- Notwendige Ressourcen sind beantragt und genehmigt.
- Projektbudget ist beantragt und genehmigt.
- Meilensteinplan und Terminplan sind erstellt.
- Kostenpläne für Arbeit und Material stehen.
- Risiken sind durch Alternativpläne einkalkuliert.

6 Projektdurchführung: Arbeiten Sie verantwortungsvoll zusammen

Nachdem Sie Zeiten, Ressourcen und Kosten für Ihr Projekt kalkuliert haben, speichern Sie die Daten als Basisplan 1. Risikopläne stehen. Die Planungsphase ist geschafft, das Okay von Geschäftsleitung oder Lenkungsausschuss liegt vor. Aber erwarten Sie nicht, dass alles wie am Schnürchen läuft. Kaum haben Sie begonnen, nach dem Basisplan zu arbeiten, hat Ihr Chef noch Änderungswünsche.

Basisplan
Der ursprüngliche Projektplan, anhand dessen Sie den Projektfortschritt beobachten können. Der Basisplan enthält Daten zu folgenden Elementen:
Vorgängen (Anfangs- und Endtermine, Dauern, Arbeit und Kosten nach Zeitphasen)
Ressourcen (Arbeit, Kosten, Arbeit nach Zeitphasen und Kosten nach Zeitphasen)
Zuordnungen (Anfangs- und Endtermine, Arbeit und Kosten nach Zeitphasen)

(Quelle: Microsoft)

Wetten, dass es Ihnen da nicht besser geht als anderen Projektmanagern? Also Plan überarbeiten, als Basisplan 2 speichern, dann Basisplan 3. Nun gilt es, die Planung konsequent Schritt für Schritt umzusetzen.
Nun tragen Sie die volle Projektverantwortung. Sie besteht aus drei Bestandteilen: Aufgabe, Befugnis und Rechenschaftspflicht. Es ist nicht möglich, für eine Aufgabe ohne die entsprechenden Befugnisse (z.B. Entscheidungs- und Weisungsrecht bzw. Zeichnungsvollmachten) verantwortlich zu sein. Verantwortung bedeutet auch, dass aus unterlassenem oder falschem Handeln später Konsequenzen wie Vertragsstrafen oder disziplinarische Strafen erwachsen. Die müssen Sie als Projektleiter tragen – persönlich. Im harmlosesten Fall bekommt Ihre berufliche Karriere einen Knick.

Hauptelemente der Projektrealisierung	
Durchführung	Das ist die eigentliche Arbeit!
Projektcontrolling	Laufende Kostenkontrolle nötig!
Abweichungssteuerung	Neue Lage braucht Reaktion!
Planaktualisierung	Weitere Planung neu anpassen!
Meilensteine	Zeigen, ob die Richtung stimmt!
Abnahme	Projektteam liefert Ergebnis!

6 Projektdurchführung: Arbeiten Sie verantwortungsvoll zusammen

Was die Durchführung eines Projekts in der Praxis betrifft, so gibt es für bestimmte Phasen oder einzelne Arbeitspakete zusätzliche Teilverantwortungen. Eine RACI-Matrix hilft Ihnen, für alle Vorgänge vier Arten von Zuständigkeiten darzustellen:

- Responsible – verantwortlich im disziplinarischen Sinne.
- Accountable – verantwortlich aus Kostenträger- oder Kostenstellensicht.
- Consulted – verantwortlich in fachlicher Hinsicht.
- Informed – benötigt die Information für andere Verantwortlichkeiten.

Da nur diese vier Dimensionen grundsätzlich möglich sind, stellt die RACI-Matrix zumindest theoretisch eine vollständige Abdeckung der Zuständigkeiten dar. Als Arbeitshilfe gibt es auch Alternativen. Eine einfache pragmatische Unterstützung bei der Projektarbeit beispielsweise ist die IMV-Matrix:

- Information – über das Arbeitspaket nur zu informieren ist ...
- Mitarbeit – an dem Arbeitspaket sollen Folgende mitarbeiten ...
- Verantwortung – das Arbeitspaket hat zu verantworten ...

Falls in der Planung noch nicht geschehen, legen Sie für jedes Arbeitspaket fest, wer die Verantwortung hat. Schreiben Sie auf, wer außerdem daran mitarbeiten muss, z.B. können externe Spezialisten oder Kollegen aus Fachabteilungen unentbehrlich sein. Und machen Sie sich klar, welche Leute zumindest darüber informiert sein sollten. Minimieren Sie so gekränkte Eitelkeiten bzw. die Zahl der Beleidigten. Und vor allem – ersparen Sie sich so selbst viel Ärger!

IMV-Matrix als Arbeitshilfe

	Vorstand bzw. GL	Vertrieb	F + E	Fertigung	Qualitäts-Sicherung	Finanzen	Material-Wirtschaft	Personalwesen
Vertrags-Prüfung	I	V	M	M	M	M	I	M
Design-Lenkung	I	M	V	M	M	I	I	I
Beschaffung	I	M	M	M	M	I	V	
Prozess-Lenkung	I	I	M	V	M	I	M	
QS-Prüfung	I	I	I	M	V	I	M	
Kunden-Dienst	I	M	M	M	V	I	M	
Qualitäts-Kosten	I	I	M	M	V	M	M	I
Personal Training	M	M	M	M	M	M	M	V

Bild 6.1: IMV-Matrix als Arbeitshilfe in einem Auftragsprojekt

In der praktischen Projektarbeit sind komplexere oder sensiblere Unterscheidungen vonnöten, vor allem wenn es um Matrixorganisationen geht. Manchmal gibt es zwischen Projektleitung und Linienfunktion überschneidende Verantwortlichkeiten. Hier ist die Gefahr von Konflikten besonders groß. Starre Zuständigkeitsgrenzen zu definieren hilft nur in der Theorie. Praxisgerechter ist es, sich untereinander flexibel abzusprechen. Wachen Sie als Projektleiter nicht eifersüchtig über Ihre Kompetenz, geben Sie einbezogenen Linienfunktionen auch Verantwortungsspielraum und bitte schön – beziehen Sie die Leute ein ...

 Praxisbeispiel: Vom Barcode zum Brötchen – COSYS automatisiert BÄKO

Wie kommen Mehl, Sesamkörner, Sultaninen und tausende weitere Produkte zum Bäcker? Die Antwort liegt in einer ausgefeilten Logistik. BÄKO beliefert mit zirka 70 lokalen Genossenschaften die Bäcker und Konditoren in ganz Deutschland. Die schnelle, korrekte Lieferung von Frisch- und Tiefkühlwaren stellt in dem logistischen Prozess der BÄKO eine besondere Herausforderung dar. Für die Identifikation, Nachverfolgung und Fakturierung der Ware hat die BÄKO Weser-Ems eG zusammen mit der COSYS Ident GmbH, einer mittelständischen EDV-Softwarefirma aus dem niedersächsischen Holle, eine Lösung entwickelt.

Bei BÄKO drückt sich Kundennähe durch einen besonderen Lieferservice aus. Der Verkauf der Waren erfolgt durch die Fahrer. Die Bäcker und Konditoren können so vor Ort entscheiden, welche Ware sie benötigen und tagesaktuelle Angebote nutzen. Bis zu Projektbeginn wurden die Lieferungen an die Kunden über einen Barcode-Lesestift erfasst und an ein mobiles Erfassungsgerät übergeben. Dazu benötigten die Fahrer beide Hände. Auch die Lesung mit dem Lesestift war meist schwierig. Zusätzlich musste jeder Fahrer noch Papierlisten zu Produkten und Beladung des Fahrzeugs handhaben. Als Quittungsbeleg für den Kunden gab es nur einen kleinen Kassenbon.

Ein Projektziel war, den Kunden mehr Informationen auf dem Lieferbeleg zu geben: Kunden-, Lieferschein- und Fahrernummer, Artikelbezeichnung, Kaufdatum, Tagespreise für Saisonware. Diese Daten sollten sowohl in Klarschrift als auch in einem Barcode verschlüsselt dargestellt werden. Zu den Aufgaben des Projektes zählte die Erstellung einer kundenspezifischen Software, die Auswahl und Einführung der mobilen Erfassungs- und Ausgabegeräte sowie die Integration in die bestehende Umgebung.

Ein Projektteam aus Mitarbeitern der BÄKO EDV-Abteilung und der COSYS wurde zusammengestellt. Nach der Festlegung der Anforderungen und Abläufe sollten zunächst die richtigen Erfassungsgeräte ausgewählt werden. Dafür waren die Fahrer selbst zuständig. Ausgestattet mit der entsprechenden Software wurde das Gerät zur mobilen Datenerfassung (MDE) dann von einem Fahrer einen Monat lang im täglichen Einsatz auf „Herz und Nieren" getestet. Die daraus resultierenden Änderungswünsche wurden in die bestehende Software implementiert. Danach erfolgte eine zweite Testphase mit zwei weiteren Verkaufsfahrern. Erst nach weiteren zwei Monaten wurde das System in einem „teach to teach" Verfahren schrittweise eingeführt. „Das eigentliche Erfolgsrezept des Projektes lag darin, die Betroffenen frühzeitig einzubeziehen und vertrauensvoll mit ihnen zusammenzuarbeiten", ist COSYS IT-Berater Horst Feldhaus überzeugt. Nach circa sechs Monaten waren sämtliche Verkaufsfahrer mit dem neuen Handscanner und der entsprechenden Infrastruktur auf den Lieferfahrzeugen ausgestattet. Der Übergang in die neue Technologie klappte reibungslos. In einem Folgeprojekt bei BÄKO wurde das System GPRS-fähig ausgebaut.

6.1 Arbeitspakete an Teammitglieder vergeben

Die richtige Übergabe einer Aufgabe ist entscheidend dafür, dass ein Mitarbeiter sie korrekt bearbeitet. Als guter Projektleiter sollten Sie möglichst jeden offiziellen und inoffiziellen Teilnehmer Ihres Teams an der Aufgabenklärung beteiligen. Holen Sie umfassende Akzeptanz ein. Machen Sie bei der Aufgabenklärung einige Beispiele oder sogar Handgriffe vor. Visualisieren Sie die erwünschten fachlichen Resultate. Zeigen Sie die Folgen auf, wenn die Aufgaben gut oder schlecht erledigt werden. Dann verteilen Sie die Aufgaben – so gerecht es eben geht – nach Fähigkeiten und Kapazitäten, ohne sich selbst davon auszunehmen. Seien Sie Teil des Arbeitsteams!
Fragen Sie während der Aufgabenbearbeitung von Zeit zu Zeit nach, lassen Sie sich über den Stand der Dinge informieren. So entstehen Vertrauen, Zusammenhalt und Klarheit in der Verantwortung. „Wie man in den Wald hineinruft, so schallt es heraus", sagt ein altes Sprichwort. Eine konfliktlösende Kommunikation schafft Verbindung. Ein sicheres Auftreten bringt Klarheit und gibt Orientierung. Eine sachliche und faktenorientierte Sprache vermeidet persönliche Beschuldigungen. So stärken Sie die Bereitschaft Ihrer Teammitglieder zum persönlichen Commitment.
Wenn Ihr Projekt umfangreich ist, kann es sinnvoll sein, die zahlreichen Aufgaben nicht allein mündlich, sondern in kurzer Form schriftlich zu vereinbaren. Fixieren Sie die Arbeitspaketverantwortung per Standardblatt in der Projektdokumentation. (Siehe Bild 6.2)
Aber letztlich entscheidet: Wenn Sie bei anderen Menschen verbindliches Verhalten schaffen möchten, müssen Sie dies selbst vorleben. Führen Sie sich vor Augen, was genau Sie erreichen wollen und was nicht. Dann gilt es, Ihre Vorsätze behutsam umzusetzen. Rückmeldungen aus Ihrer Umgebung helfen Ihnen, Ihr Verhalten zu reflektieren. Bei den ersten Erfolgen entsteht die nötige Eigenmotivation, den eingeschlagenen Weg fortzusetzen. Bleiben Sie aber auch bei Rückschlägen am Ball. Schaffen Sie gemeinsame Erlebnisse. Und setzen Sie einfach die so genannten V-Verhaltensweisen ein.

Arbeitspaket: 24.05.2005
Arbeitspaketverantwortlicher:
Zielsetzung:
Aufgabenstellung:
Zu erarbeitende Ergebnisse:
Budget: Randbedingungen:
Termine, Meilensteine:
Auftraggeber: Arbeitspaketverantwortlicher:

Bild 6.2: Musterblatt für eine Arbeitspaketvereinbarung
(Quelle: Boy. Projektmanagement)

> **„V-Verhaltensweisen" für Projektleiter:**
>
> - Vorbild sein
> - Vertrauen stiften
> - Vereinbarungen treffen und thematisieren
> - Visualisierung nutzen
> - Verständlichkeit herstellen
> - Verhandlungstechnik einsetzen
> - Vorgaben geben
> - Verantwortung übernehmen
> - Verzeihen ´
> - Versöhnen

(Quelle: Projekt-Magazin)

6.2 Kreativität und Disziplin zählen

Bei der Projektdurchführung zählen Arbeitseinsatz, aber besonders Kreativität und Disziplin der Teilnehmer. Und das ist bei einer längeren Laufzeit über Wochen oder gar Monate nicht einfach aufrechtzuerhalten. Bei Langzeitprojekten schleicht sich gern Routine ein, oft führen Probleme zu spürbarem Teamfrust und nachlassendem Ideenreichtum. Solche Phänomene machen auch vor dem Mittelstand nicht Halt.
Kreativitätstechniken helfen von vornherein, Blockaden bei Problemlösungen zu überwinden. Kreative Ideen sind nicht nur bei der Projektkonzeption, sondern auch während der konkreten Umsetzungsarbeiten ein wesentlicher Erfolgsfaktor – gerade bei unerwarteten Schwierigkeiten oder Konflikten. So können Kreativitätstechniken vom einfachen Brainstorming bis hin zu umfangreichen Workshop-Formen gehen. Für anspruchsvolle Methoden ist es sinnvoll, externe Moderatoren einzusetzen.
Brainstorming ist als Kreativitätsmethode zur Ideenfindung in Gruppen bekannt. Wesentliches Kennzeichen ist die assoziative und nicht gewertete Sammlung von möglichst vielen spontanen Äußerungen zu einer bestimmten Fragestellung. Vorteil des Brainstormings in der Gruppe ist die gegenseitige Anregung der Teilnehmer, Nachteil ist die eventuell zu schnelle Fokussierung der Gruppe auf einen Ansatz. Das Vorgehen hat drei Schritte: Erst werden Ideen durch Brainstorming gesammelt, dann in mehreren Schritten sortiert und schließlich bewertet. Beliebte Methodik zur kreativen Ideensammlung ist das Metaplan-Verfahren.
Metaplan ist ein internationales Warenzeichen des gleichnamigen Unternehmens in Quickborn bei Hamburg. In Assoziation zum Altgriechischen soll „Metaplan" für einen ergebnisoffenen, partizipativen Planungsprozess stehen. Entwickelt wurde die Metaplan-Methode in den 1960er und 70er Jahren von den Gebrüdern Schnelle. Ursprünglich berieten sie Unternehmen bei

172 6 Projektdurchführung: Arbeiten Sie verantwortungsvoll zusammen

Bild 6.3: Brainstorming in einem Team der Firma Haniel
(Quelle: HTS International, Pressefoto)

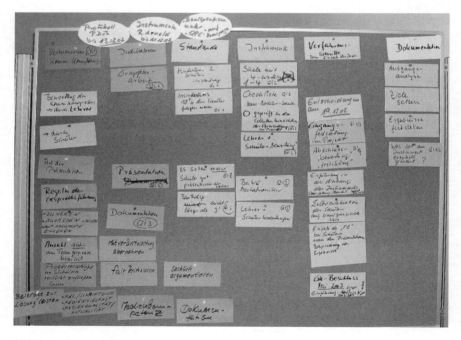

Bild 6.4: Eine typische Metaplan-Wand mit Ideenkärtchen

der Einrichtung von Großraumbüros, um die Kommunikation zwischen den Mitarbeitern zu fördern und betriebliche Prozesse zu unterstützen. Der damalige Umbruch von hierarchisch orientierten, inhabergeführten Unternehmen hin zu höherer Verantwortlichkeit aller Mitarbeiter erforderte neue Methoden der Entscheidungsfindung. Kompetenzen einer ganzen Gruppe sollten ergebnisorientiert zusammengeführt werden. Bis heute typisch für die Metaplan-Methode sind die Verbindung von bestimmten Materialien und die Moderation durch speziell geschulte Moderatoren. Als bereits „klassische" Materialien der Metaplan-Methode sind bekannt:

Metaplan-Materialien:

- Pinnwand (meist hochformatige Korkwände im Aluminiumrahmen)
- Packpapier (als Träger für Moderationskarten auf die Pinnwand gesteckt)
- Moderationskarten (rechteckige verschiedenfarbige für Beiträge)
- Moderationskarten (ovale verschiedenfarbige für Anmerkungen)
- Moderationskarten (runde verschiedenfarbige für Blocküberschriften)
- Streifen (über gesamte Breite der Pinnwand reichend für Überschriften)
- Karten (wolkenförmige für Überschriften anstelle von Streifen)
- Punkte (kleine verschiedenfarbige für Bewertungen)
- Smilie-Karten (für Bewertungen anstelle von Punkten)
- Pinnnadeln (zum Stecken der Karten, Streifen und Punkte auf die Pinnwand)
- Filzstifte (unterschiedliche Breite und Farben)

(Quelle: Metaplan)

Voll im Trend ist der Einsatz von Digitalkameras zur sofortigen Dokumentation der Arbeitsergebnisse. Allerdings: Whiteboards, Flipcharts und Präsentationssoftware für Beamer sind kein Ersatz für die partizipative Metaplan-Methode, da sie nur von einer Person bedient werden und die Arbeitsgruppe nicht aktiv sein kann. Denn der Einsatz von bewusst einfachen Materialien darf nicht darüber hinwegtäuschen, dass die Moderation der Arbeitssitzung ausschlaggebend für den Erfolg der Methode ist.

Grundregeln für eine Metaplan-Moderation:

- Keine Vorgabe von Ergebnissen oder Lösungen
- Visualisierung aller Schritte und Ergebnisse der Gruppenarbeit
- Strukturierung aller Arbeitsschritte und ihrer Ergebnisse
- Interaktives und partizipatives Arbeiten
- Neutrale Vermittlung durch Moderator

(Quelle: Metaplan)

Je nach Einsatzgebiet und Rahmenmethode kann ein Moderator auch fordern, dass die Gruppe verbindliche Entscheidungen fällt, Konflikte löst oder allgemeinen Konsens über ein bestimmtes Vorgehen hergestellt. Obwohl es auch andere Moderationstechniken wie z. B. Mindmap, Ishikawa-Diagramm oder Bubble-Chart gibt, werden die Begriffe Metaplan-Methode und Moderationstechnik oftmals synonym verwendet. Die Metaplan-Methode hat sich mittlerweile als internationaler Standard für partizipative Gruppenarbeit etabliert. Eine völlig andere Kreativitätstechnik ist die „Methode 635". Sie dient der strukturierten Ideenfindung im Team. Sechs Personen erhalten jeweils einen Zettel. Auf diesen sollen sie je drei Ideen notieren, wofür sie fünf Minuten Zeit haben. Nach den fünf Minuten werden die Zettel zur nächsten Person weitergereicht. Zweck dieser Methode ist eine Mischung aus Einzel- und Gruppenleistung. Während beim Brainstorming die gesamte Gruppe zu leicht durch wenige Personen dominiert werden kann, haben bei der Methode 635 alle die gleichen Chancen, ihre Ideen einzubringen. Sinnvollerweise sollte der Zeittakt nicht konstant bei fünf Minuten liegen, da mit jeder Runde mehr Ideen auf dem Zettel stehen und diese zuerst gelesen werden sollen. Bewährt hat sich, dass in der ersten Runde nur drei Minuten zur Verfügung stehen und diese Zeit mit jeder Runde um eine Minute gesteigert wird. Eine weitere wichtige Regel ist, dass während der Methode nicht gesprochen wird, um keine Quereinflüsse zu erzeugen. Deshalb ist auch auf eine klare und lesbare Schrift zu achten, da ansonsten Nachfragen erforderlich werden. Diese Regeln müssen zu Beginn der Übung deutlich gemacht werden. Da die Methode 635 als wesentliches Element den Zeitdruck hat, muss sie quasi wie ein Uhrwerk ablaufen und darf nicht durch „Geschäftsordnungsfragen" unterbrochen werden. Aus diesem Grund sollte auch Wert auf ungestörten Raum (kein Telefon, kein Handy usw.) gelegt werden. Anschließend kann eine Bewertung der Ideen vorgenommen werden, beispielsweise nach der ABC-Analyse.

Aufwendiger, aber erwähnenswert ist die Walt-Disney-Kreativitätsmethode. Sie hilft, Innovationen zu finden, zu beurteilen und umzusetzen. Hier werden drei Sichtweisen der Innovation (Idee/Vision, Kritik/Analyse und Umsetzung) räumlich konkretisiert:

- der „Träumer-Raum" zum Entdecken der Visionen,
- der „Kritiker-Raum" zum Hinterfragen und Analysieren,
- der „Macher-Raum" zum Entwickeln der Umsetzungsideen.

Diese Räume werden nacheinander durchlaufen. Ihre räumliche Trennung sorgt dafür, dass die Rollen sich nicht frühzeitig behindern, sondern sowohl innovative als auch realistische Vorhaben entstehen können.

6.3 Halten Sie Ihr Projekt unter Kontrolle

„Entscheidend für den Erfolg ist, dass die Funktion des Projektcontrollings jeder Vorgesetzte, in dessen Verantwortungsbereich Projekte abgewickelt werden, jeder Projektleiter und jeder Projektmitarbeiter in seinem Aufgabenbereich wahrnimmt. Darüber hinaus werden ab einer bestimmten Pro-

6.3 Halten Sie Ihr Projekt unter Kontrolle

jektgröße spezielle Stellen nötig sein, die Controlling hauptberuflich erfüllen: die Projektcontroller. Manche Aufgaben des Projektcontrollings können auch durch andere Abteilungen wie die Qualitätssicherung ... übernommen werden. Unternehmen, die aus Kostengründen keine eigenen Stellen für Projektcontroller einrichten wollen, können ... auf externe Controller zurückgreifen ... Controlling auf Zeit wird von Unternehmensberatern angeboten. Muss der Projektleiter gleichzeitig die Projektcontrollingaufgaben erfüllen, sollte zumindest darauf geachtet werden, dass er das notwendige betriebswirtschaftliche Verständnis hat und die wichtigsten Controllinginstrumente beherrscht. Projektcontrolling unterstützt das Projektmanagement bei der grundsätzlichen Gestaltung und laufenden Abstimmung der Aufgaben ... Es stellt vor allem die nötigen Daten bereit, ... unterstützt zudem die Durchsetzung der Planvorgaben. Es erfasst während der Planrealisierung laufend die anfallenden Ist-Daten und vergleicht sie mit den Planvorgaben. Man spricht auch vom Soll-Ist-Vergleich. Werden gravierende Abweichungen festgestellt, muss das Controlling die Ursachen suchen (Abweichungsanalyse) und geeignete Gegenmaßnahmen vorschlagen ... Aktives Controlling zeichnet sich dadurch aus, dass man versucht, Abweichungen vorherzusehen und vor ihrem Auftreten Gegenmaßnahmen einzuleiten."

Controllingträger in Projekten			
Selbstcontrolling	• Controlling durch Projektmanager • Controlling durch Projektmitarbeiter		
Controlling mit Controllern	• Controlling durch Spezialisten	• Interne Controller • Externe Controller	

(Quelle: Fiedler. Controlling von Projekten)

Projektcontrolling wird in der DIN 69901-5: 2009-01 definiert. Dort wird unter dem Begriff die „Sicherstellung des Erreichens aller Projektziele durch Ist-Erfassung, Soll-Ist-Vergleich, Analyse der Abweichungen, Bewertung der Abweichungen ggf. mit Korrekturvorschlägen, Maßnahmenplanung, Steuerung der Durchführung von Maßnahmen" verstanden. (Quelle: DIN 69901-5: 2009-01)

Man unterscheidet zwischen betriebswirtschaftlichem Controlling und technischem Controlling – falls für das Projekt sinnvoll. Das betriebswirtschaftliche Controlling hat neben der Überwachung der Kostenplanung und der Projektabwicklung auch die Aufgabe, die Wirtschaftlichkeitsrechnung für Entscheidungsvorbereitungen festzulegen. Das technische Controlling befasst sich hingegen mit der Überprüfung der „geforderten Gebrauchswerte" und bindet auch Qualitätssicherung mit ein.

Das gebräuchlichste Standardinstrument des Projektcontrollings ist die klassische Stichtagsuntersuchung. Sie ist eine Art von Momentaufnahme, ein Abgleich zwischen Basisplan und Projektsituation – mit Softwarehilfe leicht praktikabel.

Die Meilensteintrendanalyse ist eine sehr effektive Methode zur Überwachung des inhaltlichen Projektfortschrittes. Eine Voraussetzung ist aber die Definition einer ausreichenden Zahl aussagekräftiger Meilensteine, was bei kleinen und mittleren Projekten selten gegeben ist. Besonderen Wert erhält die Meilensteintrendanalyse aus der Kombination von Rückblick auf erreichte Ergebnisse und Ausblick auf noch zu erbringende Leistungen. Sie kann sowohl eigenständig als auch in Verbindung mit den bekannten Netzplantechniken eingesetzt werden.

6.3.1 Arbeitsfortschritte gegen Basisplan abgleichen

In früher Phase eines Projekts – typischerweise zwischen einem und zwei Dritteln der Projektzeit – glaubt man, 90 % des Projektergebnisses erreicht zu haben. Hervorgerufen wird diese Selbsttäuschung durch die anfänglich steile Lernkurve, durch das erworbene Wissen um den Lösungsweg und die Unkenntnis der noch auftretenden Probleme. Nicht nur, um das „90-Prozent-Syndrom" zu vermeiden, sind objektive Methoden zum Controlling, besonders zur Fortschrittsmessung und Kostenkontrolle, erforderlich. Grundlage ist der Basisplan:

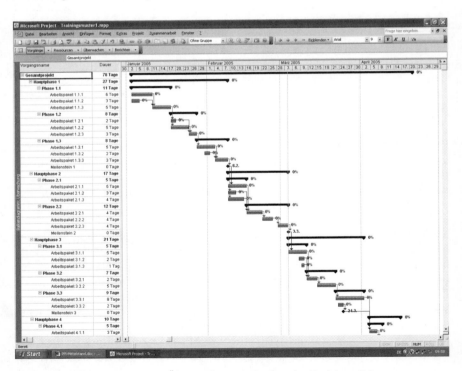

Bild 6.5: Ein Balkendiagramm Überwachung zu Beginn der Projektrealisierung

Streng genommen ist nur der erste genehmigte Projektplan der Basisplan. In der Praxis werden jedoch auch modifizierte Zwischenstände im Projektverlauf als Basispläne fortlaufend nummeriert und dokumentiert. Bei lang dauernden bzw. sich stark verändernden Projekten sollte in regelmäßigen Abständen der aktuelle Planstand als „Basisplan Nr. X" abgespeichert werden, um die Historie des Projekts nachvollziehen zu können. Der Basisplan umfasst alle Daten eines genehmigten Projektplans zu einem bestimmten Stichtag. In ihm können Termine, Zeitdauer, Aufwand, Arbeitspaketbeschreibungen, Kosten, Ressourcenzuordnungen usw. enthalten sein. So ein Basisplan enthält die Soll-Werte für das Projektcontrolling.

In MS Project erhalten Sie unter „Ansicht" das „Balkendiagramm Überwachung". Zu Beginn der Projektrealisierung steht als Ausgangsgröße bei allen Arbeitspaketen „0 %" Fortschritt. Von nun an tragen Sie jeden wirklichen Umsetzungsfortschritt in diese Fortschrittsbalken ein. Wenn das erste Arbeitspaket geschafft ist, erklären Sie es als zu 100 % abgeschlossen. Wenn der zweite Vorgang hälftig erledigt ist, wird er als „50 % abgeschlossen" eingetragen. So überwachen Sie wöchentlich oder öfter den Arbeitsfortschritt Ihres Projekts. Bleiben Sie beim Eintragen nüchtern!

Fortschrittsbalken
In der Ansicht „Balkendiagramm (Gantt)" ein Balken, der anzeigt, wie viel eines Vorgangs bereits erledigt wurde. Der Fortschrittsbalken wird bei allen Vorgängen, die in Bearbeitung oder abgeschlossen sind, von einer entsprechenden Linie überlagert.

(Quelle: Microsoft)

Tragen Sie nur das ein, was fortgeschritten oder abgeschlossen ist. Machen Sie sich selbst nichts vor. Klicken Sie doppelt auf das einzustufende Arbeitspaket. Im nun angebotenen Menü unter „Allgemein" geben Sie im Fenster „% abgeschlossen" die entsprechenden Werte ein, dann mit „OK" bestätigen. Der Arbeitsfortschritt erscheint im Vorgangsbalken und unter dem zugehörigen Sammelvorgangsbalken.

Im Abgleich zum Basisplan zeigt das Programm recht übersichtlich auf, welche Vorgänge im Plan sind, welche Arbeitspakete schneller fortschreiten als vorgesehen oder wo Sie möglicherweise hinter Plan liegen.

Klicken Sie oben auf die Schaltfläche „Überwachen", dann auf „Überprüfen des Projektfortschritts". Als Statusdatum wird nun der aktuelle Tag angenommen, aber Sie können auch vor- oder rückdatieren. In der Spalte „Statusanzeige" erscheinen jetzt Symbole für all diejenigen Vorgänge, welche laut Basisplan zum gewählten Statusdatum fertig oder in Arbeit sein sollten. Ein Haken bedeutet: „Dieser Vorgang ist abgeschlossen." Ein Kuvert mit einem kleinen roten Häkchen bedeutet: „Dieser Vorgang läuft termingerecht." Ein Kuvert mit roter Raute und Rufzeichen warnt: „Dieser Vorgang ist verspätet."

Klicken Sie nun auf die Schaltfläche „Berichten": Die Ansicht „Vergleichen des Fortschritts mit der geplanten Arbeit" bietet für jeden Vorgang zwei Bal-

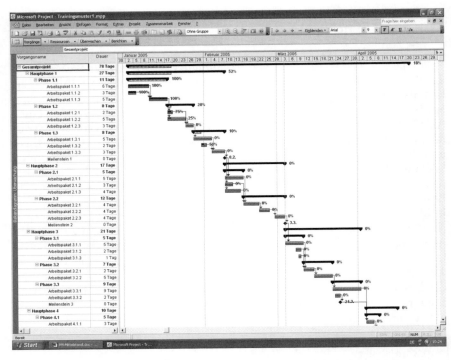

Bild 6.6: Im Balkendiagramm Überwachung sind erste Fortschrittsbalken sichtbar

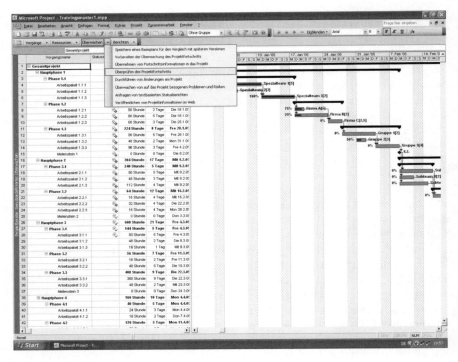

Bild 6.7: Überwachen des Projektfortschritts

6.3 Halten Sie Ihr Projekt unter Kontrolle

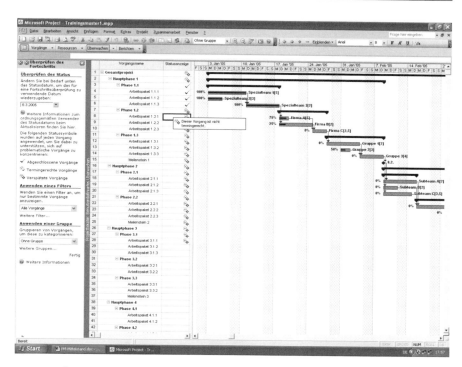

Bild 6.8: Überwachen des Projektfortschritts

ken an: Der untere Balken zeigt die geplanten Anfangs- und Endtermine, der obere Balken die berechneten Anfangs- und Endtermine. Der aktuelle Fortschritt wird auf der rechten Seite mit dem Wert „% abgeschlossen" deutlich. „Kritische Vorgänge" sind in dieser Ansicht rot dargestellt. Jede Differenz zwischen den berechneten und geplanten Anfangs- und Endterminen wird in der Tabelle in den Spalten mit den Werten für „Abweichung" – standardgemäß in Tagen – aufgelistet. So können Sie regelmäßig kontrollieren, ob und welche Arbeitspakete mit Zeitverzug beginnen oder verspätet abgeschlossen werden.

Verbleibende Arbeit

Der Umfang der Arbeit, ausgedrückt in Zeiteinheiten, z.B. Stunden oder Tage, die noch zum Abschließen eines Vorgangs geleistet werden muss. Wenn ein Anstreicher z.B. 16 Stunden benötigt, um ein Zimmer zu streichen, und bereits zehn Arbeitsstunden erbracht hat, beträgt die verbleibende Arbeit sechs Stunden. Microsoft Project berechnet die verbleibende Arbeit gemäß der Formel: Verbleibende Arbeit = Arbeit – aktuelle Arbeit.   ▶

Verbleibende Dauer

Der Zeitraum, der für die Arbeit an einem Vorgang verbleibt, bevor der Vorgang abgeschlossen ist. Wenn z. B. drei Tage an einem viertägigen Vorgang gearbeitet wurden und der Vorgang den Terminplan einhält, beträgt die verbleibende Dauer einen Tag. Microsoft Project berechnet die verbleibende Dauer gemäß der folgenden Formel: Verbleibende Dauer = Dauer – aktuelle Dauer.

(Quelle: Microsoft)

Wenn Projektverzögerungen auftreten, haben Sie die Entscheidung, was zu tun ist: Die verbleibende Arbeit abzukürzen, mehr personelle Kapazität für länger dauernde Vorgänge einzusetzen oder die Verspätung in Kauf zu nehmen. Bedenken Sie, dass mit Ihrer Entscheidung auch eine Änderung der Arbeits- und Materialkosten verbunden sein kann.

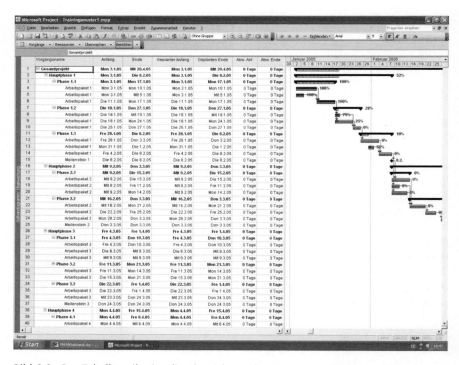

Bild 6.9: Der Tabellenteil zeigt die Abweichung des Ist vom Soll in Tagen

6.3.2 So haben Sie die Kosten im Griff

Klassisches Basisinstrument des Kostencontrollings ist der Soll-Ist-Vergleich. Die Ist-Kosten sind die tatsächlich angefallenen, gesamten Kosten eines Projekts, eines Teilprojekts und der Arbeitspakete bzw. Vorgänge zu einem bestimmten Stichtag. Dabei ist nicht der Zahlungsfluss ausschlaggebend, sondern die Verwendung der entsprechenden Ressource im Projekt. Beispielsweise zählt das vereinbarte Honorar für einen Unterauftragnehmer mit Abnahme seiner Leistungen bereits voll zu den Ist-Kosten, auch wenn die Rechnung erst später bezahlt wird. Umgekehrt belasten Investitionsgüter das Projekt lediglich mir ihrer Abschreibung, auch wenn sie im Laufe des Projekts gekauft und bezahlt wurden. Zu den Ist-Kosten zählen ferner Gemeinkosten wie z.B. Raumkosten oder Verwaltungsumlagen, vorausgesetzt, dass dies in der Kalkulation entsprechend festgelegt wurde. Die Ist-Kosten sind aus der Buchhaltung in der Regel nur mit erheblicher Zeitverzögerung zu erhalten und dann oft mit einer nicht korrekten Zeitzuordnung, da der Buchungstag meist nicht Datum des Kostenanfalls ist. In der doppelten Buchführung zählt der Rechnungseingang als Datum des Kostenanfalls, bei der Einnahme-Überschuss-Rechnung die tatsächliche Bezahlung. Aus Projektsicht gilt das Datum der Leistungserbringung. Deshalb muss für ein effektives Projektcontrolling eine mitlaufende Kalkulation geführt werden, in welcher die anfallenden Kosten nach den Anforderungen der Projektkostenträgerrechnung erfasst werden. Die Ist-Kosten sind die wichtigste Datenbasis für das Controlling. Die einfachste Methode ist die Überwachung des Budgetausschöpfungsgrades, was jedoch keine effektiven Steuerungsmaßnahmen zulässt. Weit verbreitet ist der Soll-Ist-Vergleich bzw. der Plan-Ist-Vergleich.

Im Wesentlichen basieren die Kosten eines Vorgangs auf dessen Ressourcenkosten. Bei MS Project wird in der Spalte „Abweichung" die Differenz zwischen den Gesamtkosten und den geplanten Kosten für jedes Arbeitspaket angezeigt. Vorgänge mit positiver Abweichung überschreiten den Kostenrahmen. In der Spalte „Aktuelle Kosten" werden die angefallenen Kosten für die bereits zum Vorgang ausgeführte Arbeit angezeigt. In der Spalte „Verbleibende Kosten" werden die verbleibenden geplanten Ressourcenkosten angezeigt.

MS Project hat Stärken bei der Überwachung von Arbeitskosten, aber Schwächen bei der Materialkostenkontrolle. Erstere berechnet das Programm linear aus den eingegebenen Arbeitszeiten, Kapazitätseinheiten und Ressourcensätzen, Letztere fallen nicht unbedingt proportional zur Arbeitszeit an. Bei F&E-Projekten, beim Bau oder im Anlagenbau – um nur drei Beispiele zu nennen – spielen Materialkosten eine erhebliche Rolle. Nutzen Sie dann wie ein Controller einfache Excel-Tabellen, um die geplanten Kosten mit den tatsächlich anfallenden Kosten zu vergleichen.

6 Projektdurchführung: Arbeiten Sie verantwortungsvoll zusammen

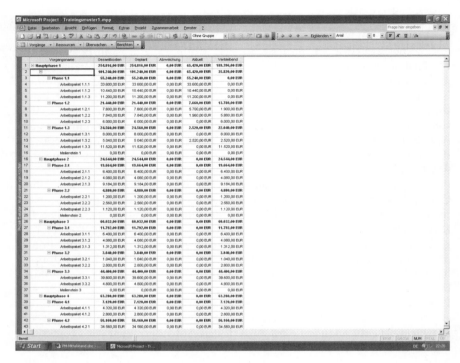

Bild 6.10: Kontrolle der Arbeitskosten mit MS Project

Stichtag X	PLAN	IST	Abweichung	Beurteilung
Personal	70	72	- 2	3 % Überzug
Material	12	10	+ 2	17 % Einsparung
Zukaufteile	8	18	- 10	125 % Überzug
Fremdleistungen	2	1	+ 1	50 % Einsparung
Mieten	3	3	0	plangemäß
Reisen	5	6	- 1	20 % Überzug
INSGESAMT	100	110	- 10	10% Überzug

Bild 6.11: Einfache Plan-Ist-Kostenübersicht mit Excel

„Da Ist-Daten teilweise erst spät verfügbar sind, dauert es in manchen Fällen zu lange, bis Gegenmaßnahmen eingeleitet werden. Deswegen sollten neben den Ist-Daten auch Prognosedaten zur Verfügung gestellt werden. Sie erlauben ein frühzeitiges Gegensteuern, so dass Planabweichungen im Idealfall nicht mehr auftreten." (Quelle: Fiedler: Controlling von Projekten)
Die Kostentrendanalyse ergänzt die Meilensteintrendanalyse um die Betrachtung des benötigten Aufwands. Erstere kann in unterschiedlicher Art dargestellt werden, am weitesten verbreitet ist die grafische Darstellung in der gleichen Form wie die Meilensteintrendanalyse. Nach rechts werden auf der Zeitachse die Berichtszeitpunkte aufgetragen, nach oben der kumulierte Aufwand zum Erreichen der einzelnen Meilensteine. Über dem Zeitnullpunkt werden demzufolge die geplanten Projektkosten aufgetragen, die zu jedem einzelnen Meilenstein aufgelaufen sein müssten. Zu jedem einzelnen Berichtszeitpunkt wird der ggf. korrigierte Aufwand neu eingetragen und für jeden Meilenstein mit dem vorherigen verbunden. Dadurch ergibt sich eine anschauliche Darstellung der Entwicklung des Gesamtaufwands für das Projekt über der Zeit, strukturiert nach den Meilensteinen bzw. Phasen des Projekts. Als Variation kann über der Zeit die geplante Entwicklung des Aufwands aufgetragen werden (Basisplan). Die Eintragung der tatsächlich angefallenen Kosten liefert dann einen einfachen Soll-Ist-Vergleich auf Kostenebene. Als dritte Möglichkeit besteht die Verwendung eines Kosten-Termin-Diagramms, bei dem auf der x-Achse die Meilensteine und nach oben die kumulierten Projektkosten aufgetragen werden. Dadurch werden Ergebnisse und dafür benötigter Aufwand miteinander verglichen, die zeitliche Erfüllung wird nicht berücksichtigt.

6.3.3 Zwischenberichte geschickt präsentieren

Sein Projekt im Griff zu haben ist die eine Seite, die andere Seite ist es, das auch zu zeigen. Dabei können unterschiedliche Wege angemessen sein, je nachdem, ob Ihr Chef die reine Schriftform bevorzugt oder Präsentationen mit Zwischenfragen liebt.
Klassisch ist der schriftliche Fortschrittsbericht an die Geschäftsleitung oder den Lenkungsausschuss. Das ist meist die Basis der laufenden Projektberichterstattung. Benutzen Sie einfach die gängigen Formblätter, falls in Ihrer Firma nicht ein spezieller Standard Usus ist. Beschränken Sie sich auf kurze Sätze oder Stichworte. Es macht nicht unerhebliche Arbeit, solch einen Standardbericht übersichtlich und vor allem unmissverständlich zu formulieren. Ein Statusreport der funktionellen Umsetzung, der Terminlage und der Kostensituation gehört unbedingt dazu. Falls schon Zwischenergebnisse vorliegen, zeigen Sie diese auf. Auch die unmittelbar nächsten Schritte oder – was oft vorkommt – die nächsten benötigten Freigaben sollten Sie klar herausstellen, am besten gleich mit Unterschriftszeile für das Okay. Je nach Projektgröße und Erwartung der Chefetage müssen Sie dem schriftlichen Zwi-

Review: Projekt "....."
Projektleiter:
Projektstatus:
Projektbeurteilung / Zielabweichungen: Terminstatus: Kostenstatus: Technischer Status: Status der Qualitätssicherung: Kapazitäts-/Aufwandsstatus: Sonstiges:
Zwischenergebnisse / Wichtige Ergebnisse:
Aktionsplan / Weitere Projektschritte:
Eingetretene und noch zu erwartende Probleme:
Projektsteuerung / Einzuleitende Maßnahmen:

Bild 6.12: Formblatt für einen Projektzwischenbericht (Quelle: Boy. Projektmanagement)

schenbericht auch mehr oder minder umfangreiches Zahlenmaterial beifügen.

Beliebt, aber zeitaufwendig sind mündliche Zwischenpräsentationen, früher ergänzt durch Overhead-Folien, heute durch Beamer-Präsentation. PowerPoint ist dafür das optimale Programm, ergänzt durch MS Project- oder Excel-Charts als Backup. In vielen Unternehmen sind die Termine für solche Reporte langfristig festgelegt, als Jour fixe mit der Geschäftsleitung oder als formale Lenkungsausschusssitzung. Da heißt es dann antreten – mit Kloß im Hals –, wenn die Resultate auf sich warten lassen, die Termine nicht stimmen oder die Kostenbudgets überzogen sind. Viele Projektmanager haben selbst dann Herzklopfen vor der Präsentation, wenn alles im grünen Bereich ist. Allzu oft nämlich stellt ein ungeduldiger Chef oder wichtig tuende Lenkungsausschussmitglieder aus heiterem Himmel genau die Fragen, die man nicht aus dem Stegreif beantworten kann und wofür man leider auch kein Backup-Chart mit Zahlen dabei hat. Pech gehabt? Nein – nur das Lampenfieber nicht aktiv bekämpft und zu wenig Reserveunterlagen vorbereitet. Also: Trainieren Sie vorher Ihren Auftritt, üben Sie in kurzen Sätzen und sprechen Sie mit kräftiger Stimme! Machen Sie sich einen Stichzettel mit den wichtigsten Fortschrittsgrößen in Zahlen! Bereiten Sie deutlich mehr Charts vor, als Sie präsentieren. Halten Sie Details in Reserve. Und hoffen Sie vor allem nicht, es kämen keine unliebsamen Fragen! Vorstände, Geschäftsführer und Lenkungsausschussmitglieder wollen Wichtiges nachfragen, klar? Und vergessen Sie bitte das Chart-Handout für die Herren nicht!

Präsentieren Sie regelmäßig einen Projektfortschrittsbericht!

Ein Fortschrittsbericht muss insbesondere Angaben über die abgeschlossenen Arbeitspakete und bisherigen Ergebnisse enthalten, nämlich folgende Informationen:

- Projektleiter bzw. Berichtverfasser
- Projektbezeichnung und -gegenstand
- Kurze Zusammenfassung für das Management
- Arbeitspakete (über die berichtet wird)
- Erzielte Ergebnisse (nach Arbeitspaketen gegliedert)
- Neu erkannte Risiken
- Neue Erkenntnisse und Schutzwürdigkeit (Patente)
- Prognose über den weiteren Projektablauf (Kosten, Termine, Funktionen)

Fortschrittsberichte können entweder nur in schriftlicher Form vorgelegt oder zusätzlich mündlich vor der Geschäftsleitung oder dem Lenkungsausschuss präsentiert werden. Selbstverständlich sollte das gesamte Projektteam ebenfalls regelmäßig informiert werden.

6.4 So lösen Sie Projektkonflikte richtig

Auch ohne den Vorbereitungsdruck von Lenkungsausschusssitzungen kommt es in der täglichen Projektarbeit oft zu Spannungen zwischen den Beteiligten. Bisweilen eskalieren sie zum Streit. Ständige Terminarbeit und mangelnder Freizeitausgleich zerren sogar an starken Nerven. Bei permanentem Erfolgszwang reichen manchmal kleine Anlässe für einen Projektkonflikt.

Beispiel aus einem mittelständischen Maschinenbauunternehmen (1. Teil):

Der Projektingenieur kam einfach nicht weiter. Wollte er die nächste Testreihe termingerecht fahren, brauchte er unbedingt ein Kalibriergerät. Das Projektteam hatte keines, die Entwicklungsabteilung schon. Also kurzes Nachdenken, dann ging er einfach rüber zu den Fachkollegen. Nun hatte er das Gerät. Aber nicht lange Freude daran. Bei der nächsten Besprechung wurde dieser arg kurze Dienstweg zum Thema. Sein Projektleiter konnte zwar sachlich nichts dagegen einwenden, befürchtete aber Ärger mit dem Leiter der Entwicklungsabteilung. Nein – einfach solche Entscheidungen treffen und andere Abteilungen angehen – künftig nicht ohne sein Okay. Der Projektingenieur widersprach und verlangte in solchen Fällen eigene Entscheidungsbefugnis. Der Streit war da, die Kollegen spitzten die Ohren ...

(Quelle: Intercessio)

Achten Sie auf typische Symptome für das drohende Scheitern eines Projektteams:

- Gruppenmitglieder vertreten Interessen ihrer Abteilungen, aber nicht des Projekts.
- Einzelne Gruppenmitglieder verfolgen ganz eigene persönliche Ziele.
- Trotz vieler Versuche findet man keine gemeinsame Zielsetzung für das Projekt.
- Einige Gruppenmitglieder empfinden die Teilnahme als zusätzliche Belastung.
- Teilnehmer sehen ihre Hauptaufgaben oder andere Projekte als wichtiger an.
- Verabredete Zeiten und Abmachungen werden nicht von allen eingehalten.
- Einzelne Teilnehmer entschuldigen sich, kommen zu spät oder gehen früher.
- Gruppenmitglieder erfüllen ihre Aufgaben nur teilweise oder gar nicht.
- Einzelne Mitglieder führen offen oder verborgen einen Konkurrenzkampf.
- Man checkt sich gegenseitig ab, es wird kaum aufrichtig miteinander gesprochen.
- Die Mitglieder zeigen insgesamt wenig Loyalität zur Gruppe.

6.4 So lösen Sie Projektkonflikte richtig

Signale für einen Projektkonflikt

Schlechte Teamstimmung
- Aggressiver Kommunikationsstil
- Verhärtete Diskussionen
- Killerphrasen, Schlagworte unter die Gürtellinie
- Themen zerreden
- Keine Kompromissbereitschaft

Rückzug der Teammitglieder
- Weigerung, Aufgaben zu übernehmen, Verweis auf andere
- Abwesenheit
- Unaufmerksamkeit, Passivität, Vermeidung von Augenkontakt
- Flucht in Arbeiten außerhalb des Projektes
- Heimliche Blockaden

- **Vereinbarungen werden nicht eingehalten**
- **Unpünktlichkeit wird immer häufiger**
- **Unzuverlässigkeit nimmt zu**

Bild 6.13: Signale für einen Projektkonflikt

Sollten Sie eines dieser Warnsignale in Ihrem Projekt bemerken, machen Sie sich klar, dass jetzt der Projektleiter gefordert ist – das sind Sie! Handeln Sie rasch: Wichtigste Aufgabe für Sie ist es nun, die Interessen der Gruppe zu harmonisieren. Versuchen Sie, gemeinsame Teamziele in Erinnerung zu rufen oder zu definieren, falls noch nicht hinreichend geschehen. Gemeinsamkeiten zu kommunizieren gibt die Chance, strittige Punkte zu relativieren.

Beispiel aus einem mittelständischen Maschinenbauunternehmen (2. Teil):

Die Projektkollegen saßen geschlossen beim Mittagstisch. Und zerrissen sich das Maul über den Streit während der Projektbesprechung. Ja – die ganze Sache sei zu emotional geworden, und vor allem zu laut. Wichtige Tagesordnungspunkte, die noch zu besprechen waren, seien dadurch in den Hintergrund geraten. Oder war die Diskussion zwar sehr engagiert, aber doch noch normal geführt worden? Den Wortwechsel von Projektleiter und Projektingenieur ja nicht überbewerten, bei dem Stress passiert das immer mal, meinte einer. Aber was nun tun?

(Quelle: Intercessio)

Teamkultur
• Art und Intensität der Kommunikation zwischen den Teammitgliedern. • Art und Güte der Konfliktlösung. • Zufriedenheit/Motivation der Teammitglieder. • Effizienz von Entscheidungsprozessen. • Hierarchische Strukturen innerhalb des Teams. • Gemeinsame Wertvorstellungen. • Gemeinsame Ziele. • Intensität der gegenseitigen Unterstützung bei der Aufgabenerfüllung. • Geschriebene und ungeschriebene Spielregeln. • Fähigkeit zur Problemlösung. • Fluktuation der Teammitglieder. • Integrationsfähigkeit des Teams für neue Mitglieder. • Behandlung von Fehlleistungen eines Teammitglieds. • Grad der Identifikation der einzelnen Mitglieder mit dem gesamten Team. • Persönliche Sympathie zwischen den einzelnen Mitgliedern. • Vergütungsstruktur innerhalb des Teams. • Bonus/Malus-Regelungen für Leistung und Fehlleistungen. • Fähigkeit zu Innovationen. • Wirtschaftliche Leistung des Teams im Unternehmen. • Klarheit der Arbeitsteilung und der Verantwortungen innerhalb des Teams.

(Quelle: Projekt-Magazin)

Tabelle 6.1: Lösungsmöglichkeiten bei Projektkonflikten (Quelle: Intercessio)

Lösung	Vorteil	Nachteil
Flucht	Weg des geringsten Widerstands, Sicherheit	Scheinlösung, Konflikt wird aufgeschoben
Kampf	Schnelle Konfliktbewältigung, Abschreckung	Scheinlösung, Rachegefühle
Delegation	Schnelle und sachliche Konfliktlösung	Schiedsspruch wird nicht akzeptiert, Schlichter oft nicht neutral
Kompromiss	Verhandlung, Interessen aller sind berücksichtigt	Hoher Zeitaufwand, Gefahr der Manipulation
Konsens	Endgültige Lösung, positive Wirkung	Hohe Anforderungen an Beteiligte, hoher Zeitaufwand

Lassen Sie spüren, dass Sie der Arbeit im Projekt eine höhere Priorität gegenüber anderen beruflichen Verpflichtungen geben. Kommunizieren Sie das als Erwartung an alle Teammitglieder. Machen Sie Ihren Leuten klar, dass Terminvereinbarungen und Aufgabenabsprachen verbindlich sind. Das hilft, interne Konkurrenzkämpfe zu beenden, die interne Kommunikation zu verbessern und die Gruppenloyalität zu erhöhen – zumindest für eine Zeit lang.

6.4 So lösen Sie Projektkonflikte richtig

 Beispiel aus einem mittelständischen Maschinenbauunternehmen (3. Teil):

Der Projektleiter, der das Gespräch am Tisch nebenan hörte, wurde nachdenklich: War sein Verhalten gegenüber seinem Projektingenieur korrekt? Oder hatte er auf Grund einer Auseinandersetzung im Lenkungsausschuss vorher vielleicht doch etwas überreagiert? Hätte er als Projektingenieur nicht genauso gehandelt? Schließlich braucht man rasch ein Kalibriergerät, wenn die Versuchsmessungen partout unzuverlässig sind – und die Zeit drängt. Ist doch eigentlich ein guter Mann! Er nahm sich vor, mit seinem Projektingenieur vernünftig zu reden und ihn über die Hintergründe seiner Reaktion aufzuklären ...

(Quelle: Intercessio)

Ishikawa-Diagramm

Das nach seinem Erfinder, dem Japaner Ishikawa, benannte Diagramm ist die Visualisierung eines Problemlösungsprozesses, bei dem nach den primären Ursachen eines Problems gesucht wird. Ausgangspunkt ist ein horizontaler Pfeil nach rechts, an dessen Spitze das möglichst prägnant formulierte Problem steht. Auf diesen Pfeil zielen nun von oben und unten schräge Ursachenpfeile, die dem Ishikawa-Diagramm auch die weit verbreiteten Bezeichnungen Fishbone-, Fischgräten- oder Tannenbaumdiagramm eingetragen haben. Diese Hauptpfeile werden meist mit den Grundkategorien Material, Maschine, Methode und Mensch bezeichnet. Weitere typische Kategorien sind: Umfeld, Management, Messung und Prozesse. Auf diese Hauptpfeile zielen nun wiederum horizontale Pfeile, an denen die gefundenen Problemursachen eingetragen werden. Im Wechsel der schrägen und horizontalen Pfeile kann nun nach immer tieferen Ursachen geforscht werden. Als Faustregel gilt hierbei die Technik der „fünf Warum", d.h. man nimmt an, dass man bis zu fünfmal „Warum" fragen muss, um an die eigentliche Wurzel des Problems zu gelangen.

Die Erstellung eines Ishikawa-Diagramms erfolgt in einer moderierten Arbeitsgruppe. Für den Erfolg der Methode ist es wichtig, dass für jeden betroffenen Bereich des zu analysierenden Problems sachkompetente Teilnehmer anwesend sind. Dies kann bedeuten, dass auch externe Personen (z.B. Lieferanten, Kunden) hinzugezogen werden müssen. Die Ursachenforschung beginnt mit einem Brainstorming über die Problemstellung, dessen Einzelergebnisse auf Karten notiert werden. Diese Karten werden dann gemäß der Diagrammvorlage kategorisiert und das Ishikawa-Diagramm entsteht.

Das Ishikawa-Diagramm kann auch verwendet werden, um Aktivitäten in Prozessen zu strukturieren bzw. Prozesse zu analysieren. In diesem Fall steht an der Spitze des Hauptpfeils das Ergebnis des Prozesses, während die einzelnen „Fischgräten" die Aktivitäten hierarchisch geordnet darstellen. Das Ishikawa-Diagramm zählt zu den so genannten „Sieben Qualitätswerkzeugen".

(Quelle: Projekt-Magazin)

In vielen Konfliktfällen oder Projektkrisen empfiehlt sich die Durchführung eines Klärungsmeetings oder eines so genannten Clearings. Hierbei handelt es sich um ein inszeniertes und methodisches Instrument, das die konstruktive Zusammenarbeit im Projekt verbessern oder wiederherstellen soll. Die graduellen Stufen können je nach Projekt sehr unterschiedlich sein.

Beispiel aus einem mittelständischen Maschinenbauunternehmen (4. Teil):

Am übernächsten Tag. Der Projektingenieur kam in das Büro des Projektleiters: Ob er das Kalibriergerät aus der Entwicklungsabteilung zu holen gnädig erbitten dürfte? Ironischer Unterton. Der Projektleiter, dem der Zoff noch im Magen lag, gab ihm sein grundsätzliches Einverständnis, in solchen Fällen ohne sein Wissen zu handeln. Während der Lenkungsausschusssitzung sei es hart hergegangen. Er habe aus einer Mücke einen Elefanten gemacht. Kurz vor der Besprechung habe ihm sein Chef mitgeteilt, dass – trotz ansehnlichen Fortschritts – seine Leute weiter zulegen müssten, die Leistung reiche noch nicht. Seine Bitte nach einem zusätzlichen Mann, wenigstens einen Spezialisten halbtags, wurde ohne weitere Erklärung abgewiesen. Er habe seinem Ärger dann Luft gemacht und wohl zu heftig reagiert – sorry! Nachdem die Hintergründe geklärt wurden, besprachen der Projektleiter und sein Projektingenieur, wie in Zukunft solche Dinge besser abgestimmt werden können.

(Quelle: Intercessio)

Ein Clearing dient dazu, zielgerichtet und strukturiert die gegenwärtigen Verhältnisse zu erfassen und gemeinsam sinnvolle Lösungsansätze zur Verbesserung der aktuellen Situation zu erarbeiten. Entscheidend ist, dass alle teilnehmenden Personen den Eindruck gewonnen haben:

- Hier geht es fair zu.
- Ich habe nichts zu befürchten.
- Ich werde ernst genommen.
- Hier will ich mich einbringen.

Machen Sie Ihren Leuten klar, dass Konflikte in so einem Projekt ganz normal sind. Vereinbaren Sie für die Zukunft feste Spielregeln und allseits akzeptierte Symbole.

Lösungswege für Projektkonflikte:

- Gruppen-/Einzelgespräch mit den Beteiligten.
- Konflikt offen zur Sprache bringen.
- Rollen klären, Kompetenzen und Aufgaben abgrenzen.
- Coach, neutraler Spezialist sucht Konfliktursache (eventuell im Workshop).
- Konfliktverursacher austauschen.
- Neue Spielregeln vereinbaren.
- Projekt abbrechen.

(Quelle: Intercessio)

Argumentieren Sie im Projektteam statt mit zornigen Worten künftig mit den Symbolfarben einer Ampel:

- Rot: Es gibt echte Probleme, Eskalation zur nächsten Verantwortungsstufe ist nötig.
- Gelb: Es gibt Probleme, aber die können in der Organisationseinheit gelöst werden.
- Grün: Alle Probleme können innerhalb der normalen Arbeitsabläufe gelöst werden.

 Drei Basistipps zur Problemlösung:

- Wenn Sie Konflikte lösen wollen, müssen Sie aktiv etwas unternehmen!
  (Die Zeit allein löst keine Konflikte.)
- Haben Sie Geduld, es ist ein Lernprozess!
  (Einstellungen und Verhalten ändern, dauert.)
- Wecken Sie die Bereitschaft der Betroffenen, eine Lösung zu finden!
  (Gemeinsam erarbeiten hilft am besten.)

(Quelle: Intercessio)

So gut psychologische und gruppendynamische Rezepte klingen, letztlich zählt die Persönlichkeit der Beteiligten, die Bereitschaft, auch mal fünf gerade sein zu lassen.

6.5 Eine Dokumentation muss leider sein

Bei Teammitgliedern wenig beliebt ist die Pflicht zur Projektdokumentation. Sie ist nach DIN 69901-5: 2009-01 die „Gesamtheit aller relevanten Dokumente, die in oder aus einem Projekt entstehen, Verwendung und Anwendung finden oder anderen Bezug zum Projekt haben". Projektvertrag oder -Vereinbarung, bestätigtes Angebot, Leistungsliste oder Pflichtenheft, Basisplan mit Zeit- und Kostenplänen sowie Materiallisten, Protokolle, Zwischenberichte nebst Geschäftsleitungs- bzw. Lenkungsausschuss-Entscheidungen, Abschlussbericht bzw. Übergabeprotokoll und – falls existent – ein Projektbuch gehören also zur Projektdokumentation.

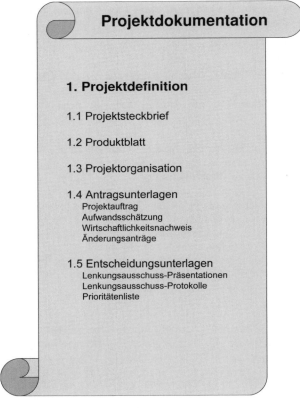

Bild 6.14: Dokumentation der Projektdefinition

6.5 Eine Dokumentation muss leider sein

 Tipps zur Projektdokumentation:

- Werfen Sie keinerlei Unterlagen oder Belege weg!
- Häufen Sie keine Projektbelege über einen Zeitraum einfach an!
- Ordnen Sie jede Unterlage und jeden Beleg sofort zu!
- Falls richtige Zuordnung unklar, Kopien mit Verweis ablegen!

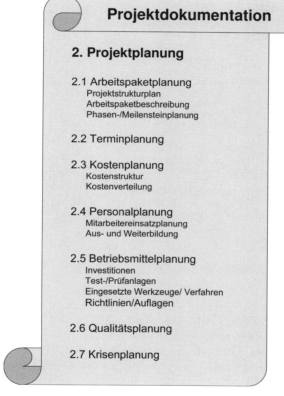

Bild 6.15: Dokumentation der Projektplanung

Und das ist meistens noch nicht alles. Am besten legen Sie sich schon vor dem Start des Projekts eine Dokumentationssystematik an, sammeln Belege und ordnen alle Unterlagen gezielt nach der Systematik – im Computer und in Aktenordnern!

Was nämlich die physikalischen Trägermedien der Dokumentation betrifft, so fahren Sie bitte zweigleisig: Alle Unterlagen heften Sie traditionell in Aktenordner, Protokolle, Korrespondenz, Rechnungen und Belege, auch

Bild 6.16: Dokumentation der Projektdurchführung

Ausdrucke von MS Office-, MindMap- oder MS Project-Dateien. Die Ordner gliedern Sie nach einem festen Suchschema nach Projektphasen und Belegarten. Zeitgemäß ist natürlich die EDV-Archivierung. Neben Ordnern auf dem Server und der peripheren Festplatte stehen preiswerte digitale Speichermedien wie CD-ROM zur Verfügung. Scannen Sie Papierunterlagen ein und speichern Sie diese ebenfalls per Computer. Wer sichergehen will, spiegelt routinemäßig alle projektbezogenen Dateien auf eine zweite interne oder externe Festplatte. Nun kommt höchstwahrscheinlich nichts mehr weg!

Die Aufbewahrungspflicht von Projektunterlagen richtet sich in erster Linie nach dem Projektgegenstand. Meistens ist eine Aufbewahrungsfrist von zehn Jahren vorgeschrieben. Aber es gibt auch Sonderfälle: Nimmt man beispielsweise eine Buchhaltungssoftware, so beginnt die zehnjährige Aufbewahrungsfrist nicht mit der Einführung des Systems, sondern mit dessen Ablösung! In diesem Fall ist die Projektdokumentation erforderlich, um nachzuweisen, dass auch der letzte Beleg des Systems ordnungsgemäß zustande gekommen ist. Die Aufbewahrungsfrist der Projektunterlagen kann sich also weit über zehn Jahre hinaus verlängern.

Die Aufbewahrungspflichten resultieren teilweise aus gesetzlichen, teilweise aus „quasigesetzlichen" oder aus nichtgesetzlichen Anforderungen. Ein Beispiel für gesetzliche Pflicht sind die Produkthaftung und Gewährleistung. Ein Beispiel für „quasigesetzliche" Anforderung sind die „Grundsätze ordnungsgemäßer DV-gestützter Buchführungssysteme" (GoBS), nach denen Wirtschaftsprüfer relevante EDV-Systeme prüfen. Nichtgesetzliche Anforderungen können beispielsweise aus dem Qualitätsmanagement oder dem internen Kontrollsystem bestehen.

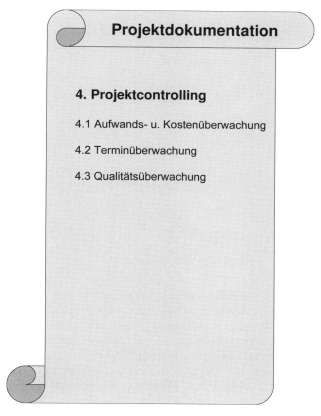

Bild 6.17: Dokumentation des Projektcontrollings

Bei den gesetzlichen Anforderungen spielen außer dem Handels- und Steuerrecht auch das Außenhandelsrecht und die Produkthaftung eine Rolle. Teilweise gibt es besondere Archivierungsanforderungen, beispielsweise die dauerhafte Lesbarkeit der Dokumente oder digitale Signaturen gegen nachträgliche Veränderungen.

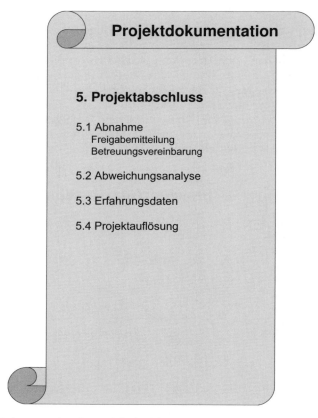

Bild 6.18: Dokumentation des Projektabschlusses

In allen Phasen so notwendig wie unbeliebt sind Projektprotokolle. Sie stellen nicht nur eine Basis für spätere Nachweise dar. Protokolle dokumentieren die Ergebnisse von Projektbesprechungen, bei Bedarf auch deren Verlauf.
Während Berichte die Ergebnisse der Projektarbeit rückblickend dokumentieren, enthalten Protokolle auch Entscheidungen und Aufgaben. Protokolle beschreiben außerdem die Zukunft des Projekts. Mängel in der Protokollführung können zu fehlerhafter Projektsteuerung führen. Ein Protokoll sollte Informationen zu diversen Aspekten in möglichst kurzer Form und schnell lesbarem knappem Stil enthalten.

6.5 Eine Dokumentation muss leider sein

	Seite 1 von 1
Projekt "..."	
Besprechungsprotokoll X	
Team 2	

Besprechungsort:
Besprechungsdatum:
Protokoll durch/am:
    Verteiler: Teammitglieder

1. Teilprojekt "..."	2. Teilprojekt "..."

anwesend, zeitweise anwesend

Erg. Nr.	KZ	Text der Ergebnisse	erledigt durch / bis

Bild 6.19: Formblätter helfen, Projektprotokolle kurz zu halten
(Quelle: Boy. Projektmanagement)

Was ein Projektprotokoll enthalten sollte!

- Ort, Datum, Uhrzeit und Dauer der Besprechung
- Teilnehmer (Namen und Organisationseinheiten)
- Status (Besprechungsleiter, Protokollführer usw.)
- Verteiler (Namen und Organisationseinheit)
- Anlass und Thema der Besprechung (z. B. „Jour fixe")
- Protokollnachlese (Protokoll der letzten Sitzung)
- Tagesordnung (detaillierte Agenda)
- Ergebnisse (gegliedert nach Tagesordnungspunkten)
- Aufgabenliste (offene Punkte und nächste Schritte)
- Unterschrift, eventuell Anlagen und rechtliche Hinweise (Widerspruchsfristen)

(Quelle: Intercessio)

Protokolle sollen so schnell als möglich nach der Besprechung vorliegen. In der Regel gilt hier eine Zeit von wenigen Tagen, um nicht bereits vom Projektfortschritt überholt zu werden. PC, Laptop und Beamer ermöglichen eine Protokollierung in der Arbeitssitzung, quasi in Echtzeit. Sie haben zeitlich zwar mehr Aufwand, aber das Protokoll sehr schnell vorliegen und vermeiden Missverständnisse effizient. Sinn macht auch, Projektmanagementsoftware zur Besprechungsdokumentation zu nutzen. Projektrelevante Entscheidungen können so, direkt auf Planungsdiagramme bezogen, noch vor Ort in die DV-Aufgabenlisten übernommen und per Speicherung auf den Firmenserver für alle Projektteilnehmer zugänglich gemacht werden.

 Checkliste für die Projektdurchführung:

- Arbeitsteilung mit Fachabteilungen ist vereinbart.
- Aufgabenverteilung im Team ist geregelt.
- Umgang mit Änderungen ist abgestimmt.
- Regelkommunikation im Team ist festgelegt.
- Handling möglicher Teamkonflikte ist klar.
- Rückmeldesystem über Arbeitsfortschritte steht.
- Funktions- und Kostenkontrollen sind etabliert.
- Verteiler für Berichte und Protokolle ist vorbereitet.
- Systematik der Dokumentation ist eingerichtet.

7 Projektabschluss: Hurra, endlich am Ziel

Gestalten Sie den Projektabschluss aktiv! Klären Sie rechtzeitig mit Kollegen aus der Leitungsebene und der Personalabteilung, wie es nach dem Projekt für Ihre Teammitglieder weitergeht. Führen Sie danach mit Ihren Mitarbeitern früh genug Gespräche über die Zukunftsperspektiven! Das motiviert besonders auf den letzten Metern vor dem Ziel. Wenn das Team dann die Ziele erreicht hat, aber auch wenn die Vorgaben nicht oder nicht vollständig erreicht wurden, sollte man sich das am Ende klar machen. Nur wer sich mit positiven und negativen Ergebnissen kritisch auseinander setzt, lernt etwas für die Zukunft.

Abschlussbericht	Übergabe an den Auftraggeber!
Abschlussfeier	Motivierendes Erfolgserlebnis!
Reintegration der Mitarbeiter	Wieder in die alte Abteilung?
Auflösung	Offizielles Ende des Projekts!

(Quelle: Intercessio)

Als Projektmanager müssen Sie versuchen, das Projektende bewusst zu gestalten. Stehen noch geplante letzte Schritte aus? Was muss noch offiziell beendet werden? Was muss zur Nachbearbeitung in andere Hände übergeben werden? Nehmen Sie sich die Zeit, führen Sie vor der Übergabe eine sorgfältige Abschlusskontrolle durch! Sprechen Sie mit dem Auftraggeber über noch zu erbringende Leistungen! Im Mittelpunkt steht die Abnahme oder Übergabe der Projektresultate. Vereinbaren Sie einen Termin für die offizielle Projektabnahme! Sie sollten aus diesem Anlass ein Resümee ziehen – für den Auftraggeber, das Team und sich selbst.

Auftragsabschluss
Auftragsabschluss ist der Abschluss des Vertrags (z. B. Festpreis- oder Pauschalbetrags-, Kostenrückerstattungs- oder Stückpreisvertrag). Der Abschluss umfasst das Auflösen aller ausstehenden Vertragspunkte, z. B. Abnahmen oder Warenrechnungen.

(Quelle: Microsoft)

Planen Sie ferner eine interne Abschlusssitzung, um die Ergebnisse im Team zu analysieren! Machen Sie diese Sitzung mit dem ganzen Team, den offiziellen und inoffiziellen Mitstreitern. Vergessen Sie die Soft Facts nicht. Was haben Sie alle gemeinsam, was hat jeder persönlich erreicht? Wie war die

Stimmung? Finden Sie heraus, wie die Beteiligten das Projekt erlebt haben und was hängen geblieben ist. Ziehen Sie als Projektmanager auch eine persönliche Bilanz! Was habe ich ausgestrahlt? Wie haben mich die einzelnen Teammitglieder empfunden? Nur so lernen Sie, was Sie beim nächsten Mal besser machen können. Feedback ist wichtig, auch wenn es manchmal wehtut.

Checkliste Projektabschluss:

- Entwickeln Sie einen kurzen Feedback-Fragebogen zum Projekt!
- Geben oder senden Sie den Fragebogen an alle Projektteilnehmer!
- Werten Sie die Bögen summarisch aus und analysieren Sie die Antworten!
- Holen Sie auch eine Einschätzung von den Leitern der Fachabteilungen ein!
- Entwerfen Sie einen kurzen vorläufigen Abschlussbericht!
- Lassen Sie den Entwurf von vertrauten Kollegen vorab gegenlesen!
- Veranstalten Sie ein formelles Abschlussmeeting für alle Projektbeteiligten!
- Präsentieren Sie Ziele, Verlauf, Probleme, Ergebnisse des Projekts!
- Arrangieren Sie eine kleine Projektabschlussfeier für alle Beteiligten!
- Schreiben Sie den endgültigen offiziellen Abschlussbericht nebst Anlagen!
- Archivieren Sie die Dokumente auf Inhouse-Server, Ihrem PC und CD!
- Dokumentieren Sie zusätzlich auf Papier und legen Sie Aktenordner an!

(Quelle: Intercessio)

7.1 Prüfen Sie zum Schluss die Ergebnisse

Untersuchen Sie bei der abschließenden Kontrolle das gesamte Projekt darauf hin, ob die Ziele bezüglich Funktion, Termin und Budget wirklich erreicht wurden. Sie sollten dabei nicht nur das Projektergebnis, das Produkt oder die Dienstleistung, im Auge haben. Auch der Projektverlauf ist wichtig. Stellen Sie sich folgende Fragen:

- Wie war der Plan?
- Wie ist das Ergebnis?
- Warum gab es Abweichungen?
- Welche Nebenresultate wurden erzielt?
- Wo lagen Hauptschwierigkeiten?
- Wie hat sich das Team entwickelt?

7.1 Prüfen Sie zum Schluss die Ergebnisse

Muster – Fragenkatalog zum Projektabschluss
Was waren Ihre häufigsten Arbeitsaufgaben bei dem Projekt?
Welche Position genau hatten Sie in der Organisationsstruktur?
Mit welchen Abteilungen oder Stellen im Haus haben sie zusammengearbeitet?
Mit welchen externen Auftraggebern oder Projektpartnern hatten Sie zu tun?
Welche Verantwortungen hat der Projektleiter Ihnen persönlich übertragen?
Welche Befugnisse hatten Sie bei Projektplanung und Projektdurchführung?
Welche Projektleistungen haben Sie selbst verantwortlich beigesteuert?
Konnten Sie zur Aufgabenerfüllung eigenständig Budgetmittel einsetzen?
Haben Kollegen aus dem Team Sie bei den Aufgaben unterstützt?
Mit welchen Hilfsmitteln haben Sie Ihre Termine organisiert?
Was lief Ihrer Meinung nach gut, was lief nicht gut in dem Projekt?
An welchen Punkten des Projektverlaufs hatten Sie selbst Schwierigkeiten?
Wie viele Arbeiten insgesamt mussten noch einmal gemacht werden?
Wie beurteilen Sie die Zwischenberichte während der Projektlaufzeit?
Wie haben Sie Zwischenpräsentationen vor der Geschäftsleitung empfunden?
Wie wurden Arbeitsanweisungen während der Projektdurchführung gegeben?
Haben Sie für Ihre Arbeit die nötigen Informationen erhalten oder gefunden?
Welche Bedeutung hatten für Sie die Arbeitstreffen bzw. Teamsitzungen?
In welchem Maße konnten Sie Datenbanken oder Infomaterial nutzen?
Wie hilfreich waren die technischen bzw. fachlichen Unterlagen?
Gab es während der Projektlaufzeit wesentliche Änderungen der Vorgaben?
Konnten Modifikationen der Projektanforderungen problemlos realisiert werden?
Welche neuen Technologien in Hardware und Software kamen zum Einsatz?
Haben Sie Probleme erlebt, welche die Projektplanung stark gefährdeten?
Welche besonderen Lösungen konnten Sie für auftretende Probleme finden?
Wie war die Leistung von Lieferanten und Dienstleistern im Unterauftrag?
Wie haben Sie den Arbeitseinsatz von Projektpartnern und Kollegen erlebt? ▶

Auf welchen Fachgebieten gab es Bedarf an Aus- und Weiterbildung?
Für wie genau und treffsicher halten Sie rückblickend die Projektplanung?
Welche Positionen mussten neu geplant und nachkalkuliert werden?
Wie beurteilen Sie die Projektvereinbarungen bzw. Projektverträge?
Wie war das Arbeitsverhältnis zwischen Projektleiter und Team aus Ihrer Sicht?
Was haben Sie für sich persönlich aus dem Projekt gelernt?
Welche beruflichen Erfahrungen haben Sie daraus gewonnen?
Würden Sie bei einem solchen Projekt noch einmal mitmachen?
Was empfehlen Sie anderen für zukünftige Projekte ähnlicher Art?

(Quelle: Intercessio)

Die Kernfragen müssen Sie natürlich noch in einzelne Erhebungspunkte detaillieren und diese dann in konkrete Fragen operationalisieren. So entsteht ein Fragebogen zur Projektevaluierung. Für einen Mittelständler übertrieben? Schon möglich – aber bedenken Sie: Das nun endende Projekt bildet eine Schätzgrundlage für zukünftige ähnliche Projekte. Wenn diese Daten nicht durch ein Planungs- und Kontrollsystem erfasst werden, gehen sie wahrscheinlich für das Unternehmen verloren. Dann machen nachfolgende Projektleiter Ihre Fehler noch mal. Die Abschlusserhebung ist ein ebenso einfaches wie wirkungsvolles Instrument, um aus Fehlern zu lernen und nach Optimierungspotentialen zu suchen. Also – machen Sie sie sorgfältig!

7.2 Präsentieren Sie dem Auftraggeber die Resultate

Der Projektabschlussbericht ist nach DIN 69901-5: 2009-01 eine „zusammenfassende, abschließende Darstellung von Aufgaben und erzielten Ergebnissen, von Zeit-, Kosten- und Personalaufwand sowie gegebenenfalls von Hinweisen für mögliche Anschlussprojekte." Der finanzielle Teil besteht in der Projektnachkalkulation, in welcher tatsächliche Kosten und Aufwand zusammengetragen werden, der inhaltliche Teil stellt das erreichte Ergebnis und die erfolgreichen Lösungswege dar. Im Sinne eines Projektmanagementsystems nach DIN 69901-5: 2009-01 ist die Dokumentation für weitergehende Erfahrungen (z.B. verworfene Lösungsansätze) sinnvoll, um diese auch anderen Projekten zur Verfügung zu stellen. Eine eigene Dokumentation stellen die so genannten „Lessons Learned" dar. Projekterfahrungen werden als Informationseinheiten dokumentiert und dem Wissensmanagement des Unternehmens zur Verfügung gestellt. Fassen Sie sich in jedem Fall kurz!

7.2 Präsentieren Sie dem Auftraggeber die Resultate

> **Projektübergabe**
>
> Die Übergabe des Projektergebnisses an den Auftraggeber ist die letzte Aktivität des Auftragnehmers. Sie setzt voraus, dass der Auftraggeber zur Übernahme bereit ist.
> Die Übergabe ist die nach Form, Inhalt und Durchführung vertraglich vereinbarte ... Abgabe von Lieferungen und Leistungen an einen Empfänger.
> Die Übergabe ist Bestandteil der Projektabschlussphase.

(Quelle: Projekt-Magazin)

Sobald der Projektleiter mitteilt, dass das Projektziel erreicht ist (Bereitschaft des Auftragnehmers zur Abnahme), wird das Ergebnis dem Auftraggeber vorgelegt. Je nach Projekt, Umfang und Branche ist das in sehr unterschiedlicher Weise üblich.
Bei kleinen internen Projekten genügt oft ein standardisierter Abschlussbericht, eine Ergebnispräsentation ist nicht notwendig. Bei mittleren Projekten erwartet man eine anschauliche Präsentation vor Geschäftsleitung oder Lenkungsausschuss, oft mit Demonstration von Mustern. Bei großen internen Projekten ist unabhängig vom Thema eine offizielle, meist persönliche Ergebnisübergabe obligatorisch. In jedem Fall ist die Übergabe oder Abnahme letzter und wichtigster Meilenstein im Projekt.
Das gilt noch stärker und formeller für Auftragsprojekte: Bei vertragsgemäßer Erstellung des Projektgegenstands hat der Auftragnehmer ein Recht auf Abnahme und trägt die rechtlichen Folgen. Grundsätzlich entscheidet der Auftraggeber über das Erreichen des Projektziels.

Rechtliche Folgen der Projektabnahme:

- Übergang des Projektgegenstands in das Eigentum des Auftraggebers
- Gefahrenübergang auf Auftraggeber (z.B. Beschädigung oder Vernichtung des Projektgegenstands durch höhere Gewalt)
- Haftungsübergang auf Auftraggeber (Verantwortung für Schäden, welche anderen durch den Projektgegenstand entstehen)
- Beginn der Gewährleistungsfrist (gemäß vertraglicher Vereinbarung oder gesetzlicher Fristen)
- Übergang der Beweislast für eventuelle Mängel am Projektgegenstand auf den Auftraggeber
- Fälligkeit vereinbarter Zahlungen

Der einfachste Fall der Projektabnahme besteht in der stillschweigenden Abnahme nach Ablauf einer vereinbarten Frist nach Übergabe des Projektgegenstands. In der Regel will der Auftraggeber aber eine Prüfung des Projektergebnisses vornehmen und der Auftragnehmer möchte eine Abnahmebestätigung erhalten. Das Ergebnis der Abnahmeprüfung wird dann im Abnahmeprotokoll festgehalten. Es ist die Basis für eventuelle Nachforde-

7 Projektabschluss: Hurra, endlich am Ziel

Abschlußbericht: Projekt
Projektleiter:
Ziel:
Projektorganisation, -struktur:
Beschreibung der Leistung:
Wichtige Ereignisse / Kritische Probleme:
Projektkosten:
Projektabnahme: **Auftraggeber:**   **Projektleiter:**

Bild 7.1: Formblatt für den Projektabschlussbericht (Quelle: Boy. Projektmanagement)

rungen durch den Auftraggeber und für das folgende Abnahmedokument. Das Abnahmeprotokoll sollte klar unterscheiden zwischen den vertraglich erforderlichen Leistungen, die für eine Abnahme unbedingt erforderlich sind, und Restleistungen, die nicht für die Abnahme hindernd sind. Dieses Protokoll kann für spätere Produkthaftung und Regressforderungen entscheidend sein.

> **Hinweis: Protokoll der Projektabnahme (Alternativen)**
> - Abnahme ohne Vorbehalte, d. h. es wurden keine Mängel festgestellt.
> - Abnahme unter Vorbehalt, d. h. es wurden geringe Mängel festgestellt, über die eine Mängelliste mit Fristsetzung zur Nachbesserung erstellt wurde.
> - Verweigerung der Abnahme aufgrund erheblicher Mängel.

Im Falle der Abnahmeverweigerung hat der Auftragnehmer nachzuweisen, dass der Projektgegenstand vertragsgemäß erstellt wurde. Oder er muss die festgestellten Mängel innerhalb der gesetzten Frist beseitigen. Eine Verweigerung der Abnahme kann spürbare Folgen haben. Beispielsweise können vereinbarte Vertragsstrafen fällig werden.

Genug zum Formalrechtlichen, jetzt zum Zwischenmenschlichen bei der Abnahme. Es kommt nämlich nicht nur darauf an, welche Ergebnisse man genau präsentiert, sondern wie man damit beim Abnehmer rüberkommt. Meist nehmen Gremien, nicht Einzelpersonen Ihr Projekt ab. Das kann Gruppenstimmung und Eigendynamik des Entscheiderkollektivs bedeuten. Mehr noch als bei Zwischenpräsentationen kommt es letztlich darauf an, wie Sie die einzelnen Mitglieder des Abnahmegremiums, der Geschäftsleitung oder des Lenkungsausschusses ansprechen. Das fängt bei Ihrem Outfit an und hört bei Ihrer Sprache bzw. bei Ihrer Körpersprache noch lange nicht auf. Beherzigen Sie unbedingt die Grundregeln der Präsentation!

Checkliste für die Abschlusspräsentation des Projekts	
Präsentationsanlass	• Welche Ziele genau sollen erreicht werden?
Veranstaltung	• Handelt es sich ausschließlich um die offizielle Projektabnahme? • Kommt auch aktive Akquisition für Folgeprojekte in Betracht?
Atmosphäre	• Ist der Rahmen offiziell, angespannt, feierlich oder locker?
Präsentation	• Sind Sie einziger Präsentierender? Wie viel Zeit ist vorgesehen? • Rollenverteilung zwischen Ihnen und ausgewählten Mitarbeitern?
Wettbewerb	• Ist ein Projekt vor Ihnen dran? Worüber sprechen andere? • Könnte das die Stimmung des Entscheiderkreises belasten? ▶

Programmablauf	• Wie sieht das Präsentationsprogramm im Detail aus? • Zeigt man nur Charts? Werden auch Muster demonstriert? • Gibt es einen Testlauf? Ist eine Ortsbegehung sinnvoll? • Sind Zwischenfragen zu erwarten? Sprechpausen geplant? • Welche Überbrückungen sind bei Verzögerungen einsetzbar? • Ist eine abschließende Fragerunde oder Diskussion geplant?
Umgebung	• Sprechen Sie in einem Sitzungssaal? Braucht man Beschallung? • Sprechen Sie im Labor oder in lauter Produktionsumgebung? • Sprechen Sie auch im Freien? Wie ist dann die Akustik?
Räume	• Kennen Sie die Räumlichkeiten? Eignung und Zustand geprüft? • Ist die Sitzordnung geklärt? Platz für den Big Boss freigehalten?
Technik	• Funktionieren PC/Laptop, Beamer und Lautsprecher kompatibel? • Bilder erkennbar? Schriften von fern lesbar? Ton gut hörbar?
Publikum	• Wer genau sind die Zuhörer der Abschlusspräsentation? • Geschäftsleitung? Lenkungsausschuss? Kundenrepräsentanten? • Sind permanente Selbstdarsteller oder notorische Querulanten dabei? • Wie ist das Verhältnis der Zuhörer bzw. Teilnehmer zueinander? • Wie viele Personen insgesamt kommen zur Präsentation? • Zuhörerinteresse? Ist die Präsentation eine Pflichtveranstaltung? • Was erwarten die Zuhörer von der Präsentation und von Ihnen? • Wie ist der Wissensstand bezüglich Ihres Projektthemas? • Gibt es bereits Unzufriedenheiten wegen Ihres Projekts? • Wie ist das Zeitbudget der entscheidenden Zuhörer?
Persönlichkeit	• Sind Sie pünktlich zur Präsentation? Aufs Thema konzentriert? • Haben Sie das richtige Outfit, die passende Bekleidung?
Vorgehenstaktik	• Sind Handouts der Projektpräsentation vorbereitet? Chartcopies? • Ist deren Übergabe am Schluss vorbereitet?
Protokollierung	• Wer führt Protokoll? Wer reicht fehlende Dokumente nach? • Wer schreibt Nachbesserungswünsche des Abnehmers auf?

(Quelle: Intercessio)

Eine animierte PowerPoint-Präsentation ist heute State of the Art. Technisch kann das mittlerweile ein typisches Computerkid besser als ein altgedienter Projektleiter. Wie man so etwas erstellt, fragen Sie also am besten Ihren Sohn oder Ihre Tochter! Inhaltlich und gestalterisch sollten Sie einige Präsentationsregeln beachten:

Checkliste für die PowerPoint-Präsentation

Layout	• Einheitliche Visualisierung gemäß Firmenauftritt (Corporate Design). • Wichtige Aussagen in den Charts zentral platzieren. • Etablierte Symbole verwenden, keine unbekannten Zeichen. • Übersichtlich bleiben, weniger ist manchmal mehr.
Typografie	• Ausreichend groß auch für hinten Sitzende. • Nur eine klare Schriftart durchgängig verwenden. • Groß- und Kleinbuchstaben statt nur Versalien.
Headlines	• Klare und kurze Benennung des Chartinhalts. • Stil der Überschriften durchgängig halten. • Möglichst nur einzeilige Überschriften.
Texte	• Kurze Sätze oder nur Stichworte. • Einfache und verständliche Ausdrücke. • Wenige Inhaltsaspekte pro Chart. • Auf neue Rechtschreibung achten.
Farben	• Wenige Farben zur Visualisierung (gemäß Corporate Design). • Schrift- und Hintergrundfarben müssen kontrastieren. • Blasse Farben wegen Störlichteinfall vermeiden.
Grafiken	• Säulen- bzw. Stabdiagramme für vergleichende Darstellungen. • Liniendiagramm für Änderungen und Trends in einem Zeitabschnitt. • Kreis- bzw. Tortendiagramm für prozentuale Verteilungen. • Baumdiagramm für Strukturen von Organisation und Themen.
Fotos	• Bilder pointiert und sparsam einsetzen. • Keine eigenverliebten Portraits des Teams. • Hinreichende Auflösung ist wichtig (Pixelzahl).
Videos	• Kamera langsam schwenken und Bild nicht verwackeln. • Auf ausreichende Ausleuchtung und Auflösung achten. • Nur kurze Bewegtbildsequenzen in Charts integrieren. • Für Testimonials oder Kurzinterviews einsetzen (Originalton). • Zur Darstellung von Testversuchen oder Bauarealen geeignet.
Abfolge	• Für die Charts nur dezente Animationen einsetzen. • Animationsstil durchgängig programmieren.
Inhalt	• Vom Allgemeinen zum Besonderen. • Von den Auswirkungen zu den Ursachen. • Vom Angenehmen zum Unangenehmen. • Von den Problemen zu den Lösungen.

(Quelle: Nöllke. Präsentieren)

Last, not least: Selbst Leute, von denen man es nicht erwarten würde, missachten die Basisregeln. Oder sie verfallen nach ersten Minuten zuhörerorientierter Präsentation in normale Sprachgewohnheiten und Bewegungsabläufe. Trainieren Sie vorher die Präsentation bewusst sprechend. Bleiben Sie durchgängig konzentriert. Beherzigen Sie die simplen Basisregeln für Vorstellungsgespräche und Präsentationsrunden!

Basistipps für die Präsentation zum Projektabschluss:

Hygiene:	Frischer Haarschnitt und Rasur kommen gut an!
Bekleidung:	Kostüm bzw. Anzug mit Krawatte ist obligatorisch!
Sprache:	Mit deutlicher Stimme nicht zu schnell sprechen!
Mimik:	Freundlich und geduldig blicken auch bei Nachfragen!
Gestik:	Nicht wild rumfuchteln, Hände nicht in die Hosentaschen!
Körperhaltung:	Nicht zur Projektion, zum Publikum gewendet sprechen!

(Quelle: Intercessio)

7.3 Feiern Sie offiziell den gemeinsamen Erfolg

Ein gelungenes Projekt sollte einen Abschluss finden, der alle Beteiligten noch einmal zusammenführt. Laden Sie Ihr Team und die anderen Mitstreiter ein, die Geschäftsleitung bzw. den Lenkungsausschuss, die Bereichs- und Abteilungsleiter, Ihren Auftraggeber bzw. Ihren Kunden oder Kooperationspartner – natürlich auf eigens dafür geplante Projektkosten. Vermutlich werden nicht alle kommen können. Schade, denn: Eine offizielle Abschlussfeier mit Umtrunk und Imbiss macht die Wichtigkeit des Projekts deutlich. Bitten Sie Vorstand oder Geschäftsführung um ein paar anerkennende Worte! Das große Ziel wurde erreicht. Sprechen Sie selbst Lob aus! Heben Sie jeden Mitarbeiter und Unterstützer öffentlich hervor, danken Sie für den persönlichen Einsatz. Das Team hinterlässt so einen guten Eindruck im Unternehmen. Gerade wenn es in den letzten Wochen stressig war, feiern Sie den gemeinsamen Erfolg! Und lassen Sie sich feiern, weil Sie zusammen es geschafft haben. Bei einem Fest blickt man in zunehmend entspannter Atmosphäre auf das Projekt zurück. Die Teammitglieder plaudern miteinander – für ein, zwei Stunden: Manche Leistung wird erinnert, mancher Ärger vergessen. Vieles verklärt sich im Nachhinein. Ein Prosit auf das Projekt, Gratulation – Sie waren ein Superteam!

7.4 Sprechen Sie mit dem Chef über Ihre Karriere

Nutzen Sie die Gunst der Stunde, sprechen Sie mit dem Chef über Ihre Karriere. Manchmal ist schon die kleine Projektabschlussfeier eine passende Gelegenheit, um einen Gesprächstermin in eigener Angelegenheit zu erbitten. Natürlich nur, wenn das Projekt erfolgreich gelaufen und Ihr Chef in guter Stimmung ist. Aber machen Sie bitte nicht den Fehler, ihn während der Feier vollzutexten. Sagen Sie ihm nur, dass Sie neue Herausforderungen suchen, sich für seine Firma engagieren wollen.
Bis zum Gesprächstermin in Sachen beruflicher Weiterentwicklung sollten Sie sich nüchtern vor Augen führen, was Projektleitung eigentlich bedeutet: eine zeitlich begrenzte Verantwortung für eine Aufgabe, für Mitarbeiter und für ein Budget. Je nachdem, wie umfangreich, komplex, technisch oder wirtschaftlich bedeutsam das Projekt war, hat die eigene Geschäftsleitung oder haben fremde Auftraggeber Ihnen einiges oder mehr zugetraut. Allerdings wird der Titel „Projektleiter" gern an junge Mitarbeiter verliehen, um ihr Bedürfnis nach Aufstieg zu befriedigen, ohne damit echte Führungskompetenz zu verbinden. Von einem langjährigen Bereichsdirektor oder versierten Abteilungsleiter kann die Ernennung zum Projektleiter sogar als Degradierung verstanden werden, sofern er seine bisherige Position dabei verliert.
Aber: Eine Projektleitung steht unter Karriereaspekten in der Ambivalenz zwischen Fachlaufbahn und Führungslaufbahn. Von einem Projektmanager werden sowohl fachliche Kompetenz als auch Führungskompetenz in besonderer Lage erwartet. Die Beurteilung der persönlichen Leistung ist dann aber entscheidend von der Einstellung der Unternehmensleitung zum Projektgeschäft abhängig. Während in einem Unternehmen, das Projekte nur als notwendiges Übel betrachtet, die Ernennung zum Projektleiter als Warnsignal gilt, ist in einem Unternehmen mit ausgeprägter Projektkultur die Verantwortungsübergabe für ein Projekt eindeutig als Vertrauensbeweis und als Karriereschritt zu betrachten.
Für Nachwuchskräfte in größeren Mittelstandsunternehmen gilt: Die Qualifikation zum harten Projektmanagement wird als selbstverständlich für Führungspositionen vorausgesetzt. Die Bewährung im stressigen Projektgeschäft und entsprechende Erfolge können als Sprungbrett für die Karriere in der Linie dienen.

Projektgeschäft mit Innenausbau von Frachtflugzeugen:

Ein mittelständisches Unternehmen in Niederbayern ist Europas anerkannter Spezialist für den Innenausbau von Frachtflugzeugen. Wegen des modularen Ausbaus individuell nach Kundenwunsch handelt es sich hier permanent um Projektgeschäft. Das Spezialunternehmen rüstet sowohl gebrauchte Maschinen um als auch neue Superflieger komplett aus. Großaufträge von international renommierten Logistikunternehmen empfinden die Projektingenieure als herausfordernd und prestigereich, kleinere Aufträge zur Umrüstung von alten Transportmaschinen gelten als unattraktiv. Im Laufe der Jahre haben sich typische Projektkarrieren herauskristallisiert: Berufsanfänger erhalten kleine Umbauprojekte, „die sollen erst mal lernen". Die „Young Professionals" dürfen an die mittleren Jobs. Die gestandenen Profis übernehmen gleich zwei oder drei internationale Ausrüstungsprojekte. Die Krönung der Karriere ist es, so genannter Category-Manager zu werden. Denn dieser koordiniert gleichzeitig zahlreiche Projektleiter und ist – nach dem Geschäftsführer versteht sich – der absolute „Champ". Karriere in diesem Unternehmen geht praktisch nur über eine Projektkarriere!

(Quelle: Intercessio)

Was können Sie als junger, erfolgreicher Projektmanager nun tun, um Ihrer Karriere geschickt einen positiven Drive zu geben? Hier die wichtigsten Grundregeln:

Tipps für die berufliche Weiterentwicklung von Projektmanagern:

- Machen Sie sich klar, welche Bedeutung das Projekt fürs Unternehmen hat.
- Schätzen Sie realistisch, welchen Stellenwert der Chef dem Projekt beimisst.
- Schrauben Sie Erwartungen nicht zu hoch, ersparen Sie sich Enttäuschung.
- Sagen Sie dem Chef in drei Sätzen, was Sie im Projekt geschafft haben (Leistungsfortschritt, Umsatzpotential, Kundenbindung, Kostenersparnis).
- Reflektieren Sie, was gut lief und was man besser machen kann, welches Knowhow fürs Unternehmen gewonnen wurde, was Sie dazugelernt haben.
- Schwärmen Sie vor, wie motiviert alle unter Ihrer Ägide gearbeitet haben.
- Fordern Sie keine Gehaltserhöhung nur wegen eines gelungenen Projekts.
- Suchen Sie neue Herausforderungen und erbitten Sie mehr Verantwortung.
- Aber geben Sie nie damit an, alles zu können, das kann nur der Chef ...

Checkliste für den Projektabschluss:

- Projektstatus und -ergebnisse sind intern abschließend überprüft.
- Projektabschlussbericht inklusive Dokumentation liegt komplett vor.
- Abschlusspräsentation ist trainiert und regelgerecht fertig gestellt.
- Abnahme durch den Projektauftraggeber ist erfolgt und protokolliert.
- Projektergebnisse sind an die verantwortlichen Nutzer übergeben.
- Projektleiter ist entlastet, Teammitglieder sind in neue Aufgaben vermittelt.
- Abschlussfeier ist perfekt organisiert und für alle angenehm gelaufen.
- Die Gunst der Stunde beim Chef wurde aktiv für die Karriere genutzt.

8 Nun sind Sie als Projektmanager erfahren: Lassen Sie sich zertifizieren

So – Ihr erstes Projekt haben Sie prima gemeistert. Bestimmt steht längst ein weiteres Vorhaben ins Haus, das Sie nun noch professioneller als zuvor angehen können. Packen Sie auch das nächste Projekt mutig an. Blicken Sie optimistisch nach vorn – lassen Sie sich zertifizieren! Die Zertifizierung ermöglicht erfahrenen Projektleitern, ihre erworbene Qualifikation im Projektmanagement nachzuweisen. Das Interesse an diesen Zertifikaten ist in den letzten Jahren in Deutschland kräftig angestiegen.

Projektmanagementwissensbestand – Body of Knowledge (BOK)
In den letzten 50 Jahren hat sich ein umfangreiches Wissen zum Projektmanagement, zu Werkzeugen, Fähigkeiten und Techniken angesammelt. Aus diesem Wissensbestand wurden folgende Standards entwickelt:
PMBOK (Project Management Body of Knowledge) – Project Management Institute (USA).
ICB (IPMA-Competence Baseline) der International Project Management Association und daraus abgeleitete nationale Standards in Europa und vielen anderen Ländern der Welt.
PM-Kanon der GPM Deutsche Gesellschaft für Projektmanagement.
ISO 10006 – diese Richtlinie für Qualität im Projektmanagement unterstützt Unternehmen, die Effektivität eines Projektmanagementsystems zu beurteilen.
Ziel dieser Standards ist es, die besten Verfahren zu ermitteln und zu beschreiben, die auf die meisten Projekte in den meisten Situationen anwendbar sind. Sie sollen außerdem für eine einheitliche Terminologie innerhalb des professionellen Projektmanagements sorgen, auf nationaler und internationaler Ebene.

(Quelle: Burke. Projektmanagement)

Denn auch mittelständische Unternehmen müssen heutzutage ihren Auftraggebern nachweisen, dass sie in der Projektarbeit nach anerkannten Regeln und Grundsätzen vorgehen. Zunehmend steht dann die Qualifikation der Mitarbeiter im Vordergrund. Der Trend geht weg von der Abfrage reinen Fachwissens hin zur Einbeziehung von praktischer Erfahrung. Die Prüfungen bestehen heute aus einem Mix zur Ermittlung expliziten Wissens, sozialer Kompetenz und erlebter eigener Erfahrung. Am Ende darf man sich „Projektmanagement-Fachmann/-Fachfrau" nennen. Und als „Projektmanager" hat man eine in vielen Ländern anerkannte Berufsbezeichnung.

8 Nun sind Sie als Projektmanager erfahren: Lassen Sie sich zertifizieren

> **GPM**
>
> Die GPM Deutsche Gesellschaft für Projektmanagement e. V. ist der deutsche Berufs- und Fachverband für Projektmanagement.
>
> Es handelt sich hierbei um eine Vereinigung von Personen und Institutionen mit gleichen oder ähnlichen
> - Aufgaben,
> - Grundsätzen,
> - Ansprüchen,
> - Überzeugungen,
> - Interessen,
> - Erfahrungen,
> - Kenntnissen und
> - Tätigkeiten
>
> im Projektmanagement.
>
> 1979 als gemeinnütziger Verein gegründet, besteht die satzungsgemäße Aufgabe in der Förderung des Projektmanagements, insbesondere der Aus- und Weiterbildung sowie der Forschung und Information auf diesem Gebiet. Das primäre satzungsgemäße Ziel der GPM ist es, die Anwendung von Projektmanagement in Deutschland zu fördern, weiterzuentwickeln, zu systematisieren und zu standardisieren sowie weiterzuverbreiten.
>
> Mit derzeit über 3.000 Mitgliedern aus allen Bereichen der Wirtschaft, der Hochschulen und der öffentlichen Hand sowie einem großen Interessentenkreis ist die GPM zur treibenden Kraft für eine systematische Weiterentwicklung des Projektmanagements in Deutschland geworden.

(Quelle: GPM Deutsche Gesellschaft für Projektmanagement)

Immer mehr Firmenleitungen legen inzwischen ihren Führungskräften nahe, sich als professionelle Projektmanager zertifizieren zu lassen. Ein solches Zertifikat ist aber auch für Handwerkschefs, Einzelunternehmer oder Freiberufler sinnvoll. Dann nämlich, wenn sie Projekte im Auftrag größerer Unternehmen oder öffentlicher Institutionen durchführen bzw. an Gemeinschaftsprojekten teilnehmen.

 Der beste Kompetenzbeweis ist ein persönliches Projektmanagementzertifikat von einer neutralen Instanz wie der International Project Management Association (IPMA) bzw. ihrer inländischen Organisation, der GPM Deutsche Gesellschaft für Projektmanagement e. V. Hierzulande werden Zertifikatskurse für professionelle Projektmanager von lizenzierten Trainern der GPM durchgeführt und von deren Zertifizierungsstelle PM-ZERT abgenommen. Sie führen zu dem Abschluss „Projektmanagement-Fachmann/-Fachfrau (RKW/GPM)".

(Quelle: Burke. Projektmanagement)

Zunehmend arbeiten größere Unternehmen komplett mit einer Projektorganisation, also in einer Organisationsstruktur, die nicht mehr auf die traditionelle funktionale Gliederung in Fachabteilungen ausgelegt ist, sondern auf Projektanforderungen der Kunden. Eine solche moderne organisatorische Aufstellung ermöglicht es, flexibler auf Marktänderungen zu reagieren, ja diese aktiv und zeitnah mitzugestalten.

Wenn Sie gewohnt sind, in einem Team mit Projektarbeit souverän klarzukommen oder als Teamleiter oder gar Projektmanager nachweislich erfolgreich sind, haben Sie beste Chancen auf berufliche Weiterentwicklung in projektorientierten Formen moderner Prozessorganisation – im Mittelstand wie auch in Großunternehmen.

Glück auf für Ihre Zukunft!

9 Anhang: Glossar, Literatur, Register

9.1 Glossar

ABC-Analyse – Geschäftsbeziehungen, Aufgaben, Probleme, Produkte, Aktivitäten werden in drei Stufen priorisiert: A = sehr wichtig oder dringlich, B = wichtig oder dringlich, C = weniger wichtig oder dringlich.

Ablaufelement – Element zur Beschreibung von Sachverhalten (Zustände, Geschehen, Abhängigkeiten) eines Ablaufs. Ablaufelemente der Netzplantechnik sind Ereignisse, Vorgänge und Anordnungsbeziehungen. (DIN 69900: 2009-01)

Ablaufplan – die logische und zeitliche Planung des Projektablaufes. Der Plan kann einfach nur aus Terminkalendereinträgen der Projektteilnehmer bestehen oder aus einem Gannt-Balkendiagramm. Für Großprojekte ist oft ein Netzplan sinnvoll.

Ablaufstruktur – nach DIN 69901-5: 2009-01 eine Darstellung der Elemente (z.B. Vorgänge) eines Ablaufes sowie deren zeitlichen und logischen (Anordnungs-) Beziehungen untereinander.

Abnahme – unternehmerische Entscheidung des Auftraggebers, dass ein (Teil-) Ergebnis den Vereinbarungen und Erwartungen entspricht und als Grundlage für nachfolgende Prozesse verwendet werden kann und muss (DIN 69901-5: 2009-01). Im Sinne der Verbindlichkeit empfiehlt sich ein Protokoll als Abnahmebestätigung. Nach der Abnahme kann der Auftragnehmer die Abschlussrechnung stellen. Meist ist das Abnahmedatum zugleich der Startpunkt für Gewährleistungsfristen.

Abnahmeprotokoll – protokolliert die Ergebnisse der Abnahmeprüfung und ist die Basis für etwaige Nacherfüllungsforderungen durch den Auftraggeber. Es kann für spätere Regressforderungen grundlegend sein.

Abschlussbericht – offizieller Bericht des Projektleiters an den Auftraggeber am Ende eines Projektes. Auf Formblättern werden Ausgangsbedingungen, Aktivitäten, personeller und materieller Aufwand, vor allem die Projektergebnisse dargestellt.

Abschlussphase – nach DIN 69901-5: 2009-01 die Gesamtheit der Tätigkeiten und Prozesse zur formalen Beendigung eines Projekts. Hierzu zählen vor allem Erstellung des Projektabschlussberichts, Nachkalkulation, Erfahrungssicherung, Vertragsbeendigung usw.

Änderungsmanagement – Erfassung, Bewertung, Entscheidung, Dokumentation und Steuerung der Umsetzung von Änderungen im Projekt gegenüber der bisher gültigen Planung. Die Änderungsgründe können sich z.B. aus dem Vertrags-, Stakeholder- oder Ablaufmanagement ergeben. (DIN 69901-5: 2009-01)

Amortisationsrechnung – die Errechnung der Dauer der Amortisation des investierten Kapitals. Grobe Hilfsrechnung ohne Berücksichtigung von Zinsen. Amortisationsdauer gilt als ein Maßstab für das mit einer Investition verbundene Risiko. (Pay-back-Period)

Analogie-Methode – um Arbeitsaufwand, Kosten und Dauer von Arbeitspaketen und Projekten schätzen zu können, werden bei der Analogie-Methode ähnliche, bereits durchgeführte Projekte und Arbeitspakete zum Vergleich herangezogen. Mit diesen Erfahrungswerten wird der Aufwand für ein neues Projekt geschätzt.

Anfang-Anfang-Beziehung – Vorgang B kann erst anfangen, wenn Vorgang A angefangen hat. (Microsoft Office Project)

Anfang-Ende-Beziehung – Vorgang B kann erst enden, wenn Vorgang A angefangen hat. (Microsoft Office Project)

Anforderung – nach DIN 69901-5: 2009-01 die Beschaffenheit, Fähigkeit oder Leistung, die ein Produkt, Prozess oder die am Prozess beteiligte Person erfüllen oder besitzen muss, um einen Vertrag, eine Norm, eine Spezifikation oder andere, formell vorgegebene Dokumente zu erfüllen.

Angebot – umfasst die Beschreibung der zu erbringenden Leistungen und die Kalkulation des vom Auftraggeber zu zahlenden Preises. Mit Abgabe eines verbindlichen Angebotes verpflichtet sich der Anbieter zur Durchführung des Auftrages, falls das Angebot angenommen wird. Sofern das Angebot „freibleibend" oder „unverbindlich" abgeben wird, ist es nicht verbindlich.

Angebotsbindefrist – verbindliche Angebote sind meist mit einer Geltungsdauer versehen, der sogenannten Angebotsbindefrist. Nur wenn innerhalb dieser Frist das Angebot angenommen und der Auftrag erteilt wird, ist der Anbieter zur Erfüllung seines Angebots verpflichtet.

Anordnungsbeziehung – die Art der Beziehung zwischen verknüpften Vorgängen. Gemäß DIN 69900: 2009-01 quantifizierbare Abhängigkeit zwischen Ereignissen oder Vorgängen.

Anschlussknoten – Knoten eines Netzplans oder Teilnetzplans, von dem eine Anschlussverbindung ausgeht oder zu dem eine solche führt. (DIN 69900: 2009-01)

Arbeitskosten – alle Aufwendungen, die durch den Einsatz menschlicher Arbeitskraft im Betrieb entstehen. Außer Löhnen und Gehältern umfassen Arbeitskosten die auf gesetzlichen und freiwilligen Leistungen beruhenden Sozialkosten, Zuschläge, Urlaubsgelder, Beihilfen usw.

Arbeitspaket – nach DIN 69901-5: 2009-01 eine in sich geschlossene Aufgabenstellung innerhalb eines Projekts, die bis zu einem festgelegten Zeitpunkt mit definiertem Ergebnis und Aufwand vollbracht werden kann. Ein Arbeitspaket ist das kleinste Element des Projektstrukturplans, das in diesem nicht weiter aufgegliedert werden kann und auf einer beliebigen Gliederungsebene liegt. Ein Arbeitspaket kann allerdings zur besseren Strukturierung und bei der Erstellung des Ablaufplans in Vorgänge aufgegliedert werden, die dabei untereinander in Beziehung gesetzt werden. In der Projektmanagement-Software wird mit Vorgängen geplant.

Aufbewahrungspflicht – resultiert aus gesetzlichen, aus „quasi-gesetzlichen" oder nicht gesetzlichen Anforderungen. Meist gilt die Aufbewahrungsfrist von 10 Jahren.

Auftrag – ein Vertrag über Lieferungen und Leistungen, dessen Zustandekommen das Einverständnis der Vertragsparteien voraussetzt. Nach BGB ist die schriftliche Form zwar nicht vorgeschrieben, in der Praxis aber dringend zu empfehlen.

Auftraggeber – erteilt den Projektauftrag und ist der Vertragspartner, der über den Erfolg des Projekts entscheidet. Üblicher- aber fälschlicherweise wird zwischen internem und externem Auftraggeber unterschieden:
Der interne Auftraggeber gehört demselben Unternehmen wie der Auftragnehmer an. Er kann keine Regressforderungen gegen den internen Auftragnehmer stellen, da beide zur selben juristischen Person gehören.
Der externe Auftraggeber steht mit dem Auftragnehmer in einem gesetzlich nach BGB und HGB geregelten Vertragsverhältnis. Dieses Verhältnis wird durch die Allgemeinen Geschäftsbedingungen der Vertragspartner und dem zwischen ihnen geschlossenen Vertrag geregelt.

Auftragsbestätigung – bei einem freibleibenden Angebot muss der Auftragnehmer durch die Auftragsbestätigung für den endgültigen Vertragsabschluss sorgen.

Auftragserteilung – die Willenserklärung des Auftraggebers an den ausgewählten Anbieter, mit ihm einen Vertrag über Lieferungen und Leistungen abzuschließen. Mit der Auftragserteilung leistet der Auftraggeber seinen Anteil am Zustandekommen des Projektauftrags. Wenn das Angebot bindend erstellt wurde und die Auftragserteilung innerhalb der Angebotsbindefrist erfolgte, ist allein damit zwischen Auftraggeber und Auftragnehmer ein rechtsgültiger Vertrag zustande gekommen.

Auftragsprojekt – der Projektgeber und der Projektnehmer sind verschiedene Rechtspersonen.

Aufwand – eingesetzte Ressourcen zur Deckung von Kosten, Zeit- und/oder Ressourcen-Bedarf (einschließlich Finanzmitteln) von Vorgängen, Arbeitspaketen oder Projekten. (DIN 69901-5: 2009-01)

Aufwandsermittlung – nach DIN 69901-5: 2009-01 die Ermittlung der Mengengerüste von Kosten, Zeitbedarf sowie Bedarf an Ressourcen. Die Mengengerüste können Plan-, Soll- und Ist-Werte enthalten und Aufwandschätzungen erfordern.

Aufwandsschätzung – nach DIN 69901-5: 2009-01 die einmalige oder wiederholte Schätzung von Kosten, Zeit- und/oder Ressourcenbedarf, insbesondere für zukünftige Vorgänge, Arbeitspakete oder Projekte. Die Schätzung kann mittels Expertenschätzung, Projektvergleich und/oder Branchenstandardwerten erfolgen und von einzelnen Vorgängen oder Arbeitspaketen aufsteigend zum Aufwand des ganzen Projekts führen und/oder umgekehrt von einer Schätzung des Aufwands des ganzen Projekts absteigend zum Aufwand einzelner Arbeitspakete oder Vorgänge führen.

Auslastungsgrad – das Verhältnis von genutzter zu möglicher Leistung einer Ressource bzw. einer Ressourcenart in einem bestimmten Zeitraum. (DIN 69901-5: 2009-01)

Ausschreibung – eine öffentliche Bekanntgabe von Bedingungen, zu denen ein Vertragsangebot erwartet wird. Die umfangreichen Bedingungen werden häufig in einem Lastenheft zusammengefasst.

Balkendiagramm – oft auch Stufendiagramm genannt. Auf einer Zeitachse werden alle Arbeitspakete als Balken dargestellt. Die Länge eines Balkens zeigt die Dauer des Vorgangs an. Gebräuchlichstes Balkendiagramm ist das Gannt-Chart.

Balkenplan – graphischer Zeitplan, dessen Vorgänge, Arbeitspakete oder Projekte durch waagerechte Balken von zeitproportionaler Lage und Länge dargestellt sind, wahlweise mit oder ohne zeichnerische Darstellung von Anordnungsbeziehungen. (DIN 69900: 2009-01)

Basisplan – der erste freigegebene Projektplan wird als Basisplan dokumentiert, beim elektronisch vernetzten Projektmanagement meist auf dem Server gespeichert.

Baumdiagramm – traditionellerweise wird der Strukturplan als Baumdiagramm dargestellt. Regeln: Ein Baumdiagramms hat nur einen Startknoten, dieser liegt in der obersten Strukturebene. Jeder Knoten verzweigt sich zu beliebig vielen Knoten in die nächste Strukturebene. Die Strukturebenen überschneiden sich nicht und haben keine gemeinsamen Knoten. Jeder Knoten außer dem Startknoten hat zu genau einem Knoten aus der über ihm liegenden Strukturebene eine Verbindung.

BOK – Body of Knowledge – der gesamte umfangreiche Wissensbestand zum Projektmanagement, der sich in über 50 Jahren zu Werkzeugen, Fähigkeiten und Techniken des Projektmanagements angesammelt hat.

Bottom-up-Schätzung – eine Schätzmethode, bei der die Basiskosten für einzelne Arbeitselemente oder Ressourcen zur Berechnung der Vorgangs-, Ressourcen- und Projektgesamtkosten herangezogen werden.

Brainstorming – ist eine Kreativitätsmethode zur Ideenfindung in Gruppen. Wichtiges Kennzeichen ist die assoziative Sammlung von möglichst spontanen Äußerungen zu einer bestimmten Themenstellung.

Business-Plan – ein Geschäftsplan. Hier der Plan zur Darstellung eines Projekts gegenüber dem potentiellen Auftrag- oder Kapitalgeber. Leistung und Kosten, oft auch Sparpotenzial oder Ertragschancen werden beschrieben.

Clearing – bei eskalierenden Projektkonflikten ist ein Klärungs-Meeting angezeigt. Beim Clearing handelt es sich um ein inszeniertes und methodisches Instrument, das die konstruktive Zusammenarbeit verbessern oder wiederherstellen soll.

CCM – Critical-Chain-Method – die einzelnen Vorgänge werden nach ihrer optimistischen Dauer knapp geplant. Viele Menschen arbeiten nur unter Zeitdruck wirklich effizient. Wissen sie, dass Zeitreserve da ist, fangen sie die Aufgabe erst spät an, machen parallel anderes oder arbeiten langsamer. Bei CCM werden die zeitlichen Puffer aus den einzelnen Arbeitspaketen konsequent heraus genommen, kumuliert und an das Ende des Projektes als gemeinsame Reserve angehängt.

CPM – Critical-Path-Method – ursprünglich ein Vorgangspfeil-Netzplan, heute Standardmethode zur Bestimmung der voraussichtlichen Projektdauer. CPM setzt voraus, dass alle Projektvorgänge im Netzplan richtig aufeinander bezogen sind. Durch Vorwärtsrechnung werden die frühest möglichen Lagen der Vorgänge und durch Rückwärtsrechnung die spätest möglichen Lagen berechnet. Durch Differenz ergeben sich die Pufferzeiten. Derjenige Weg vom Start- zum Zielknoten, bei dem die Summe aller Pufferzeiten minimal ist, wird als Kritischer Weg bezeichnet. Er bestimmt die Mindestdauer des Projekts.

Dauer – die reine Arbeitszeit, die zur Erledigung eines Vorgangs benötigt wird. Diese ergibt sich in der Regel aus dem Anfang und dem Ende des Vorgangs, die im Projekt festgelegt sind, sowie dem Ressourcenkalender. Nach DIN 69900: 2009-01 Zeitspanne vom Anfang bis zum Ende eines Vorgangs bzw. vom Start bis zum Ziel eines Projekts.

Definitionsphase – nach DIN 69901-5: 2009-01 die Gesamtheit der Tätigkeiten und Prozesse zur Definition eines Projekts. Hierzu zählen u. a. Zieldefinition, Aufwandsschätzung und Machbarkeitsbewertung.

DIN 69900 – das Deutsche Institut für Normung e.V. definiert seit Januar 2009 Projektmanagement – Netzplantechnik, Beschreibungen und Begriffe in dieser Norm. Sie gilt für die Netzplantechnik und weitere Methoden zur Ablauf- und Terminplanung im Projektmanagement, legt die zugehörige Terminologie fest und ist anwendbar auf Projekte, Projektmanagementsysteme und Projektorganisationen aller Art.

DIN 69901 – das Deutsche Institut für Normung e.V. definiert seit Januar 2009 Projektmanagement und Projektmanagementsysteme in folgenden fünf Teilen:

DIN 69901-1 – Teil 1: Grundlagen

DIN 69901-2 – Teil 2: Prozesse, Prozessmodell

DIN 69901-3 – Teil 3: Methoden

DIN 69901-4 – Teil 4: Daten, Datenmodell

DIN 69901-5 – Teil 5: Begriffe

Drei-Experten-Verfahren – eine systematische Vorgehensweise bei der Aufwandsschätzung. Drei Experten schätzen unabhängig voneinander den Aufwand eines Projektes oder Teilprojektes. Die Experten sollen jeweils optimistisch, realistisch und pessimistisch schätzen. Die Ergebnisse werden dann abgeglichen.

Einsatzdauer – die Zeitspanne, in der eine Ressource eingesetzt wurde oder wird. (DIN 69901-5: 2009-01)

Ende-Anfang-Beziehung – Vorgang B kann erst anfangen, wenn Vorgang A beendet ist. (Microsoft Office Project)

Ende-Ende-Beziehung – Vorgang B kann erst enden, wenn Vorgang A beendet ist. (Microsoft Office Project)

Entscheidungsnetzplan – Netzplan, der mindestens eine ODER-Bedingung enthält (stochastische Ablaufstruktur). An den Ausgängen können den weiterführenden Wegen Wahrscheinlichkeitswerte zugeordnet werden. Bei der Realisierung des Projekts müssen nicht alle Wege durchlaufen werden. (DIN 69900: 2009-01)

Ereignis – Ablaufelement, das das Eintreten eines bestimmten Zustands beschreibt. (DIN 69900: 2009-01)

9.1 Glossar

Ereignisknoten-Netzplan – Netzplan, bei dem vorwiegend Ereignisse beschrieben und durch Knoten dargestellt werden. (DIN 69900: 2009-01)

Feinplanung – die detaillierte Planung der Arbeitspakete, ihrer Zeitdauer, Abfolge und Abhängigkeit untereinander, der genau einzusetzenden Arbeits- und Material-Ressourcen, oft mit Hilfe der Netzplantechnik.

Fertigstellungsgrad – das Verhältnis der zu einem Stichtag erbrachten Leistung zur Gesamtleistung, z.B. eines Arbeitspaketes oder eines Projekts. (DIN 69901-5: 2009-01)

Finanzmittel – buchhalterisch oder bilanztechnisch erfassbare Geldmengen, die zur Kostendeckung von Vorgängen, Arbeitspaketen oder Projekten benötigt werden. Finanzmittel werden stets in Währungseinheiten beschrieben und können für einen Zeitpunkt oder einen Zeitraum disponiert werden. (DIN 69901-5: 2009-01)

Finanzmittelplan – Übersicht über die für ein Projekt oder mehrere Projekte voraussichtlich benötigten Finanzmittel, welche auch den zeitlichen Verlauf des finanziellen Bedarfs ausweisen kann. (DIN 69901-5: 2009-01)

FMEA – die Fehlermöglichkeits- und Einflussanalyse ist die ausführlichste Methode der Risikoanalyse in Projekten.

Fortschrittsbalken – ein Balken im Gannt-Chart, der zeigt, wieviel eines Vorgangs bereits erledigt wurde. Der Fortschrittsbalken wird bei allen Vorgängen, die in Bearbeitung oder abgeschlossen sind, von einer entsprechenden Linie überlagert.

FreeMind – ist ein kostenloses Computerprogramm zum Visualisieren und Strukturieren von Inhalten (z.B. Begriffe, Ideen, Lernstoff, Sitzungsergebnisse). Diese Methode der Wissensdarstellung wird Mind-Mapping genannt, die entstehenden Dokumente heißen Mindmaps. Sie unterstützen bei der Strukturierung von Lerninhalten oder bei der Ergebniszusammenfassung eines Brainstormings.

Freie Pufferzeit – die Zeitspanne, um die sich ein Vorgang verzögern kann, ohne dass der Nachfolger verzögert wird. Bei einem Vorgang ohne Nachfolger ist die freie Pufferzeit die Zeit, um die der Vorgang verzögert werden kann, ohne dass der Endtermin des Projekts gefährdet ist. Nach DIN 69900: 2009-01 die Zeitspanne, um die ein Ereignis bzw. Vorgang gegenüber seiner frühesten Lage verschoben werden kann, ohne die früheste Lage anderer Ereignisse bzw. Vorgänge zu beeinflussen.

Frühester Anfangstermin – unter Berücksichtigung der im Netzplan enthaltenen Bedingungen nicht weiter nach vorn zu verschiebender Anfangstermin eines Vorgangs. (DIN 69900: 2009-01)

Frühester Endtermin – unter Berücksichtigung der im Netzplan enthaltenen Bedingungen nicht weiter nach vorn verschiebbarer Endtermin eines Vorgangs (DIN 69900: 2009-01). Also der früheste Termin, an dem ein Vorgang beendet werden kann, basierend auf den frühesten Endterminen von Vorgänger- und Nachfolgervorgängen, anderen Einschränkungen und Abgleichsverzögerungen.

Funktionendiagramm – ein Diagramm, das im Rahmen einer Projektorganisation durch Funktionsbeschreibungen die einzelnen Rollen in der Projektarbeit abbildet. (DIN 69901-5: 2009-01)

Gannt-Chart – hat eine X-Achse und eine Y-Achse. In der oberen Zeile ist die Zeit skaliert. In der linken Spalte stehen die Arbeitspakete untereinander aufgeschrieben. Jeder Vorgang wird vom Anfang bis zum Ende durch einen waagerechten Balken dargestellt. Die Länge des Balkens zeigt die Zeitdauer des Vorgangs. Elemente dieses Ablaufplans sind Vorgänge, Ereignisse und Anordnungsbeziehungen. Das Gannt-Diagramm gilt als effektive Darstellungsmethode von Planungsinformation. Für Software wie MS Project ist das Gannt-Chart standardmäßiges Startbild.

Gemeinschaftsprojekt – ein größeres Projekt mit mehreren beteiligten Partnern. Die rechtliche und organisatorische Ausgestaltung reicht von umfangreichen Projektverträgen über die Bildung einer Arbeitsgruppe oder Arbeitsgemeinschaft bis hin zur Gründung einer Projektgesellschaft (GmbH).

GERT – Graphical Evaluation and Review Technique – häufig eingesetzter Entscheidungsknoten-Netzplan. Berücksichtigt künftige Entscheidungen bereits bei der Projektplanung.

Gesamte Pufferzeit – nach DIN 69900: 2009-01 die Zeitspanne zwischen frühester und spätester Lage eines Ereignisses bzw. Vorgangs. Bei Ereignissen ist GP = SZ – FZ. Bei Vorgängen ist GP = SAZ – FAZ oder GP = SEZ – FEZ. Klar ausgedrückt: Die Gesamte Pufferzeit ist die Zeitspanne, um die ein Vorgang verzögert werden kann, ohne dass der Endtermin des Projekts dadurch gefährdet ist.

Gewährleistungsanspruch – bei Auftragsprojekten hat der Auftraggeber einen gesetzlich oder vertraglich geregelten Anspruch auf Behebung von Mängeln. Diese müssen vom Auftraggeber nachgewiesen werden. In Streitfällen werden Gutachter oder Sachverständige hinzugezogen, um etwaige Mängel und daraus resultierende Wertminderungen oder Schadenshöhen fachgerecht zu beurteilen.

GPM – die Deutsche Gesellschaft für Projektmanagement e.V. ist der deutsche Fachverband für Projektmanagement. Zu den Aufgaben zählen die Zertifizierung von Projektmanagern, die Aus- und Weiterbildung im Projektmanagement, die Neu- und Weiterentwicklung von Projektmanagement-Methoden, u.a. auch die Öffentlichkeitsarbeit auf diesem Gebiet. Die GPM ist Mitglied in der International Project Management Association (IPMA).

Grobplanung – erster Planungsschritt meist als Top-Down-Planung. Nach der Spezifizierung von Projektziel und erwartetem Ergebnis werden die Projektphasen, Meilensteine und das Budget festgelegt.

Großprojekt – Projekt mit einer Dauer von über 10.000 Stunden und hoher Komplexität

ICB – IPMA Competence Baseline – der Standard der International Project Management Association und daraus abgeleitete nationale Standards in Europa und vielen anderen Ländern der Welt

IMV-Matrix – ein pragmatisches Übersichtsschema für die laufende Projektarbeit:
   Information – wer ist über das Arbeitspaket nur zu informieren
   Mitarbeit – wer soll an dem Arbeitspaket mitarbeiten
   Verantwortung – wer hat das Arbeitspaket zu verantworten

Inhouse-Projekt – wird auch internes Projekt genannt. Der Projektgeber entstammt demselben Unternehmen wie der Projektleiter. Ein interner „Auftraggeber" kann keine Regressforderungen gegen einen internen „Auftragnehmer" stellen, da beide zur selben juristischen Person gehören.

Initialisierungsphase – laut DIN 69901-5: 2009-01 die Gesamtheit der Tätigkeiten und Prozesse zur formalen Initialisierung eines Projekts. Hierzu zählt u. a. die Skizzierung der Ziele, Benennung von Verantwortlichen usw.

Interdisziplinäres Team – besteht aus Mitgliedern mit verschiedenem Fachwissen.

IPMA – International Project Management Association – in dieser internationalen Dachorganisation vertritt die GPM das deutsche Projektmanagement.

Ishikawa-Diagramm – dient zur Visualisierung eines Problemlösungsprozesses, bei dem nach den primären Ursachen eines Problems gesucht wird. Ausgangspunkt ist ein horizontaler Pfeil nach rechts, an dessen Spitze das formulierte Problem steht. Auf diesen Pfeil zielen von oben und unten schräge Ursachenpfeile, daher wird das Diagramm auch Fishbone- oder Tannenbaum-Diagramm genannt. Auf diese Hauptpfeile zielen wiederum horizontale Pfeile, an denen die gefundenen Problemursachen eingetragen werden. Im Wechsel der schrägen und horizontalen Pfeile kann nach immer tieferen Ursachen geforscht werden. Das Ishikawa-Diagramm kann auch verwendet werden, um Aktivitäten in Prozessen zu strukturieren bzw. um Prozesse zu analysieren.

Ist-Wert – der Wert, der sich bei der Abwicklung des Projekts tatsächlich ergeben hat. Ist-Werte können sehr unterschiedlich nach dem Zeitpunkt der Erfassung definiert sein, z.B. nach der Entstehung, der Abrechnung, der Bezahlung, der Anerkennung. Sie werden üblicherweise Plan- oder Soll-Werten gegenüber gestellt. (DIN 69901-5: 2009-01)

Jour Fixe – das regelmäßige, verbindliche Treffen des Projektteams an einem festen Wochentag hat für Projekte eine stabilisierende und motivierende Funktion. Terminvereinbarungen sind einfach, die Teammitglieder halten diese Termine frei.

Kernteam – besteht aus den Personen, die über die Dauer des Projekts mit dem Projektgegenstand befasst sind und an Sitzungen mit der Projektleitung teilnehmen. Meist bilden Projektleiter und Teilprojektleiter bzw. Subteamleiter das Kernteam.

Kick-off-Meeting – steht am Anfang eines Projekts oder Teilprojekts. Es dient dem Goodwill für das Projekt, der Information und Motivation der Projektbeteiligten. DIN 69901-5: 2009-01 definiert das Kick-off-Meeting als offizielle Veranstaltung nach erfolgter Planung, die mindestens alle Mitglieder des Projektteams und gegebenenfalls Vertreter der Auftraggeberseite vereint, um ihnen ein gemeinsames Verständnis bzgl. des Projekts zu vermitteln und die auszuführenden Arbeiten in Gang zu setzen.

KISS-Prinzip – Keep it small and simple – nach diesem Prinzip sollten Projekte möglichst einfach und übersichtlich geplant werden.

Kleinprojekt – Projekt mit einer Gesamtdauer von bis zu 1.000 Stunden.

Knoten – ein Darstellungselement zur Beschreibung eines Verknüpfungspunktes (DIN 69900: 2009-01). Je nach Netzplanverfahren symbolisiert der Knoten ein Ereignis bzw. einen Vorgang.

Kommunikationsmatrix – eine Zusammenstellung der geplanten Kommunikation mit den Beteiligten (Stakeholdern) des Projekts. Die Kommunikationsmatrix enthält alle Projektbeteiligten sowie die geplanten Maßnahmen, Inhalte, Intervalle und Umfänge der Kommunikation. (DIN 69901-5: 2009-01)

Konfliktmanagement – bei der Durchführung von Projekten entstehen Konflikte. Die Projektleitung sollte vorausschauend Konflikte vermeiden und bestehende Konflikte lösen, um das Projektziel nicht zu gefährden. Zum Konfliktmanagement gehört, Konfliktpotenziale zu reduzieren, Konfliktsignale frühzeitig zu erkennen, Konflikte offen zu benennen und mit den Konfliktbeteiligten nach Lösungen zu suchen

9.1 Glossar

Kosten-Entwicklungs-Index – nach DIN 69901-5: 2009-01 eine Kennzahl für die Effizienz des Projekts, in der die Leistungserbringung für ein bestimmtes Projekt, Teilprojekt, Arbeitspaket oder Vorgang zu einem Stichtag ermittelt wird. Der Kosten-Entwicklungs-Index errechnet sich aus dem Fertigstellungswert dividiert durch die Ist-Kosten.

Kostenplan – die Darstellung der voraussichtlich für das Projekt anfallenden Kosten, welche auch den Kostenverlauf enthalten kann. (DIN 69901-5: 2009-01)

Kostenrahmen – geplanter Grenzwert für Kosten, der nicht überschritten werden darf. (DIN 69901-5: 2009-01)

Kosten-Trend-Analyse (KTA) – ergänzt die Meilensteintrendanalyse (MTA) um die Betrachtung des für die erreichten Ergebnisse benötigten Kostenaufwands (Einsatzmittel und Finanzmittel).

Kritische Kette – aus den Arbeitspaketen sind die Zeitpuffer herausgenommen, kumuliert und an das Ende des Projektes als gemeinsame Reserve angehängt. (Critical Chain)

Kritischer Pfad – die Abfolge von Vorgängen, die termingerecht abgeschlossen werden müssen, damit das gesamte Projekt planmäßig abgeschlossen wird. Jeder Vorgang auf dem kritischen Weg ist ein kritischer Vorgang. (Critical Path)

Kritischer Vorgang – ein Vorgang, der termingerecht abgeschlossen werden muss, damit das gesamte Projekt planmäßig abgeschlossen wird. Wird ein kritischer Vorgang verzögert, so ist auch der Projektendtermin gefährdet.

Kritischer Weg – allgemein „Kritischer Pfad" genannt. Nach DIN 69900: 2009-01 Weg in einem Netzplan, der für die Gesamtdauer des Projekts (bzw. des Netzplans) maßgebend ist. Die Pufferzeiten der Ereignisse bzw. Vorgänge auf dem kritischen Weg sind die kleinsten im ganzen Netzplan – im Normalfall sind sie gleich null.

Lastenheft – die „vom Auftraggeber festgelegte Gesamtheit der Forderungen an die Lieferungen und Leistungen eines Auftragnehmers innerhalb eines (Projekt-) Auftrags" (DIN 69901-5: 2009-01). Grundsätzlich sollte also der Auftraggeber das Lastenheft formulieren. Es dient dann als Grundlage zur Einholung von Angeboten (Angebotsanfragen). Insbesondere bei Bauprojekten wird das Lastenheft auch als Leistungsverzeichnis (LV) bezeichnet.

Leistungsnachweis – nach DIN 69901-5: 2009-01 alle Unterlagen oder sonstigen Mittel, durch die dem Auftraggeber anhand von nachprüfbaren Daten nachgewiesen wird, dass ein Auftragnehmer eine geforderte Lieferung oder Leistung vertragsgerecht erbracht hat.

Lenkungsausschuss – sofern eingesetzt das oberste Beschlussfassende Gremium der Projektorganisation. Bei Gemeinschaftsprojekten sind die projektbeteiligten Unternehmen in geeigneter Weise vertreten. Bei internen Projekten sind Mitglieder von Geschäftsleitungen, Bereichsleiter oder Leiter von Fachabteilungen in einem Lenkungsausschuss. Nach DIN ist der Lenkungsausschuss das übergeordnete Gremium, an das der Projektleiter berichtet und das ihm als Entscheidungs- und Eskalationsgremium zur Verfügung steht. Der Lenkungsausschuss ist u.a. auch Adressat für Projekt-Reviews und Projekt-Audits. (DIN 69901-5: 2009-01)

Letter of Intent – LOI – genannte Vereinbarungen enthalten eine grobe Beschreibung des geplanten Gegenstandes und der geplanten Leistungen der Unterzeichner, die voraussichtliche Geltungsdauer der Kooperation und häufig eine Vertraulichkeitsvereinbarung.

Magisches Dreieck – des Projektmanagements ist die symbolische Darstellung von drei zentralen Dimensionen Inhalte, die zugleich die entscheidenden Risiken sind: 1. Das Projektziel, das mit einer bestimmten Funktionsqualität erreicht werden soll. 2. Der Zeitraum bzw. der Termin, zu dem das Projekt abgeschlossen werden muss. 3. Die Kosten (d.h. Finanzmittel, Arbeitskraft u.a. Ressourcen), die maximal dafür eingesetzt werden dürfen.

Materialkosten – die in den Materialstellen anfallenden Kosten für Beschaffung. Prüfung, Lagerung und Abnahme des Materials. Die Materialkosten lassen sich als Einzelmaterial in der Kostenrechnung dem einzelnen Kostenträger zurechnen.

Matrixorganisation – hier im Sinne von Matrix-Projektorganisation verstanden – ist die häufigste Form der Projektorganisation. Da ein Projekt zeitlich beschränkt ist, erhält es keine dauerhaften Mitarbeiter. Die Projektmitarbeiter werden aus der Linienorganisation nach Bedarf für Projekte eingesetzt. Die Projektmitarbeiter agieren in einer „Matrix" zwischen Linienorganisation und Projektorganisation.

Matrix-Projektorganisation – meint Projektmanagement ohne eigene Teams. Die Projekte werden quer durch die Linienorganisation gesteuert, die Fachabteilungen werden mit relevanten Teilleistungen eingebunden.

Maximaler Zeitabstand (MAXZ) – der Zeitwert einer Anordnungsbeziehung, der nicht überschritten werden darf. (DIN 69900: 2009-01)

Meilenstein – Schlüsselereignis, Ereignis besonderer Bedeutung (DIN 69900: 2009-01). Ein Orientierungspunkt im Projekt, der als Zwischenziel geplant ein wichtiges Ereignis markiert, u.a. Anlass gibt, den Projektfortschritt zu überwachen.

Meilensteinplan – ein Terminplan, der im Wesentlichen die Meilensteine ausweist. (DIN 69901-5: 2009-01)

9.1 Glossar

Meilensteintrendanalyse (MTA) – gemäß DIN 69901-5: 2009-01 kontinuierliche Aufzeichnung, Analyse und Prognose der wahrscheinlichen Meilensteintermine. Der Abtrag der Termine erfolgt aufgrund wiederholter Neuberechnungen oder Neuschätzungen von zu gegebenenfalls vorher festgelegten Zeitpunkten.

Metaplan – charakteristisch für diese Kreativitätsmethode ist die Verbindung von bestimmten Materialien und die Moderation durch geschulte Moderatorinnen und Moderatoren.

Methode 635 – eine Kreativitätstechnik zur strukturierten Ideenfindung im Team. Sechs Personen erhalten je einen Zettel. Auf diesen sollen sie je drei Ideen notieren, wofür sie fünf Minuten Zeit haben. Dann werden die Zettel weitergereicht. Zweck dieser Methode ist eine Mischung aus Einzel- und Gruppenleistung. Während beim Brainstorming die ganze Gruppe zu leicht durch wenige Personen dominiert werden kann, haben bei der Methode 635 alle gleich Chancen, ihre Ideen einzubringen.

MindManager – Software-Programm von Mindjet LLC für das Mind-Mapping.

Mind-Mapping – ist eine Kreativitätsmethode zur strukturierten Sammlung von Ideen. Charakteristisch ist die Visualisierung der Assoziationsketten in Form von neuronalen Strukturen, ausgehend von einem Zentrum.

Minimaler Zeitabstand (MINZ) – der Zeitwert einer Anordnungsbeziehung, der nicht unterschritten werden kann. (DIN 69900: 2009-01)

Mittelprojekt – Projekt von einer Gesamtdauer von 1.000 bis 10.000 Stunden.

Mittelstand – selbstständige Erwerbstätige, Landwirte, Gewerbetreibende und Freiberufler, kleine und mittlere Unternehmen in den Wirtschaftsbereichen Industrie, Handwerk, Handel, Hotel- und Gaststättengewerbe, Verkehrswirtschaft und sonstige Dienstleistungen, die von einem selbstständigen Inhaber geführt werden, der mitarbeitet und das unternehmerische Risiko trägt.

MS-Project – weltweit verbreiteteste Projektmanagement-Software von Microsoft.

MS-Visio – eine gebräuchliche Grafik- und Planungssoftware von Microsoft.

Multiprojektmanagement gemäß DIN 69901-5: 2009-01 organisatorischer und prozessualer Rahmen für das Management mehrerer einzelner Projekte. Das Multiprojektmanagement kann in Form von Programmen oder Portfolios organisiert werden. Dazu gehört insbesondere die Koordinierung mehrerer Projekte bezüglich der Zuordnung gemeinsamer Ressourcen zu den einzelnen Projekten.

Nacherfüllung – früher Nachbesserung – die Pflicht des Auftragnehmenden Betriebes, Mängel des Werks zu beseitigen. Der Auftraggeber kann grundsätzlich nur Nacherfüllung verlangen. Anspruch auf Wandlung oder Minderung besteht nur, wenn die Beseitigung des Mangels unmöglich ist, vom Auftragnehmer verweigert oder nicht innerhalb einer angemessenen Frist vorgenommen wird.

Nachforderung – von einem Vertragspartner erhobener Anspruch aufgrund von Abweichungen bzw. Änderungen. (DIN 69901-5: 2009-01)

Negativer Zeitabstand – bezeichnet eine Überschneidung von Vorgängen, zwischen denen eine Anordnungsbeziehung besteht. Ein negativer Zeitabstand wird als Zeitabstandswert mit negativem Vorzeichen eingegeben.

Netzplan – graphische oder tabellarische Darstellung einer Ablaufstruktur, die aus Vorgängen bzw. Ereignissen und Anordnungsbeziehungen besteht. (DIN 69900: 2009-01)

Netzplantechnik – nach DIN 69900: 2009-01 die auf Ablaufstrukturen basierenden Verfahren zur Analyse, Beschreibung, Planung, Steuerung, Überwachung von Abläufen, wobei Zeit, Kosten, Ressourcen und weitere Größen berücksichtigt werden. Der Netzplan ist eine „graphische oder tabellarische Darstellung einer Ablaufstruktur, die aus Vorgängen bzw. Ereignissen und Anordnungsbeziehungen besteht".

Norm – definiert und regelt einheitliche Begriffe, Verfahren und Systeme.

Normalfolge – Anordnungsbeziehung vom Ende eines Vorgangs zum Anfang seines Nachfolgers. (DIN 69900: 2009-01)

Nutzwertanalyse – eine analytische Bewertungstechnik, die über rein finanzielle Kriterien für Projekte hinausgeht. Bei der einfachsten Form einer Nutzwertanalyse werden die wünschenswerten Faktoren in einer Tabelle aufgelistet und Ja/Nein eingestuft. Durch eine Gewichtungsspalte kann man die Punktzahl für wichtige Faktoren erhöhen und für weniger wichtige Faktoren senken – also feiner bewerten.

Optimistische Dauer – Dauer eines Vorgangs, die unter besonders günstigen Bedingungen vorkommen kann. (DIN 69900: 2009-01)

Pareto-Prinzip – mit 20 Prozent des gesamten Projektaufwandes lassen sich rund 80 Prozent des Projektergebnisses erzielen. Aber um die letzten 20 Prozent eines Projektergebnisses auszuschöpfen, müssen weitere 80 Prozent aufgewendet werden.

Pay-off-Periode – auch Kapitalrückflussdauer genannt. Der Zeitraum, in dem der Anschaffungswert einer Anlage aus den Nettoerträgen oder aus den mit der Anlage ersparten Kosten wieder gewonnen werden kann. Entsprechend gilt für Projekte: Zeitraum, in welcher der Projektaufwand durch Erlöse oder Einsparungen aus dem Projektergebnis zurück gewonnen wird.

PERT – Programme Evaluation and Review Technique – als Ereignisknoten-Netzplan auch „PERT-Diagramm" bezeichnet

Pessimistische Dauer – Dauer eines Vorgangs, die unter besonders ungünstigen Bedingungen vorkommen kann. Fälle von höherer Gewalt sind auszuschließen. (DIN 69900: 2009-01)

Pflichtenheft – nach DIN 69901-5: 2009-01 sind „vom Auftragnehmer erarbeitete Realisierungsvorgaben auf der Basis des vom Auftraggeber vorgegebenen Lastenheftes" darin festgelegt. Ein Pflichtenheft beschreibt, wie der Auftragnehmer die Leistung erbringen will. Die einfachste Form des Pflichtenhefts ist die Benennung von Ausführung, Liefertermin und Preis. Die ausführlichste Form enthält die vollständige Projektplanung.

Phasenfreigabe – konkrete Genehmigung durch Auftraggeber, Geschäftsleitung oder Lenkungsausschuss zur Aufnahme der Arbeit für die erste bzw. nächste Phase. Nach DIN 69901-5: 2009-01 die formalisierte Freigabe zum Abschluss einer Projektphase, um mit der Folgephase beginnen zu können.

Planungsphase – die Gesamtheit der Tätigkeiten und Prozesse zur formalen Planung eines Projekts. Hierzu zählen u. a. Vorgänge und Arbeitspakete planen, Kosten- und Finanzmittelplan erstellen, Risiken analysieren, Ressourcenplan erstellen usw. (DIN 69901-5: 2009-01)

Plan-Wert – für das Projekt planmäßig ermittelter Wert. (DIN 69901-5: 2009-01) Er kann z. B. Zeit, Kosten, Qualität, Leistung oder andere Größen betreffen und einem Vorgang, einem Arbeitspaket, einer Teilaufgabe oder einem Projekt zugeordnet sein. Oft wird der Planwert auch näher bezeichnet, z. B. als Plantermin, Plankosten usw.

PMBOK-Guide – eine der wichtigsten Orientierungsquellen für Projektleiter vom Project Management Institutes (PMI), Pennsylvania/USA. Das Handbuch ist zugleich US-amerikanische Norm für Projektmanagement. Seit 2008/2009 ist die vierte Version des PMBOK® Guides weltweit erhältlich.

PM-Kanon – der standardisierte Wissensbestand der Deutschen Gesellschaft für Projektmanagement (GPM).

PM-ZERT – die Zertifizierungsstelle der GPM. Von lizenzierten Trainern werden Zertifikatskurse für professionelle Projektmanager durchgeführt und von PM-ZERT abgenommen. Zertifikat: Projektmanagement-Fachmann/-Fachfrau (RKW/GPM)

Positiver Zeitabstand – eine Verzögerung zwischen zwei Vorgängen, zwischen denen eine Anordnungsbeziehung besteht. Ein positiver Zeitabstand wird stets als positive Zahl eingegeben.

Project Management Body of Knowledge (PMBOK) – die Wissenssammlung zu Projektmanagement des Project Management Institute (PMI), Pennsylvania/USA.

Projekt – Vorhaben, das im Wesentlichen durch Einmaligkeit der Bedingungen in ihrer Gesamtheit gekennzeichnet ist. Kennzeichen sind Zielvorgabe, zeitliche, finanzielle, personelle oder andere Begrenzungen, projektspezifische Organisation. (DIN 69901-5: 2009-01)

Projektabnahme – die formale Anerkennung der vertragsmäßigen Bereitstellung des Projektgegenstandes. Mit der Abnahme geht die Gefahr des Projektergebnisses auf den Abnehmer über. In der Regel wird die noch ausstehende Vergütung fällig.

Projektabschluss – vierte und letzte Hauptphase im Projektlebenszyklus.

Projektabschlussbericht – nach DIN 69901-5: 2009-01 die „zusammenfassende, abschließende Darstellung von Aufgaben und erzielten Ergebnissen, von Zeit-, Kosten- und Personalaufwand sowie gegebenenfalls von Hinweisen für mögliche Anschlussprojekte."

Projektakte – ein Begriff für alle projektbezogenen Dokumente, die auf Papier gedruckt und auf elektronischen Medien oder in Datenbanken gespeichert sind.

Projektantrag – heißt der Antrag auf den Beschluss, das Projekt durchzuführen. Grundbestandteile sind die Benennung des Projektziels, der Laufzeit und der Projektkosten. Ein Projektantrag ist typisch für interne Projekte oder öffentlich geförderte Projekte.

Projektart – nach DIN 69901-5: 2009-01 Gattung von Projekten, die eine ähnliche Ausprägung von Kriterien aufweisen – etwa Branche, Projektorganisation oder Projektgegenstand. Beispiele: Bauprojekte, Forschungs- und Entwicklungsprojekte, Investitionsprojekte, Organisations- und IT-Projekte.

Projekt-Aufbauorganisation – hierarchisch geordnete Projektorganisation mit z.B. Weisungsrechten, Zuständigkeiten oder Berichtspflichten. (DIN 69901-5: 2009-01) Die typische Darstellungsform ist das Organigramm.

Projektauftrag – laut DIN 69901-5: 2009-01 Auftrag zur Durchführung eines Projekts oder einer Phase, der mindestens folgende Punkte enthält: Zielsetzung, erwartete Ergebnisse, Randbedingungen, Verantwortlichkeiten, geplante Ressourcen, übereinstimmende Willensbekundung des Auftraggebers und des Projektverantwortlichen.

9.1 Glossar

Projektbericht – gemäß DIN 69901-5: 2009-01 zusammenfassender Projektbericht über den aktuellen Stand im Projekt (über alle Teilbereiche).

Projektbeteiligte – auch Stakeholder genannt – die Gesamtheit aller Projekt-Teilnehmer, -Betroffenen und -Interessierten, deren Interessen durch den Verlauf oder das Ergebnis des Projekts direkt oder indirekt berührt sind. Dazu gehören z.B. Auftraggeber, Auftragnehmer, Projektleiter, Projektmitarbeiter, Nutzer des Projektergebnisses, Arbeitnehmervertretung, Anwohner, Naturschutzverbände, Stadtverwaltung, Banken, Politik usw. (DIN 69901-5: 2009-01)

Projektcontrolling – in DIN 69901-5: 2009-01 wird darunter die „Sicherstellung des Erreichens aller Projektziele durch Ist-Erfassung, Soll-Ist-Vergleich, Analyse der Abweichungen, Bewertung der Abweichungen ggf. mit Korrekturvorschlägen, Maßnahmenplanung, Steuerung der Durchführung von Maßnahmen" verstanden. Das betriebswirtschaftliche Controlling hat neben der Überwachung betriebswirtschaftlicher Aspekte der Kostenplanung und der Projektabwicklung auch die Aufgabe, die Art der Wirtschaftlichkeitsrechnung für Entscheidungsvorbereitungen festzulegen. Das technische Controlling befasst sich mit der Überprüfung der „geforderten Gebrauchswerte" und verbindet somit Qualitätssicherung mit der betriebswirtschaftlichen Überwachung.

Projektdefinition – erste Hauptphase im Projektlebenszyklus, die verschieden ausführlich oder knapp ausfallen kann.

Projektdokumentation – Gesamtheit aller relevanten Dokumente, die in oder aus einem Projekt entstehen, Verwendung und Anwendung finden oder anderen Bezug zum Projekt haben (DIN 69901-5: 2009-01). Projektvertrag oder -Vereinbarung, bestätigtes Angebot, Leistungsliste oder Pflichtenheft, Basisplan mit Zeit- und Kostenplänen sowie alle Materiallisten, Protokolle, Zwischenberichte nebst Geschäftsleitungs- und/oder Lenkungsausschuss-Entscheidungen, Abschlussbericht bzw. Übergabeprotokoll oder ein Projektbuch gehören zur Projektdokumentation.

Projektfreigabe – offizieller Start für die Realisierungsarbeit eines Projektes.

Projektkultur – das von Wissen, Erfahrung, Tradition und Umfeld beeinflusste Denken, Kommunizieren und Verhalten der Projektbeteiligten. Hierbei spielt auch die Kultur bzw. das Betriebsklima der projektbeteiligten Unternehmen eine Rolle.

Projektlebenszyklus – umfasst die grundsätzlichen Projektphasen Definition, Planung, Realisierung und Abschluss.

Projektleiter – wird bei größeren Projekten und in vielen Unternehmen auch Projektmanager genannt. Hat das Erreichen des Projektergebnisses zu verantworten.

Projektmanagement – gemäß DIN 69901-5: 2009-01 die Gesamtheit von Führungsaufgaben, -Organisation, -Techniken und -Mitteln für die Initiierung, Definition, Planung, Steuerung und den Abschluss von Projekten.

Projektmanagementsystem – ein System von Richtlinien, organisatorischen Strukturen, Prozessen und Methoden zur Planung, Überwachung und Steuerung von Projekten (DIN 69901-5: 2009-01). Projektmanagementsysteme finden sich oft bei großen Unternehmen, die regelmäßig Projekte auflegen, teilweise oder komplett in Projektorganisation arbeiten.

Projektmanager – in mittelständischen Unternehmen oft Projektleiter genannt.

Projektorganisation – Aufbau- und Ablauforganisation zur Abwicklung eines bestimmten Projekts. Die Projektorganisation kann aus Bestandteilen der vorhandenen Betriebsorganisation bestehen und wird dann lediglich durch projektspezifische Regelungen ergänzt (DIN 69901-5: 2009-01). In der Praxis von internationalen Großunternehmen wird eine Projektorganisation oft zur Abwicklung von mehreren parallel oder kurz nacheinander laufenden Projekten bereit gehalten, z.B. bei F+E-Projekten in der Auto- und Elektronik-Industrie.

Projektphasen – Definition, Planung, Realisierung, Abschluss

Projektprotokoll – dokumentiert Ergebnisse oder Verlauf von Besprechungen. Ein Protokoll enthält Entscheidungen und Aufgaben, es sollte so schnell wie möglich nach der Projektbesprechung vorliegen.

Projektrealisierung – dritte und wichtigste Hauptphase im Projektlebenszyklus.

Projektrisiko – eine mögliche negative Abweichung im Projektverlauf (relevante Gefahren) gegenüber der Projektplanung durch Eintreten von ungeplanten oder Nicht-Eintreten von geplanten Ereignissen oder Umständen (Risikofaktoren). Mögliche Risikoarten sind kaufmännische, technische, politische, terminliche, Ressourcen- und Umwelt-Risiken, ferner die Ungenauigkeiten bei Schätzungen von Dauer und Aufwand. Ein Projektrisiko wird quantifiziert als Produkt aus Schadenshöhe (Tragweite) und Eintrittswahrscheinlichkeit des jeweiligen Risikofalles. (DIN 69901-5: 2009-01)

Projektsammelvorgang – ein Vorgang, der die Dauer, die Arbeit und die Kosten aller Vorgänge in einem Projekt umfasst und zusammenfasst.

Projektstrukturplan – nach DIN 69901-5: 2009-01 die vollständige, hierarchische Darstellung aller Elemente (Teilprojekte, Arbeitspakete) der Projektstruktur als Diagramm oder Liste. Jedes darin übergeordnete Element muss durch die ihm untergeordneten Elemente jeweils vollständig beschrieben sein. Kleinstes Element des Projektstrukturplans ist das Arbeitspaket.

Projektteam – laut DIN 69901-5: 2009-01 alle Personen, die einem Projekt zugeordnet sind und zur Erreichung des Projektzieles Verantwortung für eine oder mehrere Aufgaben übernehmen.

Projektteamentwicklung – Erzielung eines leistungsfähigen Teams zur Erledigung seiner Aufgaben. Dabei werden die vier Phasen der Teamentwicklung durchlaufen: Orientierungsphase, Konfrontationsphase, Kooperationsphase, Wachstumsphase. (DIN 69901-5: 2009-01)

Projektübergabe – die Übergabe des Projektergebnisses an den Auftraggeber durch den Auftragnehmer. Sie setzt voraus, dass der Auftraggeber zur Übernahme bereit ist. Die Übergabe ist die nach Form, Inhalt und Durchführung vertraglich vereinbarte Abgabe von Lieferungen und Leistungen an einen Empfänger. Die Übergabe ist ein wesentlicher Teil der Projektabschlussphase.

Puffer – Teilmenge eines Zeit- oder Ressourcenvorrats, die über den geplanten Verbrauch hinaus verbraucht werden kann (DIN 69900: 2009-01). Also eine Reservezeit, die bei einer Vorgangs- oder Projektdauer hinzu geplant wird. Der Puffer soll ermöglichen, für Vorgang oder Projekt mehr Zeit aufzuwenden, ohne eine Verschiebung des Vorgangs- oder Projektendtermins zu verursachen.

Pufferzeit – eine Zeitspanne, um die, unter bestimmten Bedingungen, die Lage eines Ereignisses bzw. Vorgangs verändert oder die Dauer eines Vorgangs verlängert werden kann. (DIN 69900: 2009-01)

QFD – Quality Function Deployment – Strategischer Ansatz ist die Trennung der Kundenanforderungen („Was") von den technischen Lösungsmerkmalen („Wie").
Für jede Anforderung an ein neues Produkt werden im ersten Schritt verschiedene Prioritäten durch den zukünftigen Kunden vergeben. Im zweiten Schritt werden über eine Korrelationsmatrix verschiedene technische Lösungsmöglichkeiten mit den Kundenanforderungen verglichen: keine, schwache, mittlere oder starke Beziehung. QFD-Ergebnis ist eine Produktplanung nach Kundenprioritäten.

Qualität – ganzheitliche Qualität ist nur erreicht, wenn alle Vorgaben bezüglich Funktion, Zeit und Kosten voll erfüllt werden.

Qualitätsmanagement – ein Oberbegriff für alle Tätigkeiten, Führungsaufgaben und Methoden, die zur Planung, Sicherung, Verbesserung und Prüfung der Qualität eines Produktes, einer Dienstleistung, eines Verfahrens bzw. Prozesses gehören.

RACI-Matrix – stellt für alle Vorgänge vier Arten von Zuständigkeiten dar:
Responsible – verantwortlich im disziplinarischen Sinne
Accountable – verantwortlich aus Kostenträger- oder Kostenstellensicht
Consulted – verantwortlich in fachlicher Hinsicht
Informed – benötigt die Information für andere Verantwortlichkeiten

Ressource – abgrenzbare Gattung bzw. Einheit von Personal, Finanzmitteln, Sachmitteln, Informationen, Naturgegebenheiten, Hilfs- und Unterstützungsmöglichkeiten, die zur Durchführung oder Förderung von Vorgängen, Arbeitspaketen oder Projekten herangezogen werden können (DIN 69901-5: 2009-01). Ressourcen sind nur in begrenztem Umfang verfügbar. Die Projektsoftware Microsoft Office Project unterscheidet zwischen Ressource Arbeit und Ressource Material.

Ressourcenplan – Übersicht über die für ein oder mehrere Projekte eingeplanten Ressourcen, die auch die zeitliche Ressourcenbelastung ausweisen kann. (DIN 69901-5: 2009-01)

Return on Investment – ROI – ist der Gewinn plus Fremdkapitalzinsen geteilt durch das eingesetzte Kapital. Bei Projekten beschreibt ROI den durchschnittlichen jährlichen Gewinn dividiert durch das Kapital, welches für das Projekt eingesetzt wird. ROI ist die Kapitalrendite.

Risiko – ein Ereignis oder eine Situation, das oder die sich möglicherweise negativ auf Umfang, Terminplan, Kostenrahmen oder Qualität des Projekts auswirkt.

Risikoanalyse – Projektmanagementprozess, der die Identifikation und Bewertung von Projektrisiken umfasst (DIN 69901-5: 2009-01). Die Risikoanalyse soll noch vor Beginn des Projekts mögliche Risiken identifizieren. In einer Bewertung werden die Risiken dann quantifiziert. Alternativpläne sollen die Risiken später kontrollieren helfen.

Risikobewertung – die Quantifizierung der Eintrittswahrscheinlichkeit und der möglichen Schadenshöhe für alle identifizierten Risikofälle, sowie Erörterung der Risikofaktoren mit nichtquantifizierbarer Tragweite. (DIN 69901-5: 2009-01)

Risikofaktor – nach DIN 69901-5: 2009-01 Einfluss, Geschehen oder Umstand, durch dessen Eintreten ein Risikofall entstehen kann.

Risikomanagement – nach DIN 69901-5: 2009-01 die systematische Anwendung von Managementgrundsätzen, -Verfahren und -Praktiken zwecks Ermittlung des Kontextes sowie Identifikation, Analyse, Bewertung, Steuerung/Bewältigung, Überwachung und Kommunikation von Risiken.

Risikoplanung – eine Beschreibung, wie auf welche Risiken im Projekt reagiert wird. Das Dokument kann identifizierte Risiken, Risikowahrscheinlichkeiten, einen Alternativplan, eine Methode zum Implementieren des Alternativplans und eine Strategie für die Ressourcenzuteilung im Falle eines Risikoereignisses umfassen.

Sammelvorgang – besteht aus Teilvorgängen und fasst diese zusammen.

Rückwärtsrechnung – ausgehend von einem festgelegten Endzeitpunkt wird der dann notwendige Anfangszeitpunkt eines Projekts berechnet. Dazu werden die Hauptphasen, Phasen, Meilensteine, Arbeitspakete bzw. Vorgänge mit jeweiligen Terminen, Zeitdauer, Zeitpuffer, Anordnungsbeziehungen kalkuliert und im Zeitplan eingetragen.

Soll-Ist-Vergleich – meist Stichtagskontrolle zum Abgleich von Arbeitsfortschritt, Zeit und Kosten zwischen Projektplan und Projektrealisierung.

Soll-Wert – laut DIN 69901-5: 2009-01 der Wert in einem der Pläne des Projekts, der für die Abwicklung des Projekts vorgegeben wurde. Der Soll-Wert kann durch Bekräftigung eines Planwertes entstehen oder durch Managemententscheidung auch bewusst von ihm abweichen.

Soft Skills – persönliche Fähigkeiten, besonders Sozial- und Führungskompetenz.

Spätester Endtermin – der späteste Termin, an dem ein Vorgang beendet werden kann, ohne das Ende des Projekts zu verzögern. Dieser Termin basiert auf dem spätesten Anfangstermin des Vorgangs und auf den spätesten Anfangs- und Endterminen von Vorgänger- und Nachfolgervorgängen u.a. Einschränkungen.

Stakeholder – die offiziellen Projektbeteiligten und im weiteren Kreis auch die inoffiziellen Projektbeteiligten. (siehe Projektbeteiligte)

Startknoten – Knoten, von dem Pfeile nur ausgehen. (DIN 69900: 2009-01)

Steuerungsphase – Gesamtheit der Tätigkeiten und Prozesse zur formalen Steuerung eines Projekts (DIN 69901-5: 2009-01). Hierzu zählen das Steuern von Terminen, Ressourcen, Kosten und Finanzmitteln, Risiken, Qualität, Zielen usw.

Subteam – im Rahmen der Projektorganisationsstruktur arbeitsteilig für ein Teilprojekt eingesetzte Projektmitarbeiter/innen.

Subteamleiter – verantwortlich für ein Teilprojekt, leitet ein Subteam und ist meist Mitglied in einem Kernteam.

SWOT-Analysis – Strengths – Weaknesses – Opportunities – Threats – eine strategische Analyse von Stärken, Schwächen, Chancen und Risiken, insbesondere bei Projekten zur Prozessoptimierung eingesetzt.

Teilprojekt – ein definierter Teil aus einem Projekt, meist einem Großprojekt.

Teilprojektleiter – leitet und verantwortet ein Teilprojekt ergebnisorientiert. Falls ein eigenes Team zur Verfügung steht, wird er oft auch Subteamleiter genannt.

Ten-Chart-Flow – die Zehn-Folien-Regel für die Präsentation eines Projektantrags, eines Projektzwischenberichts oder eines Projektabschlussberichts.

Terminentwicklungsindex – nach DIN 69901-5: 2009-01 eine Kennzahl für die zeitliche Abweichung, wobei die erbrachte Leistung für ein Projekt, Teilprojekt, Arbeitspaket oder Vorgang mit der geplanten Leistung zum Stichtag verglichen wird. Die Kennzahl ist der Quotient von Fertigstellungswert zu Plankosten.

Terminplanung – ordnet die Arbeitspakete zu einem zeitlichen Projektablauf an. Das Projekt, die Projektphasen, die Meilensteine und die Arbeitspakete werden mit Start- und Endterminen versehen. Die Terminplanung ist als Vorwärts- oder Rückwärtsrechnung erstellbar. Ergebnis der Terminplanung ist der Basisplan.

Top-down-Schätzung – analoge Schätzmethode, bei der die aktuellen Kosten eines früheren, vergleichbaren Projekts als Basis für die Schätzung der Gesamtkosten eines aktuellen Projekts verwendet werden. Die Methode wird oft eingesetzt, wenn in einer frühen Phase nur wenige Detailinformationen zum Projekt verfügbar sind.

Vertragsmanagement – laut DIN 69901-5: 2009-01 Aufgabengebiet innerhalb des Projektmanagements zu Gestaltung, Abschluss, Fortschreibung, Abwicklung und Verwaltung von Verträgen zur Erreichung des Projektziels einschließlich laufender Dokumentation des gesamten vertragsrelevanten Geschehens.

Vertragsstrafe – eine vertraglich zwischen Auftragnehmer und Auftraggeber vereinbarte Zahlung bzw. Entschädigung für eine Pflichtverletzung, bei Projekten in bestimmten Branchen auf gesetzlicher Grundlage.

Vorgang – benötigt Zeit. In der Projektsoftware der Begriff für ein Arbeitspaket. Nach DIN 69900: 2009-01 Ablaufelement zur Beschreibung eines bestimmten Geschehens mit definiertem Anfang und Ende.

Vorgangsknoten-Netzplan – Netzplan, bei dem vorwiegend Vorgänge beschrieben und durch Knoten dargestellt werden. (DIN 69900: 2009-01)

Vorgänger – nach DIN 69900: 2009-01 einem Vorgang unmittelbar vor geordneter Vorgang.

Vorwärtsrechnung – ausgehend von einem festgelegten Anfangszeitpunkt wird der Endzeitpunkt eines Projekts berechnet. Dazu werden die Hauptphasen, Phasen, Meilensteine, Arbeitspakete bzw. Vorgänge mit jeweiligen Terminen, Zeitdauer, Zeitpuffer, Anordnungsbeziehungen kalkuliert und im Zeitplan eingetragen.

Walt-Disney-Kreativitätsmethode – hilft Innovationen finden, beurteilen und umsetzen. Die drei Sichtweisen der Innovation – Idee und Vision, Kritik, Analyse und Umsetzung – werden in einzelnen Räumen thematisiert durchlaufen.

Werkvertrag – ein Vertrag, der durch die Erbringung einer definierten Leistung erfüllt wird. Der Zeitrahmen der Arbeit kann aber muss nicht festgelegt sein.

Zahlungsplan – ein Teil des Finanzplans, der aus den anderen Projektplänen abgeleitet wird und die vorgesehenen Ein- und Auszahlungen für ein Projekt oder mehrere Projekte enthält. (DIN 69901-5: 2009-01)

Zeitabstand – nach DIN 69900: 2009-01 der Zeitwert einer Anordnungsbeziehung. Er kann größer als, kleiner als oder gleich null sein.

Zeitplanung – die Planung des Projekts, seiner Meilensteine und Arbeitspakete vom Anfang bis zum Ende. Für die Kalkulation der Termine spielen die personellen Kapazitäten eine große Rolle.

Zieldefinition – gemäß DIN 69901-5: 2009-01 die quantitative und qualitative Festlegung des Projektinhaltes und der einzuhaltenden Realisierungsbedingungen (z.B. Kosten und Dauer) in Zielmerkmalen mit oft unterschiedlichen Zielgewichten (z.B. Muss- und Kann-Ziele).

Zielerreichung – laut DIN 69901-5: 2009-01 die Effektivität und Effizienz der Projektabwicklung hinsichtlich der Realisierung des Projektzieles, z.B. Ist/Soll-Quotienten, Sparsamkeit des Finanzmitteleinsatzes, Schnelligkeit der Abwicklung. Die Zielerreichung kann beim Projekt, bei Teilprojekten, Arbeitspaketen oder Vorgängen ermittelt werden.

9.2 Literatur

Andler, Nicolai: Tools für Projektmanagement, Workshops und Consulting: Kompendium der wichtigsten Techniken und Methoden. Wiley-Vch 2009

BÄKO Weser-Ems e.G. Regionalgenossenschaft, Oldenburg. Internet: www.baeko-weser-ems.de

BÄKO Weser-Ems e.G. Regionalgenossenschaft, Oldenburg. Internet: www.baeko-weser-ems.de

Bohinc, Tomas: Projektmanagement : Soft Skills für Projektleiter. GABAL-Verlag 2006

Boy, Jacques u.a: Checklisten Projektmanagement. TÜV-Verlag, Köln 1997

Boy, Jacques u.a: Projektmanagement. Gabal Verlag, Offenbach 2004

Braehmer, Uwe: Arbeitsschutz in Projekten: So sind Sie als Projektleiter auf der sicheren Seite. Projekt-Magazin – Das Fachmagazin im Internet für erfolgreiches Projektmanagement. Ausgabe 02/2006: www.projektmagazin.de

Braehmer, Uwe: Die Zehn-Folien-Regel für die Präsentation eines Projekts. Projekt-Magazin – Das Fachmagazin im Internet für erfolgreiches Projektmanagement. Ausgabe 02/2006: www.projektmagazin.de

Braehmer, Uwe: Fallstrick Arbeitsrecht – wie Sie den Betriebsrat in Ihre Projektplanung einbeziehen. Projekt-Magazin – Das Fachmagazin im Internet für erfolgreiches Projektmanagement. Ausgabe 23/2005: www.projektmagazin.de

Braehmer, Uwe: Rechtssicherheit im Projekt – Projektverträge richtig aufsetzen. Projekt-Magazin – Das Fachmagazin im Internet für erfolgreiches Projektmanagement. Ausgabe 11/2006: www.projektmagazin.de

Braehmer, Uwe: So integrieren Sie freie Mitarbeiter in Ihr Projekt. Projekt-Magazin – Das Fachmagazin im Internet für erfolgreiches Projektmanagement. Ausgabe 16/2006: www.projektmagazin.de

Burghardt, Manfred: Einführung in Projektmanagement. Definition, Planung, Kontrolle und Abschluss. Publicis Erlangen 2007

Burghardt, Manfred: Projektmanagement. Publicis, Erlangen 2002

Burghardt, Manfred: Projektmanagement: Leitfaden für die Planung, Überwachung und Steuerung von Projekten. Publicis Erlangen 2007

Burke, Rory: Projektmanagement. mitp-Verlag, Bonn 2004

DeMarco, Tom: Der Termin. Carl Hanser Verlag, München Wien 2005

DeMarco, Tom: Spielräume. Projektmanagement jenseits von Burn-out, Stress und Effizienzwahn. Carl Hanser Verlag, München Wien 2001

DeMarco, Tom u.a.: Adrenalin-Junkies und Formular-Zombies – Typisches Verhalten in Projekten. Carl Hanser-Verlag München 2007

Deutsche Gesetzliche Unfallversicherung e.V.: Wir über uns. Berlin-Mitte 2009. www.dguv.de

Deutsches Institut für Normung e.V.: Normung im DIN. Berlin 2005. Internet: www.din.de

DIN-Normen. Beuth-Verlag Berlin Wien Zürich 2009. Internet: www.beuth.de

Dostal, Tanja: Projektmanagement in virtuellen Teams : Chancen und Problembereiche. Vdm Verlag Dr. Müller 2007

Eschenbruch, Klaus: Projektsteuerung und Projektmanagement: Leistung, Vergütung, Nachträge, Haftung, Vergabe, Vertragsgestaltung. Werner-Verlag Neuwied 2009

EU-Kommission: Schriften. Brüssel 2005. Internet: www.eu-kommission.com

ExperTeam AG: Fit für die Zertifizierung nach IPMA/GPM. Dortmund 2003, Internet: www.experteam.de

Ewert, Wolfgang u.a.: Handbuch Projektmanagement Öffentliche Dienste. Kellner-Verlag 2009

Fiedler, Rudolf: Controlling von Projekten. Vieweg Verlag, Wiesbaden 2005

Focus Nachrichtenmagazin: Titelthema Arbeitsrecht. Ausgabe Nr. 45 Oktober 2004

Franz Haniel & Cie GmbH: Pressefotos. Duisburg 2005. Internet: www.haniel.de

Franz, Mario: Projektmanagement mit SAP Projektsystem. Galileo Press 2009

Frick, Andreas: Fit für die Zertifizierung nach IPMA/GPM. Dortmund 2003

Gassmann, Oliver: Praxiswissen Projektmanagement. Bausteine – Instrumente – Checklisten. Carl Hanser-Verlag München 2006

Goldratt, Eliyahu M.: Die kritische Kette. Campus Verlag Frankfurt 2002

Goldratt, Eliyahu M.: Die kritische Kette: Das neue Konzept im Projektmanagement. Campus Verlag Frankfurt 2005

GPM – Deutsche Gesellschaft für Projektmanagement e.V., Nürnberg 2005. Internet: www.gpm-ipma.de

GPM (Hg.)/SPM – Swiss Project Management Association: Kompetenzbasiertes Projektmanagement (PM3): Handbuch für die Projektarbeit, Qualifizierung und Zertifizierung auf Basis der IPMA Competence Baseline Version 3.0. 2009

Grasl, Oliver u.a: Prozessorientiertes Projektmanagement. Carl Hanser Verlag, München Wien 2004

Greiner, Peter u.a.: Baubetriebslehre. Projektmanagement. Wie Bauprojekte erfolgreich gesteuert werden. Vieweg + Teubner 2005

Hab, Gerhard/Wagner, Reinhard: Projektmanagement in der Automobilindustrie: Effizientes Management von Fahrzeugprojekten entlang der Wertschöpfungskette. Gabler-Verlag Wiesbaden 2006

Hanisch, Bastian: Projektmanagement-Benchmarking: Gegenüberstellung und systematischer Vergleich verschiedener Modelle zur Optimierung des Projektmanagements. Vdm Verlag Dr. Müller 2008

Heller, Mario (Hrsg.): E-Business im mittelständischen Unternehmen. Symposion Publishing 2001

Hillebrand, Norbert: Projektantrag-Formblatt. GPM – Deutsche Gesellschaft für Projektmanagement. Bruchsal 2004, Internet: www.gpm-ipma.de

Hobbs, Peter: Professionelles Projektmanagement. Moderne Industrie mi-Verlag, Landsberg a.L. 2002

HTS International GmbH: Pressefotos. Duisburg 2004. Internet: www.haniel.de

Impaq Deutschland GmbH: Projektmanagement. Dortmund 2003, Internet: www.impaqgroup.com

Institut für Mittelstandsforschung (IfM): Arbeitsbericht 2003. Bonn 2004. Internet: www.ifm-bonn.de

Institut für Mittelstandsforschung (IfM): Jahrbuch zur Mittelstandsforschung 2004. Bonn 2005

Intercessio Personalberatung GmbH: Konzepte und Präsentationsunterlagen. Bonn 2005, Internet: www.intercessio.de

Jakob, Benjamin: Projektmanagement für den Mittelstand: Erfolgreiche Anlagenaufträge im Maschinenbau. Vdm Verlag Dr. Müller 2007

Josse, Germann: Projektmanagement, aber locker! cc-Verlag, Hamburg 2001

Kerzner, Harold: Projektmanagement: Ein systemorientierter Ansatz zur Planung und Steuerung. Mitp-Verlag Bonn 2008

Kerzner, Harold: Projektmanagement – Fallstudien. mitp-Verlag, Bonn 2004

Kerzner, Harold; Grau, Nino: Projektmanagement. mitp-Verlag, Bonn 2003

Klein, Armin: Projektmanagement für Kulturmanager. Vs-Verlag 2008

Kraus, Georg; Westermann, Reinhold: Projektmanagement mit System. Organisation, Methoden, Steuerung. Gabler Verlag, Wiesbaden 1998

Krüger, Wolfgang: Teams führen. Haufe Verlag, Freiburg/Planegg bei München 2004

Kuppinger, Martin; Reinke, Helmut; Jäger, Matthias: Microsoft Project 2002. Das Handbuch. Microsoft Press Deutschland 2002

Kuster, Jürg u.a.: Handbuch Projektmanagement. Springer Berlin 2007

Lachmund, Nadja: Transfernachweis zur Zertifizierung Projektmanagement-Fachmann (GPM): Projektmanagement. Grin Verlag 2008

Litke, Hans-Dieter: Projektmanagement. Carl Hanser Verlag, München Wien 2004

Litke, Hans-Dieter: Projektmanagement: Methoden, Techniken, Verhaltensweisen. Evolutionäres Projektmanagement. Carl Hanser Verlag München 2007

Litke, Hans-Dieter; Kunow, Ilonka: Projektmanagement. Haufe Verlag Freiburg/Planegg bei München 2006

Lomnitz, Gero: Multiprojektmanagement: Projekte erfolgreich planen, vernetzen und steuern. mi-Verlag Landsberg a.L. 2008

Mangold, Pascal: IT-Projektmanagement kompakt. Spektrum Akademischer Verlag 2008

McKinsey & Company Inc. German Office: Knowledge Matters. Düsseldorf 2004. Internet: www.mckinsey.de

Metaplan GmbH Quickborn/Hamburg. Internet: www.metaplan.de

Microsoft Deutschland GmbH: MS Office 2003. Internet: www.microsoft.com

Mindjet GmbH – European Headquarters: Mind Mapping – Programm CD und Beispiel-Maps. Alzenau 2002. Internet: www.mindjet.com

Mochal, Tom: Project Management Process. TenStep Inc. 2005, Internet: www.tenstep.com

Motzel, Erhard; Pannenbäcker, Olaf: Projektmanagement-Kanon. Der deutsche Zugang zum Project Management Body of Knowledge. TÜV-Verlag, Köln 1998

Motzel, Erhard u.a.: ICB – IPMA Competence Baseline. IPMA/GPM-Eigenverlag 1999

Nöllke, Claudia: Präsentieren. Haufe Verlag, Freiburg/Planegg bei München 2002

Ovid, griechischer Philosoph

Persch, Volker: Projektmanagement für die Baupraxis. Weka Media 2008

Preißner, Andreas: Projekte budgetieren und planen. Carl Hanser Verlag, München Wien 2003

Preißner, Andreas: Projektmanagement mit externen Mitarbeitern. Carl Hanser Verlag, München Wien 2004

Project Management Institute: A Guide to the Project Management Body of Knowledge. 2005

Projekt-Magazin – Das Fachmagazin im Internet für erfolgreiches Projektmanagement: www.projektmagazin.com

QFD Institut Deutschland e.V. (QFD-ID): Literatur. Aachen 2001. Internet: www.qfd-institut.de

Rehn-Göstenmeier, Gudrun: Das Einsteigerseminar Projektmanagement mit Microsoft Project 2007: Termine, Ressourcen und Kosten im Griff. Vmi Buch 2008

Schelle, Heinz: Projekte zum Erfolg führen. Projektmanagement systematisch und kompakt. DTV-Beck 2007

Schelle, Heinz u.a.: Projektmanager. Deutsche Gesellschaft für Projektmanagement. GPM 2008

Schels, Ignatz: Projektmanagement mit Excel 2007: Projekte budgetieren, planen und steuern. Addison-Wesley München 2007

Scheublein, Nikola: Prozessmanagement und Projektmanagement in Klein- und Mittelunternehmen. Grin Verlag 2008

Schreckeneder, Berta C.: Projektcontrolling. Projekte überwachen, bewerten, präsentieren. Haufe Verlag, Freiburg/Planegg bei München 2003

Schreiter, Daniel Paul: Der Event als Projekt: Ein Leitfaden zur Anwendung von Projektmanagement für Events. Academic Transfer 2009

Schwarze, Jochen: Projektmanagement mit Netzplantechnik. NWB Verlag 2006

Singer, Uwe: Project Risc Management. Präsentation. Bad Bentheim 2004. Internet: www.bentec.com

Stoyan, Robert: Management von Web-Projekten: Führung, Projektplan, Vertrag. Springer Berlin 2007

Streckfuss, Gerd: Was ist QFD? QFD Institut Deutschland e.V. Aachen 2001. Internet: www.qfd-id.de

TechnoKom GmbH Wuppertal: Road-Show – Kundenveranstaltungen für Viega GmbH & Co. KG, Attendorn 2003

TenStep Inc., Consulting- u. Schulungsunternehmen: Project Management Process. Internet: www.tenstep.ch

TNT N.V: News Room. Photo Library. Amsterdam 2004. Internet: www.tnt.com

Töpfer, Armin: Six Sigma. Springer Verlag, Berlin 2004

Union Investment Service Bank AG: Pressefotos. Frankfurt a.M. 2004. Internet: www.union-investment.de

Waagner-Biro Aktiengesellschaft: Pressefotos. Wien 2004. Internet: www.waagner-biro.at

Wolf, Max L. J.: Verbindlichkeit im Projekt fördern. Projektmanagement live. Internet: www.wolf-pmt.de

Zeitschrift Projektmanagement. Organ der GPM – Deutsche Gesellschaft für Projektmanagement e.V. Internet: www.gpm-ipma.de

Zöllner, Uwe: Praxisbuch Projektmanagement. Das neue, umfassende Handbuch für Führungskräfte und Projektmitarbeiter. Galileo Press, Bonn 2003

9.3 Register

Abschlusserhebung 200 ff.
Abschlussphase 215
Abschlusspräsentation 202–208
Abschlussrechnung 215
Absichtserklärung 46 f.
Abteilungsleiter 5, 60, 67, 209
Abweichung 160, 175, 179 ff.
Allgemeine Geschäftsbedingungen (AGB) 41 f.
Alternativplan 163 f.
Amortisationsdauer 18
Amortisationsrechnung 16 ff., 216
Analogie-Methode 216
Anbieter 40 f., 45
Änderungsmanagement 48
Anfang-Anfang-Beziehung 123, 138, 216
Anfang-Ende-Beziehung 123, 138, 216
Anfangstermin 103, 122 ff., 141, 221
Anfangszeitpunkt 105, 235, 237
Anforderung 216
Anforderungsprofil 58, 76
Angebot 40 ff.
Angebot-Auftrag-Prinzip 41
Angebotsabgabefrist 40
Angebotsanfrage 40
Angebotsbindefrist 41, 216
Anlagenbau 16, 42, 51, 134, 181
Anordnungsbeziehung 123 ff., 134 f.
Anschaffungswert 160
Anschlussknoten 216
Anschlussprojekt 202
Anschlussverbindung 216
Antragsformular 33
Arbeitnehmervertretung 51 ff.
Arbeitsaufwand 9, 18 f.
Arbeitselemente 150
Arbeitsfortschritt 176 ff.
Arbeitsgemeinschaft 42 f.
Arbeitsgruppe 42 f.
Arbeitskosten 152 ff., 181 f., 217
Arbeitspaket 169 ff., 217
Arbeitspaketergebnis 84
Arbeitspaketverantwortlicher 169 f.
Arbeitsrichtwerte 31
Arbeitssicherheit 51 ff.
Arbeitsstunden 13 ff., 24
Arbeitsterminplan 112
Arbeitszeit 123, 132 f., 153 ff.
Archivierung 194 f., 200
Assoziationen 90 f.
Aufbewahrungspflicht 194 f., 217
Aufgabe 10 ff.
Aufgabenliste 134
Aufgabenplanung 68 ff.
Aufgabenstellung 169 ff., 217
Auftrag 36, 217
Auftraggeber 31, 40 ff., 202 ff., 217
Auftragnehmender Betrieb 42, 53

Auftragnehmer 31, 40 ff., 203
Auftragsabschluss 199
Auftragsbestätigung 40 f., 217
Auftragserteilung 40 f., 217
Auftragsprojekt 42, 218
Aufwand 218
Aufwandsermittlung 218
Aufwandsschätzung 85, 218
Auslastungsgrad 218
Ausschreibung 30 f., 40 ff., 45, 218

Balkendiagramm 105 ff., 112 ff., 176 ff., 218
Balkenlänge 105, 117
Balkenplan 218
Bankbürgschaft 48
Basiskosten 150
Basisplan 104, 166, 176 f., 218
Baumdiagramm 88, 90, 98, 218
Bauprojekt 40, 47 f., 84, 133, 181
Belegschaftsvertretung 51 ff.
Bereichsleiter 5, 226
Berichtspflicht 192
Beschlussfassendes Gremium 23, 226
Best Practice 27
Betriebliche Gremien 52
Betriebsgröße 5 f.
Betriebsklima 6, 22, 24
Betriebsorganisation 150
Betriebsrat 51 ff., 60, 67
Bewertungstechnik 228
Bindendes Angebot 41
Body of Knowledge (BOK) 212, 219
Bottom-up 115, 121, 150
Bottom-up-Schätzung 150, 219
Brainstorming 171 ff., 219
Branchenstandards 15 f.
Branchenstandardwerte 218
Budgetschätzung 31
Bürgerliches Gesetzbuch (BGB) 31, 217
Büromaterial 157 f.
Business-Plan 38 f., 219

Category-Manager 210
Checkliste
– Abschlusspräsentation 205
– MindManager-Richtlinien 93
– PowerPoint-Präsentation 207
– Präsentation 32
– Projektabschluss 200, 211
– Projektdefinition 53
– Projektdurchführung 198
– Projektplanung 165
– Unternehmen 18
Clearing 190, 219
Commitment 46, 169
Controlling 174 ff.
Critical-Chain-Method (CCM) 148 f., 219
Critical-Chain-Projekt 148

Critical-Path-Method (CPM) 135, 146, 219
Datumslinie 105
Deckungsbeitrag 34, 39
Definitionsphase 27, 220
Detailplanung 48, 84 f.
Deutsche Gesellschaft für Projektmanagement e.V. (GPM) 212 f., 222
Dienstleistung 1, 12, 14, 16, 48, 156, 158
DIN 69900 220
DIN 69900: 2009-01 220
DIN 69901 220
DIN 69901-1 – Teil 1: Grundlagen 220
DIN 69901-2 – Teil 2: Prozesse, Prozessmodell 220
DIN 69901-3 – Teil 3: Methoden 220
DIN 69901-4 – Teil 4: Daten, Datenmodell 220
DIN 69901-5 – Teil 5: Begriffe 220
DIN 69901-5: 2009-01 220
DIN/EN-ISO-Zertifizierung 62
Dokumentation 192 ff.
Drag & Drop 99, 101
Drei-Experten-Verfahren 220

EDV-Projekt 12
Eierlegende Wollmilchsau 26
Einsatzdauer 220
Einsatzkalender 131 ff.
Einsparpotenzial 18
Eintrittswahrscheinlichkeit 162
Einzelmaterial 226
Eisberg-Theorie 23
Ende-Anfang-Beziehung 114, 123, 129 f., 138, 220
Ende-Ende-Beziehung 123, 138, 220
Endtermin 103, 141, 222
Entscheidungsgremium 34, 226
Entscheidungsknoten-Netzplan 135, 222
Entscheidungsnetzplan 220
Ereignis 220
Ereignisknoten-Netzplan 135, 221
Erfahrungssicherung 215
Erfüllungsort 50
Ergebniszusammenfassung 202
Ertragschance 34
Eskalationsgremium 226
Excel 101 ff., 158, 162 f., 181 f., 185
Expertenschätzung 85, 218
Externer Auftraggeber 31, 34

F&E-Projekte 11, 14, 31, 75, 84, 181
Fachabteilung 54 f., 59, 62
Faktor 20
Familienunternehmer 4 f.

Fehlermöglichkeits- und -einflussanalyse (FMEA) 163, 221
Feinplanung 85, 221
Fertigstellungsgrad 221
Finanzmittel 221
Finanzmittelplan 221
Fishbone-Diagramm 189, 223
Folgephase 229
Formblatt 33, 36, 184, 197, 204
Forschungs- und Entwicklungsprojekt (F&E) 11, 14, 31, 75, 84, 181
Fortschrittsbalken 177f., 221
Fortschrittslinie 105
FreeMind 96f., 221
Freibleibendes Angebot 41, 216f.
Freie Pufferzeit 139, 221
Frühester Anfangstermin 221
Frühester Endtermin 141, 222
Führungsaufgabe 9, 58
Führungskompetenz 209
Führungsnachwuchs 6, 10, 209
Funktionendiagramm 222

Gantt-Balkendiagramm 105ff., 116ff.
Ganzheitliche Qualität 9, 333
Gefahrenübergang 203
Gehälter *siehe* Arbeitskosten
Geheimhaltung 43, 64
Geldmenge 221
Geltungsdauer 41, 46f., 216
Gemeinschaftsprojekt 41, 46f., 55, 77, 213, 222
Gerichtsstand 47
GERT 135, 222
Gesamte Pufferzeit 139, 222
Gesamtverantwortung 5, 42
Geschäftsführer 4f., 22f.
Geschäftsleitung 5, 60, 226
Geschäftsplan *siehe* Business-Plan
Gewährleistung 44f., 195
Gewährleistungsanspruch 222
Gewährleistungsfrist 203, 215
Gewerke 11, 43
Gewichtungsspalte 19
Gewinnvergleich 17
Gleichstellungsbeauftragte 52f.
Gliederungsebene 102, 121
GoBS 195
GPM 212f., 222
Grafik-Software 97, 99
Graphical Evaluation and Review Technique (GERT) 135, 222
Graphischer Zeitplan *siehe* Balkenplan
Grobplanung 84f., 223
Großprojekt 10, 13, 15f., 42, 223
Großunternehmen 30, 134
Gruppenleistung 174
Gutachter 222

Haftung 46f., 64, 195, 203, 205
Handelsgesetzbuch (HGB) 31, 217
Hauptpfeil 189
Hauptphase 85, 113, 115f., 118ff., 137

Höherstufen 121
Horizontaler Pfeil 189

ICB 212, 223
Ideenfindung 24, 171, 174
IMV-Matrix 167, 223
Inhouse-Projekt 32ff., 134, 223
Initialisierungsphase 223
Initiierung 8, 11
Institut für Mittelstandsforschung (IfM) 1
Instrument 83ff.
Interdisziplinäres Team 9, 26, 60, 81, 223
International Project Management Association (IPMA) 213, 223
Interner Auftraggeber 31
Internes Projekt 32ff., 148, 152, 203
Investition 14, 18f., 159f.
Investitionsprojekt 19
IPMA Competence Baseline 213, 223
Ishikawa-Diagramm 174, 189, 223
Ist/Soll-Quotient 237
Ist-Analyse 12
Ist-Erfassung 175, 231
Ist-Kosten 181f.
Ist-Wert 224
Ist-Zustand 12
IT-Projekt 62, 135

Jour fixe 62, 71, 77, 185, 224
Juristische Person 31, 34
Just-in-Sequence 18

Kalkulation 41, 150ff., 160ff.
Kapitalrendite 234
Kapitalrückflussdauer 228
Kapitalwertmethode 17
Kennzahl 2
Kernteam 72ff., 224
Kick-off 80ff.
Kick-off-Meeting 80ff., 224
KISS-Prinzip 224
Klärungsmeeting 190, 219
Kleinprojekt 13, 224
Knoten 224
Kommunikation 23, 70ff.
Kommunikationsmatrix 224
Komplexität 13ff., 47
Konfliktmanagement 186ff., 219
Konfliktsignal 187
Konfrontationsphase 233
Kooperationsphase 233
Koordinierung 8, 43, 77f., 227
Korrelationsmatrix 29
Kostenarten 151f., 157
Kostenbewusstsein 5
Kostendeckung 221
Kosten-Entwicklungs-Index 225
Kostengruppen 151
Kostenkalkulation 31, 34, 150ff., 181
Kostenplan 151, 162, 225
Kostenplanung 103, 150ff., 175
Kostenrahmen 225

Kostenrechnung 15
Kostenstelle 150 ff., 159f.
Kostenträger 150ff.
Kostentrendanalyse (KTA) 183, 225
Kostenvergleich 17
Kostenverlauf 225
Kreativitätsmethode 91, 171, 174, 227
Kreisdiagramm 207
Kritische Kette 148f., 225
Kritischer Pfad 147f., 225
Kritischer Vorgang 146, 225
Kritischer Weg 146, 219, 225
Kundenanforderungen 27, 29f.
Kundenpriorität 29
Kündigung 64

Lastenheft 26f., 36, 40ff., 85, 225, 229
Leasing 159f.
Leistungsanforderungen 26, 29, 40, 45
Leistungserbringung 40, 63
Leistungsliste 53, 192
Leistungsnachweis 225
Leistungsverzeichnis (LV) 40, 84, 225
Lenkungsausschuss 23, 43, 78, 226
Letter of Intent (LOI) 34, 46, 226
Liefertermin 42
Linienorganisation 226
Löhne *siehe* Arbeitskosten
Lösungsmerkmale 29

Machbarkeitsprüfung 11, 30ff., 163, 220
Magisches Dreieck 226
Mängel 196, 203, 205
Maßnahmenplanung 175
Material 11
Materialkosten 15, 157ff., 163, 181, 226
Materialliste 158f., 162f., 192
Material-Ressourcen 221
Matrixorganisation 53, 168, 226
Matrix-Projektorganisation 59, 226
Maximaler Zeitabstand (MAXZ) 226
Meilenstein 109, 226
Meilensteindatum 109
Meilensteinplan 107ff., 112ff., 116ff., 226
Meilensteintermin 109
Meilensteintrendanalyse (MTA) 104, 176, 183, 227
Mengengerüst 218
Metaplan 171ff., 227
Methode 635 174, 227
Metra-Potential-Methode (MPM) 135
Microsoft Office Project 112f.
Minderung 228
Mindjet LLC 91f., 227
MindManager 91ff., 227

9.3 Register

Mindmapping 88, 90ff., 96f., 174, 194, 227
Minimaler Zeitabstand (MINZ) 227
Mittelprojekt 13, 227
Mittelstand 1ff.
Moderation 69, 173f.
Moderator 155, 171, 173
Modernisierung 8
MS Project 112ff., 152f., 157f., 162f., 177, 181f., 185, 194, 222, 227
MS Visio 99f., 107ff., 227
Multiprojektmanagement 227

Nacherfüllung 228
Nacherfüllungsforderung 215
Nachfolger 139
Nachfolgervorgang 138, 141
Nachforderung 42, 228
Nachkalkulation 202, 215
Nachweispflicht 22
Negativer Zeitabstand 130, 138, 228
Netzknoten 137, 144, 148
Netzplan 105f., 134ff., 228
Netzplantechnik 135, 228
Neuronale Struktur 91
Norm 228
Normalfolge 137, 228
Nutzwertanalyse 19f., 39, 228

Öffentliche Projekte 34, 45, 213
Optimistische Dauer 228
Organigramm 99f., 230
Orientierungsphase 233
Orientierungspunkt 109
Outlook 107, 133f.

Pareto-Prinzip 27, 228
Pay-back-Period 216
Pay-off-Periode 18 f., 228
Personalaufwand 202
Personalkapazitäten 6, 56, 103, 128f.
Personalkosten 4, 152
siehe auch Arbeitskosten
Personaltraining 63
PERT 106, 135, 229
Pessimistische Dauer 229
Pfeil 189
Pflichtenheft 42, 47, 229
Pflichtverletzung 236
Phasenfreigabe 229
Phasenplan 105, 112ff.
Plankosten 229
Plantermin 229
Planungsaufwand 83, 158
Planungsinformation 105
Planungsphase 229
Plan-Wert 229
PMBOK 212, 230
PMBOK-Guide 229
PM-Kanon 213, 229
PM-ZERT 213, 229
Portfolio 227
Positiver Zeitabstand 230
Potentialanalyse 27

PowerPoint 90, 95, 97f., 206f.
Precedence Diagramming Method (PDM) 135
Preiskalkulation 44f.
Problemanalyse 12, 27
Problemlösungsprozess 189ff.
Produktentwicklung 11, 27, 62
Produkthaftung 195, 205
Produktionsmaterialkosten 151, 158
Produktplanung 29
Programme Evaluation and Review Technique siehe PERT
Project Management Body of Knowledge (PMBOK) 212, 230
Project Management Institute (PMI) 229f.
Projekt 10, 230
Projektablauf 47, 84, 105, 112f., 215, 236
Projektabnahme 145, 203, 205, 230
Projektabschluss 11, 196, 199ff.
Projektabschlussbericht 202, 204, 230
Projektabschlussfeier 200, 209
Projektabschlussphase 216
Projektabwicklung 175, 237
Projektakte 230
Projektampel 31
Projektanalyse 34, 163
Projektankündigung 60ff.
Projektantrag 31ff., 230
Projektart 14, 230
Projekt-Audit 216
Projekt-Aufbauorganisation 230
Projektauftrag 27, 33, 36, 41, 43ff., 230
Projektaufwand 18, 27
Projektbegründung 34
Projektbericht 183, 231
Projektbesprechung 71, 77f., 187, 196, 198
Projektbeteiligte 17, 27, 54f.
Projektbuch 192
Projektbudget 13, 181ff.
Projektbüro 13, 77
Projektcontrolling 150, 166, 174ff., 195, 231
Projektdauer 135, 146, 219
Projektdefinition 10ff., 26ff., 231
Projektdokumentation 151, 192ff., 231
Projektendtermin 104, 112, 118, 139, 141, 146, 148, 179
Projektentscheidung 18, 32
Projekterfolg 22f., 34, 66, 208f.
Projektergebnis 11, 203
Projektformblätter 33ff., 38, 183f., 197, 204
Projektfortschritt 77, 109, 176ff., 185
Projektfortschrittsbericht 185
Projektfreigabe 231
Projektgeber 33
Projektgegenstand 33, 84, 203, 205
Projektgesamtkosten 39, 150

Projektgesellschaft 16, 43
Projektgröße 13ff.
Projekthaftung 43f., 46f., 203
Projektinhalt 237
Projektinstrument 83ff.
Projektkalender 131ff.
Projektkenngrößen 30
Projektkonflikt 186ff.
Projektkosten 150ff.
Projektkultur 231
Projektlebenszyklus 11, 231
Projektleistung 40, 83
Projektleiter 6, 21, 54ff., 231
Projektmanagement 232
Projektmanagement-Fachfrau/-mann 212f.
Projektmanagement-Software 112
Projektmanagementsystem 202, 212, 232
Projektmanagementwissensbestand 212
Projektmanagementzertifikat 212f., 229
Projektmanager 232
Projektmitarbeiter 63, 65ff., 153ff.
Projektnetzplandiagramm 136
Projektnutzen 38f.
Projektorganisation 16, 59, 226, 232
Projektorganisationsstruktur 74
Projektphasen 10ff., 115, 232
Projektplanung 83ff.
Projektprotokoll 196ff., 232
Projektrealisierung 10f., 166, 176f., 232
Projekt-Review 184, 226
Projektrisiko 232
Projektsammelvorgang 114ff., 119f., 232
Projektsteuerung 8, 196
Projektstrukturplan (PSP) 42, 85, 88ff., 232
– Code 90
Projektteam 27, 34, 54ff., 66ff., 186, 233
Projektteamentwicklung 233
Projektteilnehmer 17, 27, 54ff.
Projektübergabe 203, 233
Projektvergleich 218
Projektverlauf 104, 177, 200
Projektvorgänge 136
Projektziel 30, 237
Projektzwischenbericht 183ff.
Protokoll 22, 77f., 192, 196ff., 205ff., 215, 231f.
Prototyp 51, 158
Prozessoptimierung 4
Puffer 138f., 146, 148, 233
Pufferzeit 103f., 139, 146ff., 221f., 233
Punktzahl 19

Qualität 9, 213, 233
Qualitätsmanagement 28, 195, 233
Qualitätssicherung 175

Quality Function Deployment (QFD) 28 ff., 233
– Ergebnis 233

RACI-Matrix 167, 234
Rahmenbedingung 36, 40
Rahmenvertrag 45
Realisierung 10 f., 166, 175 ff., 232
Realisierungsarbeit 231
Realisierungsbedingung 237
Realisierungsvorgaben 42, 229
Rechnungsstellung 11
Rechtsperson 36, 218
Recycling 18
Referenzprojekt 41, 45
Regressforderung 31, 41, 205
Reintegration 199
Rentabilitätsrechnung 17 ff.
Reserve 48, 148 f.
Reservezeit 148 f., 219, 233
Ressource 6, 16 f., 126 ff., 134 f., 154 ff., 166, 234
Ressource Arbeit 155, 157, 221, 234
Ressource Material 221, 234
Ressourcenart 218
Ressourcenbedarf 218
Ressourcenbelastung 234
Ressourcenkalender 123, 219
Ressourcenkosten 181
Ressourcenname 117, 126, 154
Ressourcenplan 42, 103 f., 229, 234
Ressourcenrisiko 232
Ressourcenzuteilung 117 f., 129, 140, 164, 227, 235
Return on Investment (ROI) 18 f., 234
Risiko 160 ff., 234
Risikoanalyse 163, 221, 234
Risikoart 161 f., 232
Risikobewertung 162 f., 234
Risikofaktor 234
Risikofall 163
Risikoidentifikation 162 ff.
Risikomanagement 162, 164, 234
Risikoplanung 163 f., 235
Risikosteuerung 235
Risikoüberwachung 162
Risikovorsorge 163
Risikowahrscheinlichkeit 164, 234
Rollende Planung 48
Rollierende Planung 84 f.
Rückwärtsrechnung 103, 147, 235

Sachverständiger 222
Sammelvorgang 113 ff., 120, 126, 235
Schadensersatz 50
Schadenshöhe 222, 232, 234
Schätzmethode 30 f., 150
Schlüsselereignis 226
Server 133, 194, 198, 200, 218
Shape 99 ff., 107 ff.
Sitzungsergebnis 221
Soft Skills 58, 235
Software 29, 77, 91, 97, 99, 104, 112, 135, 168, 194, 198

Soll-Ist-Stichtagsvergleich 104
Soll-Ist-Vergleich 175, 181, 183, 231, 235
Soll-Konzept 12
Soll-Wert 177, 235
Sozialkompetenz 22, 57 f., 68, 212, 235
Sozialkosten 217
Spätester Anfangstermin 141, 235
Spätester Endtermin 141, 235
Spezifikation 33, 36, 40, 42, 47, 216
Stakeholder 231, 235
Standardmethode 146
Startknoten 90, 218, 235
Starttermin 103, 123
Statusplan 104
Stellenbeschreibung 33
Steuerung 8, 135, 175, 216, 231 f., 235
Steuerungsphase 235
Stichtag 128, 177, 181
Stichtagskontrolle 175, 234
Stichtagsvergleich 104
Stochastische Ablaufstruktur 220
Stornierung 50
Strukturebene 85, 90, 218
Strukturierung 88 ff., 97, 101 ff., 173 f.
Stufendiagramm 218
Subteam 72 ff., 90, 235
Subteamleiter 73 ff., 151, 235 f.
SWOT-Analysis 236
Symbolfarben 191
Systementwicklung 12

Tannenbaum-Diagramm 189
Teamentwicklung 71 f., 233
Teamgeist 5 ff., 21, 68
Teamselling 45
Teilleistung 40, 56, 59, 76, 226
Teilnetzplan 216
Teilprojekt 16, 75, 85, 88, 90, 181, 236
Teilprojektleiter 224, 236
Teilvorgang 114
Teilzeitprojekt 17
Ten-Chart-Flow 236
Terminentwicklungsindex 236
Terminkalender 105, 133, 215
Terminologie 212, 220
Terminplanung 47 f., 103 ff., 112, 116 f., 126 ff., 133, 220, 226, 236
Terminvereinbarung 77, 188, 224
Tieferstufen 121
Top-down-Planung 84, 223
Top-down-Schätzung 150, 236
Tortendiagramm 207

Übergabeprotokoll 192, 231
Überstunden 52, 67, 146, 153 f.
Überstundensatz 153 f.
Überwachung 22, 122, 135, 150, 175 ff., 181, 228, 231 f., 234
Umsatzpotential 13, 210

Umwelt 51 ff., 161, 232
Unternehmen 1 ff.
Unternehmenskultur 22, 72
Ursachenpfeil 189

Verantwortung 4, 24, 55, 73, 85, 166 ff.
Verbindlichkeit 31, 41, 46 f., 169, 216
Vergütung 64, 67, 188
Verhandlungstipps 45
Verknüpfungspunkt 224
Vernetzungskennzahl 16
Vertragsabschluss 41
Vertragsangebot 40 ff., 218
Vertragsbeendigung 215
Vertragsgestaltung 46 ff.
Vertragslaufzeit 49
Vertragsmanagement 236
Vertragspartner 77 ff.
Vertragsstrafe 166, 205, 236
Vertragsterminplan 42, 47 f., 104
Vertragsverhältnis 31, 43, 49, 217
Vertraulichkeitsvereinbarung 46, 64, 226
Visio 99 f., 107 ff., 227
Visualisieren 88, 91, 99 f., 116, 189, 207, 221, 227
Vollzeitprojekt 6, 13, 17, 54 f.
Vorgang 117
Vorgänger 114, 125, 137 ff., 237
Vorgängervorgang 129, 138, 141
Vorgangsbalken 177
Vorgangsdauer 113 f., 117 f., 128, 135, 140, 153
Vorgangsknoten-Netzplan 135 f., 236
Vorgangskosten 155
Vorgangsliste 117, 130
Vorgangsname 113 ff., 117
Vorgangspfeil-Netzplan 135, 219
Vorwärtsrechnung 103, 147, 237
V-Verhaltensweisen 169, 171

Wachstumsphase 233
Wahrscheinlichkeitswerte 220
Währungseinheit 221
Walt-Disney-Kreativitätsmethode 174, 237
Wandlung 228
Weisungsbefugnis 56 f., 76 f.
Weisungsrecht 166, 230
Werkvertrag 63, 156, 237
Wertminderung 222
Wertschöpfungskette 43
Wettbewerb 3, 8, 27, 38, 45, 64, 205
Wettbewerbsausschluss 47
Willenserklärung 41, 217
Wirtschaftlichkeitsrechnung 17 f., 27, 38, 175, 231
Wissensdarstellung 221

X-Achse 105, 183, 222

Y-Achse 102, 222

Zahlungsplan 237